U0142590

給論文寫作者的統計指南

統計指南

顏志龍　鄭中平　著

傻瓜也會跑統計 I

80%的學生
看到這本書都哭了。

第五版

五南圖書出版公司 印行

作者序

　　這本書的初衷，是希望達成「就算不懂統計，也能跑完統計、看懂報表，並且把統計結果寫成論文」的境界。邁向這個目標的過程中，我們特別感謝五南出版社願意支持出版這本書，以及張毓芬副總編輯和侯家嵐主編在寫書過程中的協助。我們也很感謝那些曾經被我們指導過的學生們，他們（別無選擇地）擔任我們教學過程中的白老鼠，讓我們終於領悟了「如何讓不熟統計的人也能寫完論文」的道理。

　　最後，本書的兩位作者也相當感謝彼此；雖然在寫這本書的過程中，他們幾度爭得面紅耳赤，但終究很有風度地沒有把對方掐死。而這種爭論其實反映了本書想要兼顧「統計正確」與「易於操作」之間的兩難。關於這種天人交戰的兩難及其限制，可以參見本書的〈必讀一〉第一小節和最後一小節。

　　無論如何我們盡力了。這本書初版完成於2015年的冬天，正值北極振盪、霸王級寒流襲臺；我們希望這本書的問世，能為每個處在統計寒冬中的人帶來溫暖。

顏志龍、鄭中平

於2015年冬

i

目 録　CONTENTS

CONTENTS

CONTENTS

CONTENTS

CONTENTS

CONTENTS

CONTENTS

CONTENTS

CONTENTS

你不想知道的統計知識

必讀一

本書結構與使用說明

壹、本書目的：我想開法拉利，但不想知道它為什麼跑得快

雖然教統計的老師都期望學生們對統計方法背後的原理有清晰的理解，但是這種期待其實有些奇怪，因為大部分的學生並不打算靠統計吃飯；對學生來說，如何操作出正確結果、寫出論文（然後讓自己的人生遠離統計），才是最重要的事。很多時候，真正迫切需要的是有人教你如何開車，而不是告訴你車子為什麼會動。本書就是針對這樣的目的去寫的，這本書介紹了寫論文時，常用的各種統計方法，而且希望讓所有事情簡單地操作化，你只要一步一步地按書上所說的去操作，就可以完成統計分析、把分析結果填入表格、寫成論文、快樂畢業。沒錯，我們不打算教你統計，而是想要協助你正確地執行統計，心安理得地畢業。

貳、書寫架構

本書〈必讀二〉說明了在各種不同的時機下，你該使用那種統計方法的指引；〈單元一〉說明了SPSS的基礎操作；〈附錄一〉說明了跑統計之前你該做的事；這三個部分請你一定要閱讀。其他單元間則是獨立的，你可以選擇直接進入你需要的單元。在這個基礎下，本書對每種統計分析的書寫架構，大致結構如下：

1. 關於某種統計方法的介紹及重要提醒。
2. 展示具體操作步驟。
3. 教你如何解讀統計報表。我們在每個SPSS報表中，都有標示一些圈圈數字（如①、②、③……），而書中的文字說明也有相對應的圈圈數字。將兩邊的圈圈數字對照，就可以理解統計報表的意義。
4. 示範如何將分析結果填入論文所需表格中。
5. 示範如何將分析結果寫成論文。

參、43個「統計表格範例」

學位論文通常要呈現很多統計表格。表格該是什麼樣子？跑完統計的數據怎麼填入表格中？別擔心，本書提供你43個論文寫作所需的統計表格範例，這些表格涵蓋了論文中最常用的各種統計所需。我們在這些表格範例中標示出一些圈圈數字（如①、②、③⋯⋯），而SPSS報表中也標示出相對應的圈圈數字；只要兩相對照，就可以直接產生論文所需的表格。所有範例表格都可以在本書的網頁下載（相關下載請見本書封底說明）；沒錯，我們幫你畫好了。

肆、84個「論文書寫範例」

跑出統計和寫出論文是兩件事，就像準備食材和炒出一道好菜是兩個級別的事。這世界上有自動炒菜機，為什麼沒有讓跑統計和寫論文合而為一的神器？你的願望成真了。本書提供你84個論文書寫範例，範圍涵蓋了論文中最常用的各種分析結果的書寫。我們在這些書寫範例中標示出圈圈數字（如①、②、③⋯⋯），而SPSS報表中則標示出相對應的圈圈數字；只要兩相對照，就可以直接用這84個論文書寫範例寫出論文。

伍、33個額外的Excel工具

本書是以SPSS（Statistical Package for the Social Sciences）為主要分析軟體，相較於其他統計軟體，SPSS算是很友善（user-friendly）的軟體，但是「成也友善，敗也友善」；它也因此是一種自由度很低的統計軟體；而所造成的後果就是：很多論文中所需要的統計，SPSS反而無法直接處理；就我們所知，多數SPSS操作手冊都選擇跳過這些部分不去處理。本書為讀者編寫了33個Excel檔，專門用來處理SPSS無法直接處理而論文迫切需要的統計，這些Excel檔都可以在本書的網頁下載（相關下載請見本書封底說明）。我們有信心，這本書是「史上最強統計操作手冊」——其實本來這本書是要取這個名字的，不過最終我們還是決定走低調的路線。

陸、40個精彩但你可以選擇不理會的統計注解

我們希望這是一本好用的統計指南，因此盡量不寫任何公式、原理，只寫如何操作統計、解讀資料、寫出論文。不過為了安撫自己不安的良心，偶爾也會

不太囉嗦地，對這些統計方法做簡單的說明。我們鼓勵你閱讀，因爲它們可以增進你對某些統計的理解，幫助你在資料分析時做出更好的判斷；但如果你不想看這些東西，完全可以跳過不理它們。我們把這些說明都匯集起來，放在書的最後面，避免干擾那些不想明白這些事情的讀者，這樣的設計是不是眞的很窩心？這些關於統計背後原理的說明，稱之爲「你不想知道的統計知識」，你可以自己決定要不要讀這一部分。附帶一提，本書的第一作者是個實徵社會科學家，他覺得你就算不懂這些統計知識也沒關係，會操作、畢得了業就好；但是第二作者是個嚴肅的心理計量學家，就是吃美食時還在旁邊囉嗦講解的那種人。所以，本書中那些讓你讀得很痛苦的部分，都是第二作者的餿主意。

柒、使用軟體

本書是以SPSS（Statistical Package for the Social Sciences）第22版爲範例去做的。SPSS歷年來不斷地推出新版本，但其實使用介面並沒有太大的變化。因此，即使你的SPSS版本不是第22版，也不會影響你使用本書。此外，本書所有的操作範例，都是用SPSS的中文版去呈現的。其實用中文版來操作SPSS及解讀報表，實在是一個不好的習慣；主要原因是SPSS的中文版翻譯常常有些生硬奇怪，尤其是分析結果的翻譯更是可能會讓使用者誤解。但是，我們知道多數學生如果必須在奇怪的中文和正確的英文之間做選擇，他們還是會義無反顧地選擇奇怪的中文；所以本書最終還是選擇以中文版SPSS呈現，但是希望你能明白：使用中文版SPSS是個不好的習慣。然而，我們也非常體貼那些勇敢面對英文的學生，在本書中盡可能附上操作介面的原文，因此就算以英文版的SPSS來使用本書，也不會有什麼問題。

捌、本書限制

這是一本好用的工具書，但不是一本無瑕的指南書；它像一碗清粥，但絕對不是肉糜。請容我們說一個「給貓掛鈴鐺」的故事。老鼠們很怕貓，因此有隻聰明的老鼠就提議，只要給貓掛上鈴鐺，以後貓接近時就會聽到鈴鐺聲，大家就可以躲起來，不用怕被貓捉到了。這點子眞是太好了，大家都覺得好棒棒。現在問題是：誰去給貓掛鈴鐺？

如同本書的書名：《傻瓜也會跑統計》一樣，這本書的目的，是希望拯救寫

論文時徬徨無助的研究生或大學生，讓即使對統計原理不是很瞭解的學生，也能完成他人生中（極少數時刻）所需要的統計分析。但是寫這本書的風險很大，比較愛惜羽毛的學者多半不願寫這種書；因為這樣的書很容易招致較嚴謹的同行批評（我們已經做好這種心理準備了，請你要記得我們是為了你而犧牲的）。這是因為統計是一門很複雜的學問，一個正確統計方式的使用，要視非常多的條件而定；有些時候，哪一種統計方法才是最適切的，連統計學家之間都沒有共識。因此，要很簡潔地去指引一個生手，在統計上做出絕對正確的選擇，難度非常高，甚至可以說不太可能。嚴格來說，一個人必須具有一定程度的方法學素養，否則很難用全然正確的方式去完成統計分析。

然而，現實的問題卻是：一般學生所面臨的狀況非常嚴苛，在兩、三年的修業期間，他可能只修了一、兩門統計學的課，甚至根本就沒修過相關課程，實在難以期望他們能有多深厚的統計觀念和技能；但他們卻必須在論文中處理很多超乎自身能力的資料分析。所以從嚴謹的方法學角度來看，這本書可能很黑暗邪惡，它過度簡化了很多統計分析必須考慮的複雜條件，但從學生的現實需求來看，這本書卻是一道曙光。我們並不冀望此書能讓你在資料分析時完美無瑕，但我們有絕對信心，這本書會讓你少犯很多錯。從嚴謹的治學角度來看，有人或許會問「何不食肉糜？」但從對統計一知半解的學生的角度來看，沒什麼事比填飽肚子更重要了。來吧，請享用我們為你準備的庶民美食！

必讀二

我該用哪一種統計方法？

　　使用本書所附的Excel 0-1，就可以知道你應該使用何種統計方法（相關下載請見本書封底）。簡單來說，**變項的屬性**決定了你該跑什麼統計；以下的說明很重要，這是一切統計的基礎，請你務必耐心地讀完這一章。

壹、什麼是變項？

　　什麼時候該用哪種統計方法？這件事情主要是被變項的屬性給決定的，因此你必須先知道什麼是「變項」（variables），以及你研究中的「變項」是什麼屬性。所謂變項，凡是有可能因為不同人（或研究對象）而變動的，就是變項。例如性別這件事，有的人是男生、有的人是女生，它是會變動的，這就是變項；年級，有一、二、三、四年級，年級會隨著不同的人而變動，這就是變項。身高，有的人高、有的人矮，它會因為不同人而變動，這就是變項。

貳、變項的屬性

　　變項分成很多類別，最粗略但在統計上卻很重要的分類是：「**連續**」或「**間斷**」變項（更精確的分類方式，請參考「★你不想知道的統計知識(2)★」，p.390）。連續變項，指的是測量的單位是連續的；例如，身高可以是170、171、172……公分，而171和172之間，有可能出現171.1、171.2、171.3等等，它的單位是連續的，所以它是連續變項。年級可以是1、2、3、4年級，但是不會有1.1年級、1.2年級、1.3年級，它的單位是間斷的，因此它是間斷變項。

　　這邊要特別注意，**一般李克特式（Likert）問卷或是類似的問卷，通常要當做連續變項處理**。例如在表0-1的問卷中，量尺之間的單位看起來似乎是間斷的，「完全不符合」的1和「部分不符合」的2之間，並沒有1.1、1.2、1.3讓受試者勾選，但要它們卻是連續變項，而非間斷變項。這是因為通常在做這些測量時，其實我們認為它們是連續的變項；只是為了方便，我們用了間斷的方式去測量它。

表0-1

		完全不符合	部分不符合	部分符合	完全符合
1.	整體而言，我對自己感到滿意。………………………		1 – 2 – 3 – 4		
2.	有時我覺得自己一點可取之處也沒有。………………		1 – 2 – 3 – 4		
1.	我喜歡這篇文章的作者。	非常不同意 1-2-3-4-5-6-7-8-9 非常同意			
2.	我覺得這篇文章的作者是聰明的。	非常不同意 1-2-3-4-5-6-7-8-9 非常同意			

參、變項屬性決定了統計方法

大多數的統計方法都是為了要探索兩組變項之間的關係，我們稱其中一組變項為X、一組變項為Y。**在決定統計方法時，你要問自己兩個問題：**

一、我有幾個X、幾個Y？

二、X和Y是連續或間斷變項？

回答上面兩個問題，**你就可以從表0-2中去找出你所需要的統計分析法**，再依照本書各單元的指示，去完成統計分析及論文的撰寫。例如，如果你要分析一個間斷變項X和一個間斷變項Y的關係，那麼你要用卡方檢定（χ^2）；如果你要分析一個連續變項X和一個連續變項Y的關係，那麼你要用Pearson相關，以此類推。

表0-2可以寫得更詳細，但在本書中只呈現**一般論文最常用的五種分析：t檢定、變異數分析（及共變數分析）、Pearson相關、線性迴歸（一般及階層線性迴歸）和卡方檢定**；這五種分析其實已足以回答多數論文想回答的問題。其他標示「*」號區域，我們稱之為「學生高風險區」，以學位論文來說，這些區域應該盡可能避免，因為這些統計分析通常超出了學生能力的要求。那些高風險區對多數學生來說，就像武俠小說裡提到的各門派禁地，雖然裡面可能藏著什麼祕笈寶劍，但是誤闖之後死在裡面的機率也非常高，所以最好是不要進去；也就是說，你盡量不要讓自己的論文走到必須用高風險區中的統計方法來解決問題的地步，否則通常會非常慘。

那麼，要如何避免自己的論文走到高風險區呢？就是要**在蒐集資料之前，先根據表0-2去預想未來要跑何種統計？有沒有落入那些風險區之中？如果有，就改研究設計或是測量方式**。例如：你要盡可能避免自己需要同時處理兩個以上的Y

（那兒全是風險區；這邊指的是「一次同時」分析多個Y，如果你有多個Y，但一次只分析一個，就不用擔心），或是除非X是間斷變項，否則盡可能避免Y是間斷變項等等。研究設計和測量，像是兩條命定的鎖鍊，它們決定了你最終將和那一種統計邂逅的命運。事先考慮到統計分析的研究設計，讓你如沐春風；不考慮未來分析難度的研究設計，讓你經歷暴雨狂風。此外，萬一你不幸遇上暴雨狂風，有時可能會採取將連續變項轉換成間斷變項的做法，雖然在大部分情況下我們並不建議這樣做，但當你走投無路、非這樣做不可時，請參見「★你不想知道的統計知識(3)★」（p.391）。

表0-2

Y有幾個？ \ X有幾個？		一個X		二個X以上	
Y變項屬性 \ X變項屬性		間斷	連續	間斷	連續
一個Y	間斷	卡方（χ^2）	*	*	*
	連續	t檢定（X二組時）變異數分析（ANOVA）共變數分析（ANCOVA：有控制變項時）	Pearson相關 一般線性迴歸（linear regression）	變異數分析（ANOVA）共變數分析（ANCOVA：有控制變項時）	一般線性迴歸（linear regression）階層線性迴歸（hierarchical linear regression：有控制變項時）
二個Y以上	間斷	*	*	*	*
	連續	*	*	*	*

*為學生高風險區

Unit 1

論文中的SPSS基本操作

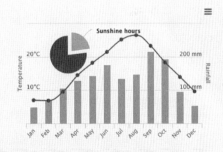

※請參考本書封底之說明，下載本單元中所使用的統計範例檔及工具檔。

1-1　SPSS的資料結構

在多數的情況下，SPSS資料中的每個橫行代表一筆資料（一個人、一份問卷……），每個縱行代表一個題目。如圖1-1。

每個橫行代表一筆資料（一個人、一份問卷……）

每個縱行代表一個題目

圖1-1

1-2　資料的輸入、存檔、讀檔以及更改變項名稱

有時你開啓SPSS程式，可能會先出現一個「操作精靈」之類的東西（依版本可能不同），此時請先點擊【取消／Cancel】，讓SPSS進入如圖1-1的資料畫面。對和SPSS不熟的人來說，這種做法才是王道。然後，你就可以使用本書所說的各種操作了。

資料的輸入

SPSS可以讀取多種資料，例如txt、csv、tab、xls……等等。這也意味著，你可以使用各種不同的軟體來輸入資料讓SPSS讀取。但最直覺的方法，也是本書所建議的方式，則是以下兩種：

1. 直接在SPSS的介面中輸入資料：如圖1-1，每個橫行代表一筆資料（一個

人、一份問卷……），每個縱行代表一個題目。而每一個格子，就是某一個人在某一個題目上的反應（或實驗操弄的組別）。直接在SPSS介面中輸入你的資料就對了！

2. 先使用Excel輸入，然後複製、貼上SPSS介面。記得，仍然是每橫行代表一筆資料，每縱行是一個題目。

在輸入完資料，且檢查確定資料無誤後（檢查方式見單元1-5，p.17），**我們建議你應該要將這個正確的原始資料另存新檔保留下來**；然後用另一個檔案來做後續的資料分析，這樣可以確保萬一某些資料轉換做錯時，仍有原始檔案可以做檢查及挽救。

 更改變項名稱

輸入資料後，SPSS預設的變項名稱為「VAR0001」、「VAR0002」等。這在統計操作上很不方便，我們建議你將變項名稱全部改成比較好辨識的名稱。點擊左下角的【變數視圖／Variable View】標籤，直接在「名稱／Name」欄位中做修改即可。點擊左下角的【資料視圖／Data View】標籤，則可返回資料畫面（如圖1-2）。

	檔案(F)	編輯(E)	檢視(V)	資料(D)	轉換(T)	分析(A)	直效行銷	統計圖(G)	公用程式(U)

	名稱	類型	寬度	小數	標籤	數值
1	受試者編號	數值型	3	0		無
2	性別	數值型	2	0		無
3	家庭背景	數值型	8	2		無

（中間略）

	名稱	類型	寬度	小數	標籤	數值
16	第13題	數值型	1	0		無
17	第14題	數值型	1	0		無
18	第15題	數值型	1	0		無
19						
20						

資料視圖　變數視圖

圖1-2

讀檔與取檔

　　選取左上角的【檔案／File】選單，下面有：【開啓／Open】、【儲存／Save】、【另存新檔／Save As】等功能選項，可以讓你開舊檔、儲存檔案等。其操作都和一般文書軟體相同（見圖1-3）。

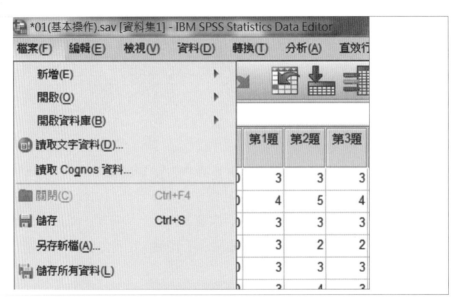

圖1-3

1-3 更改語言介面

　　儘管本書主要是以中文版SPSS呈現統計操作及報表，但我們非常不建議使用中文版SPSS；主要是SPSS的統計用語翻譯（尤其是統計報表）相當怪異。我們之所以最後決定在本書中用中文版呈現操作及報表，純粹是因爲希望多賣幾本書……啊，不是，是爲了迎合多數讀者的需求。如果你有更改SPSS語言介面的需求（只限有多國語言的版本），請依下列步驟操作。

1. 點擊【編輯／Edit】功能選單。（如圖1-4）
2. 點擊【選項／Options】。
3. 點擊【語言／Language】標籤。（如圖1-5）
4. 從【輸出／Output】選單中選擇你想要的SPSS報表語言。從【使用者介面／

User Interface】選單中，選擇你想要的SPSS操作介面語言。

5. 點擊【確定 / OK】即完成。

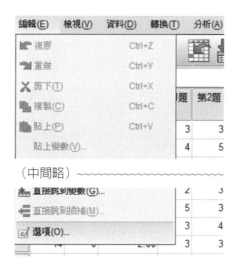

圖1-4

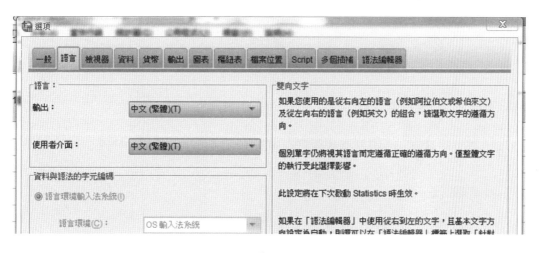

圖1-5

1-4 描述統計

　　描述統計，包含：(1)各變項分數的分布百分比，和(2)各變項的平均值、標準差
等。針對間斷變項，通常報告前者；對於連續變項，則報告後者。這通常用於論文

中對樣本性質的描述（如：男女比例多少？年齡平均值、標準差多少？）。

 Step 1　　描述統計

點選【分析 / Analysis】→【描述性統計資料 / Descriptive Statistics】→【次數 / Frequencies】。（如圖1-6）

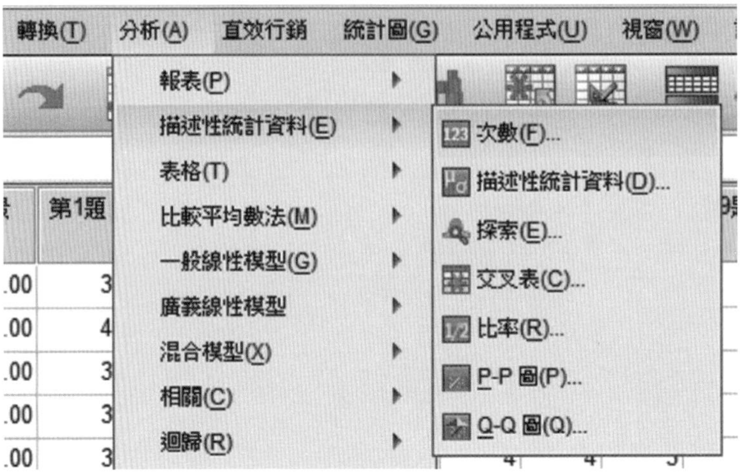

圖1-6

Step 2　　描述統計

1. 將所要分析的變項放入【變數 / Variable(s)】欄位中（可用shift＋滑鼠全部選取）。（如圖1-7）
2. 點擊【統計資料 / Statistics】。

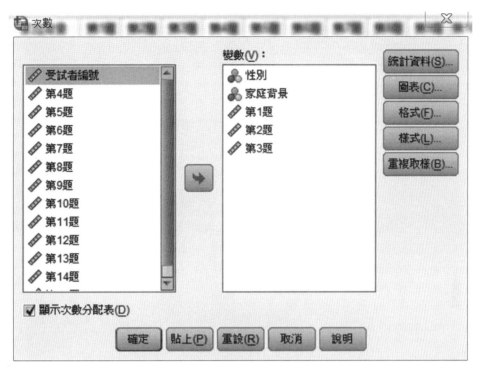

圖1-7

Step 3　描述統計

1. 勾選所需的描述統計（如平均值／Mean、標準差／Std. deviation）。（如圖 1-8）

2. 點擊【繼續／Continue】，畫面將返回圖1-7。

3. 點擊【確定／OK】，即完成分析，分析結果如圖1-9。

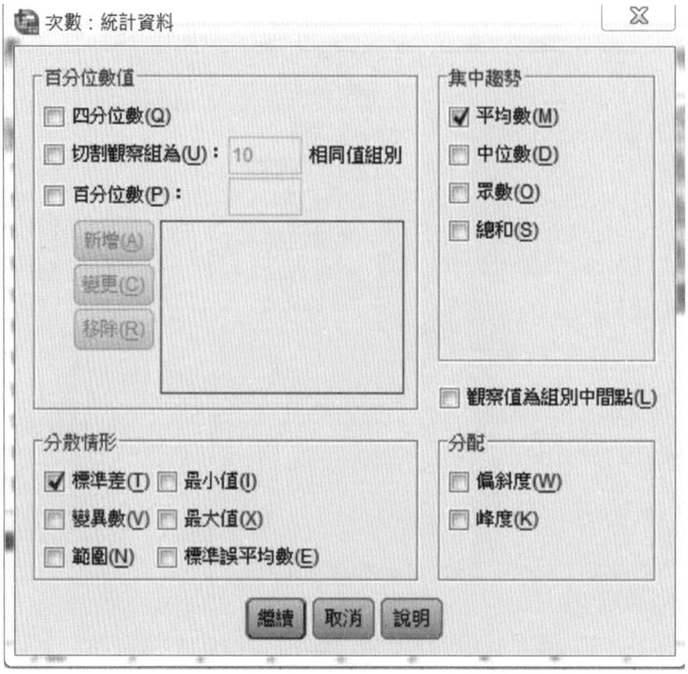

圖1-8

統計資料

		性別	家庭背景	第1題	第2題	第3題
N	有效	499	500	500	500	500
	遺漏	1	0	0	0	0
平均數		.51	2.0540	3.07	3.15	3.04
標準偏差		.500	.81513	.749	.877	.774

①

次數表

性別

		次數	百分比	有效的百分比	累積百分比
有效	0	245	49.0	49.1	49.1
	1	254	50.8	50.9	100.0
	總計	499	99.8	100.0	
遺漏	系統	1	.2		
總計		500	100.0		

②

圖1-9

Step 4　描述統計的報表解讀

分析結果報表（圖1-9）中的各項數值意義如下（請注意，以下的①、②……等數字，和圖1-9統計報表的①、②……是相對應的，互相參照就可以解讀統計報表囉）：

① 描述統計資料：包含各變項的「平均值」、「標準差」和「遺漏值」（missing value）。例如第一題的平均值M = 3.07、標準差SD = 0.74。「遺漏值」表示有多少人沒有該變項的分數，例如性別的遺漏值是1，表示可能有一個人沒有填答性別。當你的資料出現大量遺漏值時，就需要注意是否在輸入資料時有錯誤。

② 頻次分析：包含各變項不同數值的「次數」（Frequency）和「百分比」，其中百分比請看「有效百分比」（Valid Percent）那一欄。例如性別為0的有245人，占49.1%。

1-5　資料的檢查

資料輸入SPSS之後，你該做的第一件事，是要確認所輸入的資料沒有錯誤。這可以利用上述的描述統計，檢視統計輸出結果，看看是否有出現不正常的值。例如若第一題是五點量表，若當初輸入的值為1~5，此時如果統計報表最左側那一欄出現1~5之外的其他數值，表示資料輸入有誤。必須檢查原始資料，或是找出輸入過程是那個環節出了問題（見圖1-10）。

第1題

		次數	百分比	有效的百分比	累積百分比
有效	1	5	1.0	1.0	1.0
	2	93	18.6	18.6	19.6
	3	281	56.2	56.2	75.8
	4	105	21.0	21.0	96.8
	5	16	3.0	3.2	100.0
	總計	500	100.0	100.0	

圖1-10

1-6 反向題的轉換

在進行反向題轉換之前，**我們建議你應該要將未轉換前的原始資料另存新檔保留下來**；然後用另一個檔案來做轉換及後續分析，這樣可以確保萬一轉換做錯時，仍有原始檔案可以做檢查及挽救。

反向題的轉換指的是：若問卷中有反向題，則回答低數值者必須給予高分，回答高數值者必須給予低分。例如，如果我們想測量「喜歡《傻瓜也會跑統計》的程度」，如果題目是：「這本書根本就在騙錢。」那麼它就是一個反向題；以五點量表爲例，答5的人得1分，答1的人得5分；此時必須對資料進行重新編碼（recode）。

Step 1 反向題轉換

點選【轉換 / Transform】 → 【重新編碼成同一變數 / Recode into Same Variables】。（如圖1-11）

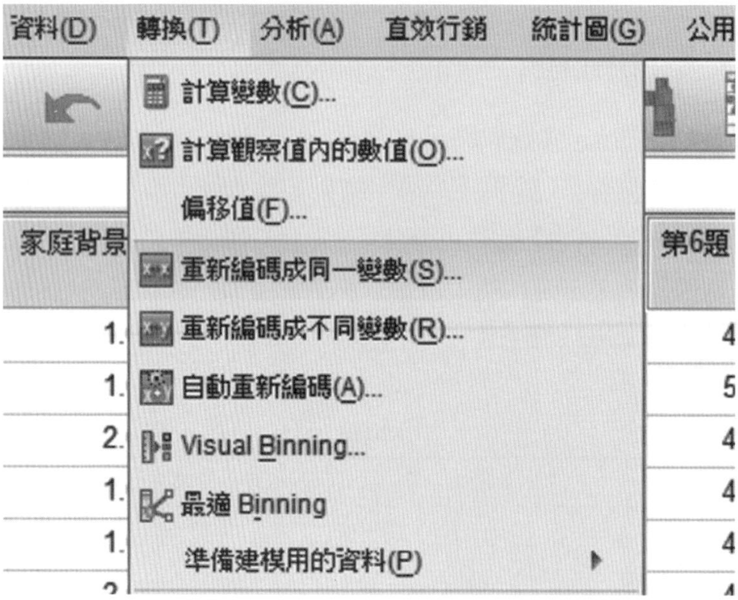

圖1-11

Step 2 反向題轉換

1. 將需要反向的題目放入【數值變數 / Variables】欄位中。如圖1-12是要將第

1、4、6三個題目進行反向轉換的例子。

2. 點選【舊值與新值 / Old and New Values】。

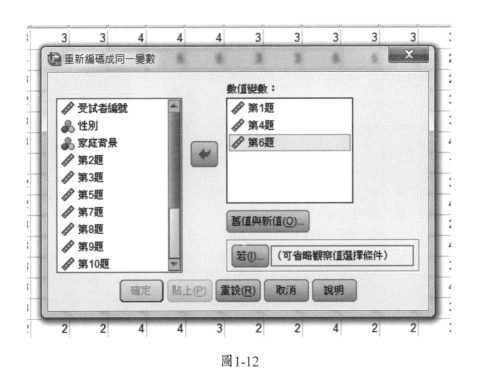

圖1-12

Step 3 　反向題轉換

1. 在【舊值 / Old Value】欄中輸入舊值。

2. 在【新值 / New Value】欄中輸入轉換後的新值。

3. 點擊【新增 / Add】。

4. 重複1～3，直到所有舊值—新值轉換輸入完成。如圖1-13，是以五點量表反向題轉換為例，你應該視資料的量尺點數去進行此項操作。

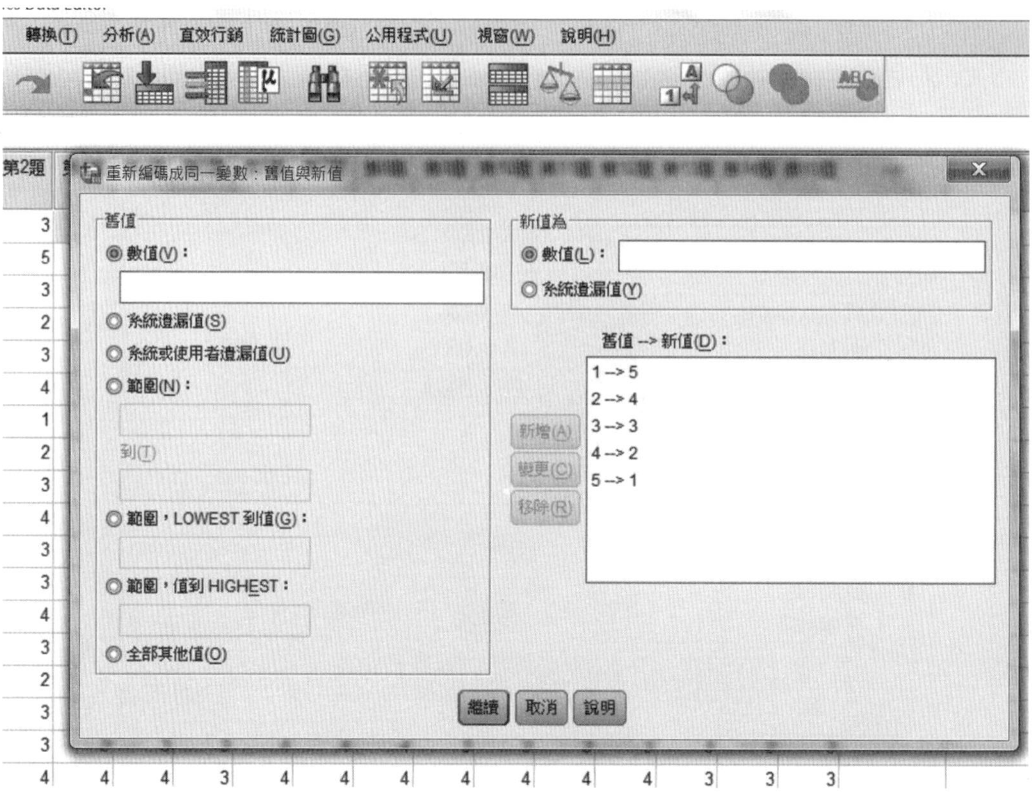

圖1-13

Step 4　　反向題轉換

1. 點擊【繼續 / Continue】，畫面會跳回圖1-12。
2. 點擊【確定 / OK】即完成反向題轉換。

1-7　分數的加總或平均

Step 1　　分數的加總或平均

點擊【轉換 / Transform】→【計算變數 / Compute Variable】。（如圖1-14）

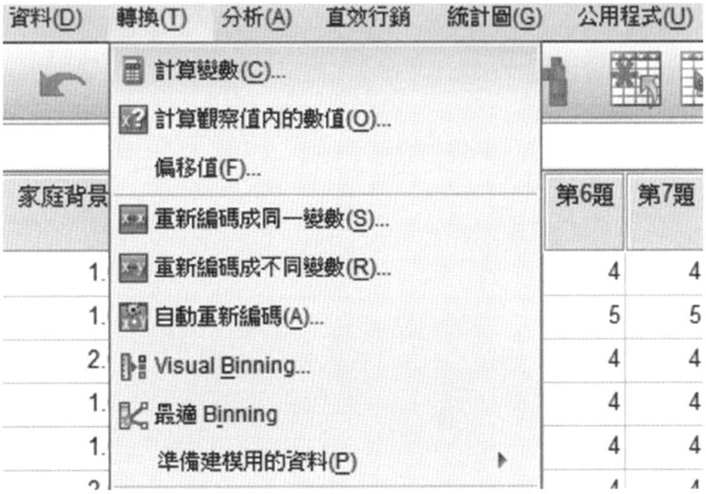

圖1-14

Step 2 　分數的加總或平均

1. 在【目標變數／Target Variable】欄位中輸入加總後的變項名稱（可自行命名）。

2. 在【類型和標籤／Type & Label】欄位中雙擊想加總的題目，題目會進入【數值表示式／Numeric Expression】。

3. 在【數值表示式／Numeric Expression】欄位中輸入希望加總的算式符號（如「+」號）。

4. 點擊【確定／OK】即完成。如圖1-15，是把第1題到第4題加總為「外向總分」的例子（關於利用「函數」做加總的說明，請參見「★你不想知道的統計知識(4)★」，p.392）。

5. 以上是以加總分為例，如果是要算平均值，則在【數值表示式／Numeric Expression】欄位中輸入一般算式即可，如：（第1題 + 第2題 + 第3題 + 第4題）／4，以此類推。

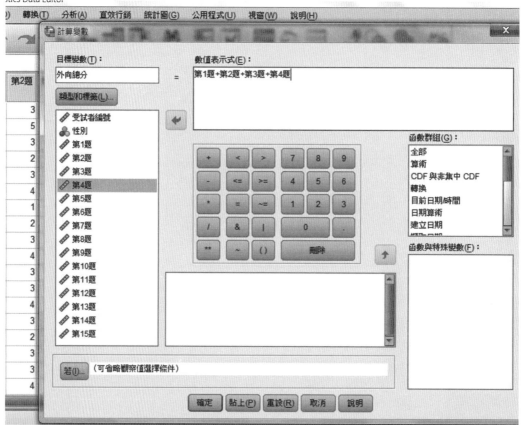

圖1-15

1-8 產生高、低分組

　　在大部分的情況下，試圖將連續性的資料轉換為間斷性的資料，都是不好的做法（參見「★你不想知道的統計知識(3)★」，p.391）。但是如果你基於某些理由必須這樣做，其操作如下。

Step 1 ［產生高、低分組］

　　我們要先找出你要想的高、低分組的切點；點擊【分析 / Analysis】→【描述性統計資料 / Descriptive Statistics】→【次數 / Frequencies】。（如圖1-16）

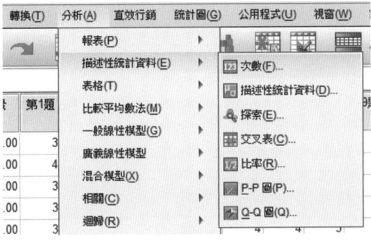

圖1-16

Step 2　產生高、低分組

1. 將想要區分為高、低分組的變項（如「外向總分」）放進【變數／Variables(s)】欄位中。（如圖1-17）
2. 點擊【統計資料／Statistics】。

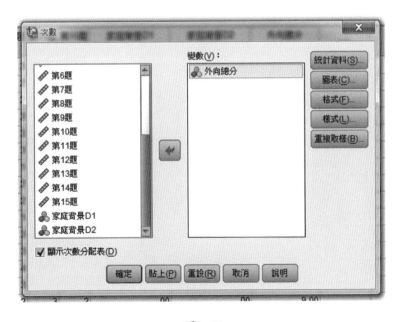

圖1-17

Step 3　產生高、低分組

1. 選擇你要想的高、低分組的切點方式：若是中位數、平均數，則直接勾選。如圖1-18，是以中位數作為切點之範例。

2. 若是百分位數，則：(1)勾選【百分位數／Percentile(s)】。(2)輸入你要的百分位數的百分比，然後點擊【新增／Add】（如：若低分組定義為所有人中排序低分的25%、高分組定義為75%，則分別輸入25，然後【新增／Add】、75，然後【新增／Add】）。(3)重複(1)～(2)，直到所需的百分位數百分比都輸入完成。

3. 點擊【繼續／Continue】後會返回圖1-17之畫面。

4. 點擊【確定／OK】。

圖1-18

Step 4　產生高、低分組

檢視結果輸出報表，記下中位數（或是你選擇的百分位數切點數值）。如圖 1-19中，中位數 = 12，這就是你要區分高、低分組的切點了。接下來我們要利用這個切點來產生高、低分組。

統計資料

外向總分

N	有效	500
	遺漏	0
中位數		12.000

外向總分

		次數	百分比	有效的百分比	累積百分比
有效	4.00	1	.2	.2	.2
	5.00	2	.4	.4	.6

（以下略）

圖1-19

Step 5　產生高、低分組

點擊【轉換 / Transform】→【重新編碼成不同變數 / Recode into Different Variables】。（如圖1-20）

圖1-20

Step 6 　產生高、低分組

1. 在【數值變數→輸出變數／Input Variable→Output Variable】欄位中放入想要區分高低分組的變項（如「外向總分」）。（如圖1-21）

2. 在【輸出之新變數／Output Variable】的【名稱／Name】欄位中輸入分組後的變項名稱（如「外向高低分」，名稱可自訂）。

3. 點擊【變更／Change】。

4. 點擊【舊值與新值／Old and New Value】。

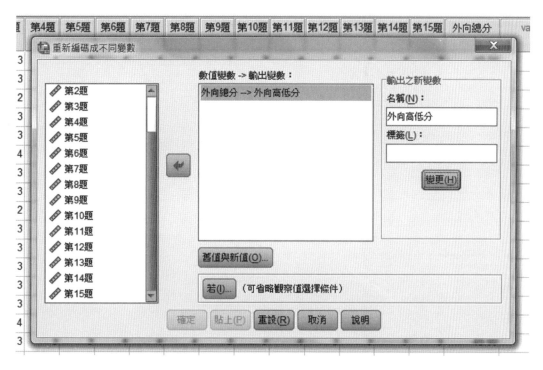

圖1-21

Step 7 　產生高、低分組

1. 點選【範圍，LOWEST到值 / Range, LOWEST through value】，並在欄位中輸入低分組切點數值（如先前記下的中位數12，表示12含以下為低分組）。

2. 在【新值為 / New Value】的【數值 / Value】中輸入數值「0」（意思是：以「0」表示低分組）。（如圖1-22）

3. 點擊【新增 / Add】。

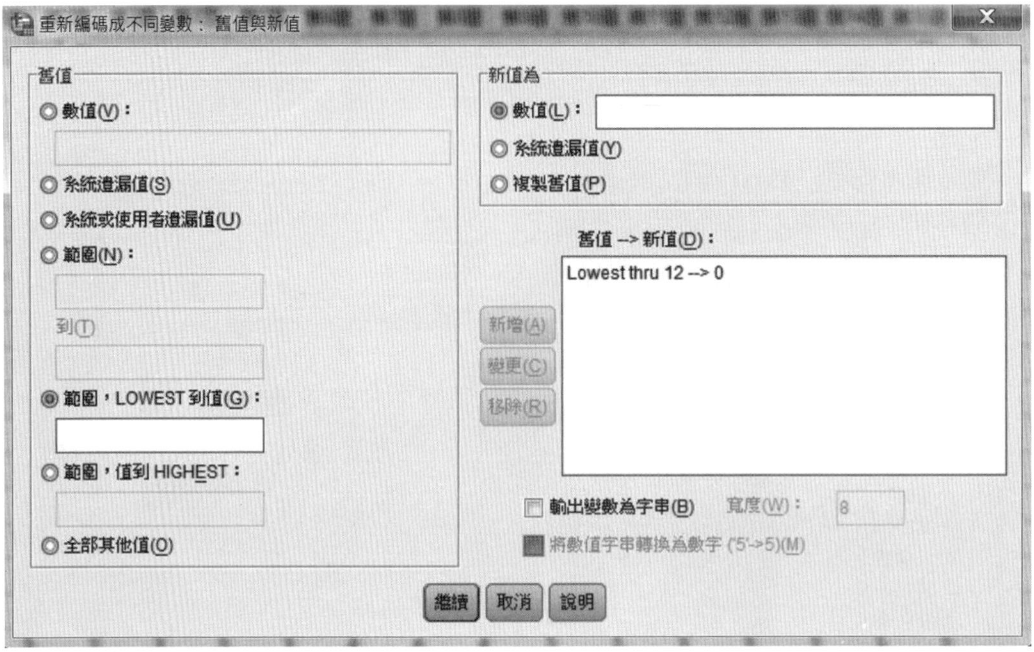

圖1-22

Step 8　產生高、低分組

1. 點選【範圍，值到HIGHEST / Range, value through HIGHEST】，並在欄位中輸入高分組切點數值（如13，表示13含以上為高分組）。

2. 在【新值為 / New Value】的【數值 / Value】中輸入數值「1」（意思是：以「1」表示高分組）。（如圖1-23）

3. 點擊【新增 / Add】。

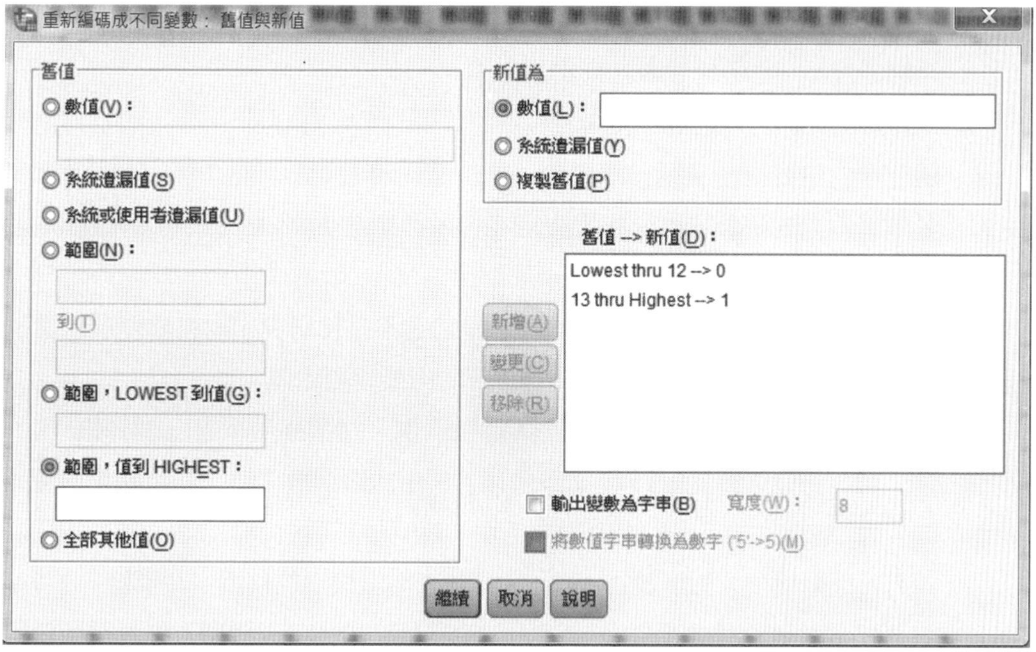

圖1-23

Step 9 　產生高、低分組

1. 點擊【繼續 / Continue】，畫面將跳回圖1-21。

2. 點擊【確定 / OK】。此時看資料視窗最右邊那一直行（注意畫面左下角標籤要處於【資料視圖 / Data View】，不是【變數視圖 / Variable View】），就會發現產生了一個新的變項：「外向高低分」（可自訂名稱），此一變項值為「0」者，即是外向低分組；變項值為「1」者，即是外向高分組。

1-9　產生虛擬變項

　　有時你可能會「糟」遇到（沒錯，對學生來說這通常是一種很「糟」的遭遇）必須把間斷變項轉換爲連續變項的情形；此即所謂變項的虛擬變項化（dummy code）。以學位論文來說，當你必須對某個間斷變項X做虛擬變項處理時，我們建議你先做以下評估：

1. X這個間斷變項下只有兩種類別；沒事兒，直接把它當作連續變項就對了。
　　例如性別，只有男、女，此時只要把這個變項編碼成1,0（如男生 = 1, 女生 =

0），則它雖然是個間斷變項，卻可以直接當作連續變項來跑各種統計。在這種情況下，你不需要做任何額外的事。

2. X這個間斷變項下的類別數 ≥ 3（例如大學的年級有4個年級），而且它是你研究中的主要自變項或預測變項；此時請再看看表0-2（p.7），確認是否有其他更適合的統計方法，如果確定沒有，請參考「★你不想知道的統計知識(3)★」（p.391）的建議。

3. X這個間斷變項下的類別數 ≥ 3，但是它並不是你研究中的主要變項，而是你研究中的控制變項，那麼請進行以下的虛擬變項處理。

以下範例將以「家庭背景」這個間斷變項爲例。這個變項下有三個類別：1 =「父單親」、2 =「母單親」、3 =「父母俱在」。由於類別數 ≥ 3，若希望將這個間斷變項當作連續變項，必須進行虛擬變項處理。此時你必須知道兩件事：

1. 只有當間斷變項的類別數 ≥ 3時，才必須做虛擬變項的轉換。類別數 = 2時，只要把這兩個類別編碼成1, 0，就可以直接把它當作連續變項了，無需做任何額外處理。

2. k個類別，會產生k-1個虛擬變項。以前述的「家庭背景」爲例，由於有3個類別，所以會產生3 − 1 = 2個虛擬變項。以下程序即是將「家庭背景」的3個類別，產生2個虛擬變項的過程。

 Step 1　　產生虛擬變項

點擊【轉換 / Transform】→【計算變數 / Compute Variable】。（如圖1-24）

（注：雖然較新版本的SPSS有一個直接【建立虛擬變數】功能，但由於較早期的版本並沒有，爲了顧及廣大的讀者，本書還是採用比較原始的操作方式。）

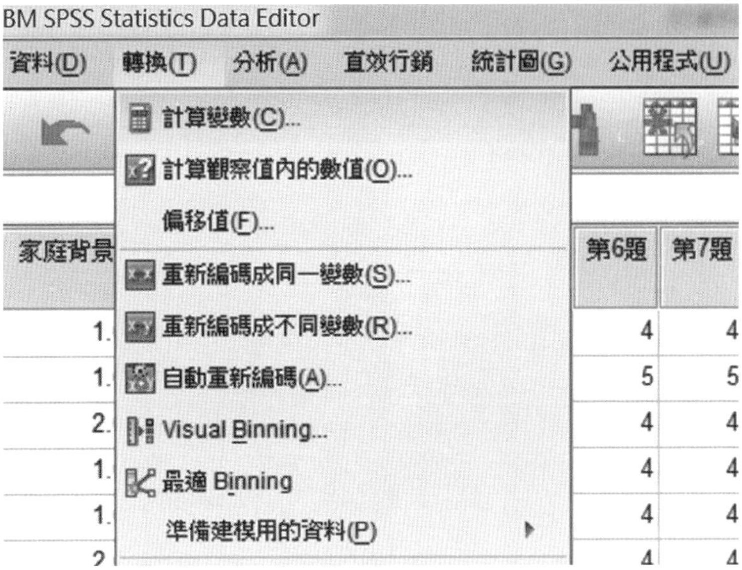

圖1-24

Step 2　產生虛擬變項

1. 在【目標變數 / Target Variable】欄位輸入「家庭背景D1」（此為虛擬變項名稱，可自行命名，但由於是dummy variables，我們建議以D1, D2, D3……加以命名。）

2. 在【數值表示式 / Numeric Expression】欄位輸入「家庭背景 ＝ 1」（「家庭背景」是本範例的變項名稱，你要依據你的資料變項名稱更改它。）（如圖1-25）

3. 按【確定 / OK】，會返回資料畫面。

1-10　只想分析部分資料

有時你可能不想分析所有的資料。例如，雖然你的樣本男女都有，但是你只想分析男生。此時需要用到【選擇觀察值 / select cases】這個指令把部分樣本挑出來。具體操作請參考本書附錄二。

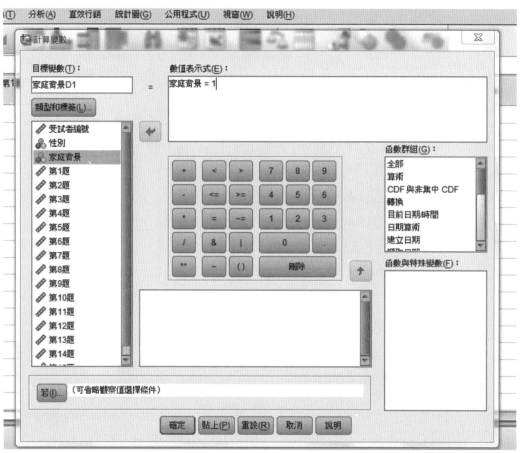

圖1-25

Step 3　產生虛擬變項

1. 點擊【轉換 / Transform】→【計算變數 / Compute Variable】。（如圖1-24）
2. 在【目標變數】欄位輸入「家庭背景D2」。
3. 在【數值表示式 / Numeric Expression】欄位輸入「家庭背景＝2」。
4. 按【確定 / OK】即完成。此時檢視資料，會發現產生了「家庭背景D1」和「家庭背景D2」兩個虛擬變項。（如圖1-26）

值	家庭背景D1	家庭背景D2	
3	1.00	.00	
3	1.00	.00	
2	.00	1.00	
2	1.00	.00	
3	1.00	.00	
3	.00	1.00	
1	1.00	.00	
2	1.00	.00	

圖1-26

Unit 2

信度分析及選題

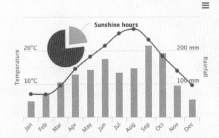

※請參考本書封底之說明，下載本單元中所使用的統計範例檔及工具檔。

2-1 信度分析概述

使用時機	信度（reliability）分析的目的，是去分析問卷題目（或其他測量工具）的測量品質；具體來說，信度分析告訴我們某個測量工具包含了多少比率的誤差。
Cronbach's alpha	信度有許多種類，Cronbach's alpha是最常用的一種內部一致性信度，也是多數論文中所使用的信度。〔關於分量表信度與總量表信度，見「★你不想知道的統計知識(5)★」，p.392。〕
選題及刪題	信度分析，除了可以讓我們檢視工具的整體測量品質之外，也可以讓我們檢視「個別」題目的測量品質，藉此進行選題及刪題〔此稱之為題目分析（item-analysis）〕，參見單元2-5，p.40。

2-2 SPSS操作

Step 1　信度分析

點選【分析 / Analysis】→【尺度 / Scale】→【可靠度分析 / Reliability analysis】。（如圖2-1）

圖2-1

Step 2　信度分析

1. 點選想要分析的題目，將它們放進【項目／Items】欄位中（可用shift＋滑鼠全部選取）。（如圖2-2）
2. 點擊【統計資料／Statistics】。

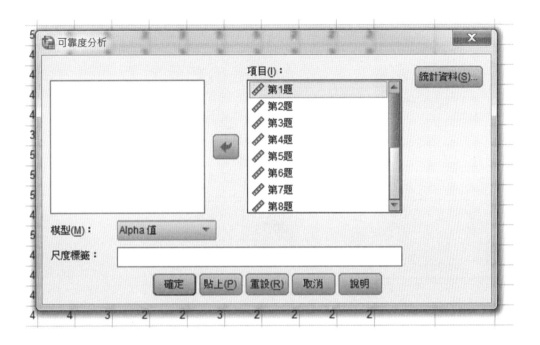

圖2-2

Step 3　信度分析

1. 勾選【刪除項目後之量尺摘要／Scale if item deleted】。（如圖2-3）
2. 點擊【繼續／Continue】，畫面將返回圖2-2。
3. 點擊【確定／OK】即完成。結果如圖2-4。

圖2-3

可靠性統計資料

Cronbach的 Alpha	項目個數
.835	15

①

項目總計統計資料

	尺度平均數 (如果項目已刪除)	尺度變異數 (如果項目已刪除)	② 更正後項目 總數相關	③ Cronbach的Alpha (如果項目已刪除)
第1題	46.82	38.327	.595	.818
第2題	46.74	36.778	.645	.813
第3題	46.85	37.413	.675	.812
第4題	46.49	36.984	.662	.812
第5題	46.97	53.444	(-.774)	.895
第6題	45.86	40.782	.440	.827
第7題	45.59	43.393	(.113)	.840
第8題	46.13	38.577	.556	.820
第9題	46.76	36.776	.566	.818
第10題	46.57	37.035	.558	.819
第11題	46.39	38.482	.557	.820

（以下略）

圖2-4

2-3 統計報表解讀

分析結果報表（圖2-4）中的各項數值意義如下（請注意，以下的①、②……等數字，和圖2-4統計報表中的①、②……是相對應的，互相參照就可以解讀統計報表囉）：

① 【信度係數】：Cronbach's alpha內部一致性係數，即信度係數。（關於信度值的標準，參見「★你不想知道的統計知識(6)★」，p.392。）

② 【更正後項目總數相關】：各題目與總分的相關，正相關愈高表示某一題目和其他題目間的內部一致性愈高。（關於刪題見「★你不想知道的統計知識(7)」，p.393。關於更正後項目總數相關呈現負值見「★你不想知道的統計知識(8)」，p.394。）

③ 【刪除某一題後的信度】：即刪除某一題後，信度值的改變。例如圖2-4①顯示此問卷的信度為 .835；而根據③的數值，若刪除第5題，信度會提升為 .895；以此類推。某種程度來說，③和②都提供了某一題目和其他題目間的關聯性（內部一致性）的訊息。如果我們想要評估某個題目是不是好題目，②的訊息比③可靠，這是因為信度非常容易受到題數影響，如果題數很多（例如有30題），則刪掉任何一題都對信度影響不大，換句話說，在題目數目多時，③這個指標不太靈敏；②的訊息相對上不太受題數的影響，可以讓我們更清晰地看到某一個題目是不是好題目，我們建議想要理解單一題目的測量品質時，應該以②為主。如果我們希望製作短版量表，亦即減少題目的數目，卻又希望信度要盡可能高，這時③就會是比較重要的指標。

2-4 分析結果的撰寫

根據信度分析結果（圖2-4），如果沒有進行任何刪題，你可以用書寫範例2-1的格式來撰寫論文（若有刪題，請參見單元2-5）。以下書寫範例中，標楷體的部分是論文中應該要書寫的內容，【】內的敘述，是對書寫方式的說明。

書寫範例2-1[注1]

　　本研究對xx量表共15題進行信度（reliability）分析，分析結果顯示，其Cronbach's alpha內部一致性係數為 .83【填入圖2-4 ①的數字】；<u>具可接受之信度。</u>【底線的這句結論，請參見「★你不想知道的統計知識(6)★」，p.392。】

2-5　選題及刪題（詳見「★你不想知道的統計知識(7)★」，p.393）

　　信度分析，除了可以讓我們檢視工具的整體測量品質之外，也可以讓我們檢視個別題目的測量品質。圖2-4中的「更正後項目總數相關」（corrected item-total correlation）就提供了這樣的資訊。「更正後項目總數相關」的正數值愈低，或是呈現負值，表示這個題目的測量品質不好，例如第五題呈現負值 − .774、第七題呈現一個低的正值 .113。此時可以考慮刪除這兩題，然後以剩下的13題重新進行信度分析（見單元2-2，Step1到Step3，p.36～37），信度會從本來的.83提升為.90。

　　如果有進行刪題，你可以用書寫範例2-2的格式來撰寫論文。以下書寫範例中，標楷體的部分是論文中應該要書寫的內容，【】內的敘述，是對書寫方式的說明。

書寫範例2-2[注2]

　　本研究對xx量表共15題進行信度（reliability）分析，分析結果顯示，其Cronbach's alpha內部一致性係數為 .83【填入圖2-4 ①的數字】；檢視題目與總分之相關（corrected item-total correlation），發現第5題與總分為負相關（$r = -.77$)、第7題與總分相關過低（$r = .11$)【填入圖2-4 ②中相對應的數字】；因此刪除這二題，重新進行信度分析。刪題後剩餘13題之Cronbach's alpha內部一致性係數為 .90【填入刪題後之信度】；<u>具可接受之信度。</u>【底線的這句結論，請參見「★你不想知道的統計知識(6)★」，p.392。】

注1　關於呈現統計數據時的注意事項，請參考「★你不想知道的統計知識(1)★」（p.389）。
注2　關於呈現統計數據時的注意事項，請參考「★你不想知道的統計知識(1)★」（p.389）。

Unit 3

獨立樣本t檢定

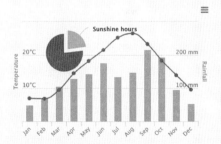

※請參考本書封底之說明，下載本單元中所使用的統計範例檔及工具檔。

3-1 獨立樣本t檢定概述

使用時機	t檢定（或t考驗）主要是用來比較兩組分數的平均數是否有顯著差異。（參見表0-2，p.7）（關於t檢定和ANOVA之差異，見「★你不想知道的統計知識(32)★」，p.406。）
獨立樣本 vs. 相依樣本	t檢定區分為「獨立樣本t檢定（independent samples t-test）」和「相依樣本t檢定（paired samples t-test）」。在大部分的情況下（但有極少數例外），如果你想比較的兩組分數來自不同的兩群人，則要做「獨立樣本t檢定」；如果你想比較的兩組分數來自同一群人，則要做「相依樣本t檢定」。（進一步說明見「★你不想知道的統計知識(9)★」，p.395。）
獨立樣本t檢定的例子	(1)「男生和女生（兩組人），在身高上是否有差異？」 (2)「實驗組和控制組（兩組人），在反應時間上是否有差異？」

3-2 SPSS操作

以下操作將以考驗：「男生和女生（兩組人），在外向程度上是否有差異」為例。

Step 1 獨立樣本t檢定

點選【分析 / Analyze】→【比較平均數法 / Compare Means】→【獨立樣本T檢定 / Independent-Samples T Test】。（如圖3-1）

圖3-1

Step 2　獨立樣本t檢定

1. 將依變項（外向程度）放入【檢定變數 / Test Variable(s)】欄位中。

2. 將組別變項（如性別）放入【分組變數 / Grouping Variable】欄位中。（如圖 3-2）

3. 點擊【定義組別 / Define Groups】（注意：【分組變數】欄位必須呈現黃色，否則【定義組別】無法點擊。若【分組變數】欄位呈現灰色，請用滑鼠點擊它，使它呈現黃色。）

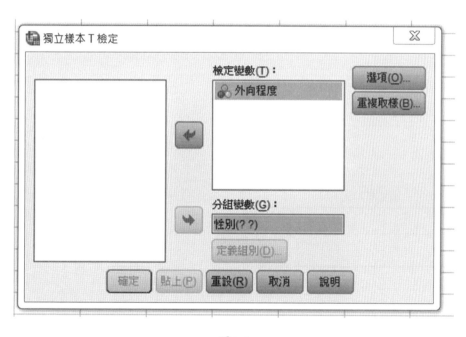

圖3-2

Step 3　獨立樣本t檢定

1. 在【組別1】和【群組2】欄位中，分別輸入不同組別的代碼；例如在這個範例中，由於當初輸入資料時男生的編碼是1，女生是2，所以在【組別1】和【群組2】欄位中輸入1, 2。你必須依照當初輸入資料時的代碼輸入數值。（如圖3-3）

2. 點擊【繼續 / Continue】，畫面將返回圖3-2。

3. 點擊【確定 / OK】，即完成分析。分析結果如圖3-4。

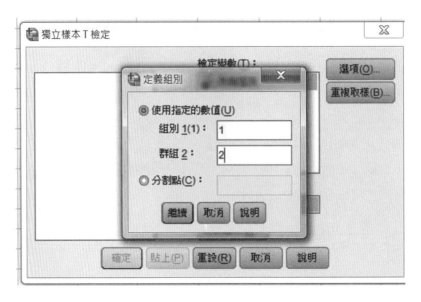

圖3-3

T檢定

群組統計資料

	性別	N	平均數	標準偏差	標準錯誤平均值
外向程度	1	37	5.622	1.6390	.2694
	2	40	5.650	1.0513	.1662

獨立樣本檢定

		Levene的變異數相等測試		針對平均值是否相等的t測試						
		F	顯著性	T	dt	顯著性（雙尾）	平均差異	標準誤差	95%差異數的信賴區間	
									上限	下限
外向程度	採用相等變異數	1.700	.196	-.091	75	.928	-.0284	.3114	-.6488	.5920
	不採用相等變異數			-.090	60.523	.928	-.0284	.3166	-.6615	.6048

② ③

圖3-4

3-3 統計報表解讀

分析結果報表（圖3-4）中的各項數值意義如下（請注意，以下的①、②……等

數字,和圖3-4統計報表中的①、②……是相對應的,互相參照就可以解讀統計報表囉):

① 【描述統計】:包含兩組各自的樣本數(N)、平均值(Mean)、標準差(Std. Deviation,SPSS翻譯為標準偏差)。

② 【變異數同質性檢定結果】:若「顯著性」≧.05(注意,是「大於」等於,不是「小於」等於),表示符合變異數同質性假定;若「顯著性」<.05,表示不符變異數同質性假定。這會影響該在論文中呈現哪些分析結果(關於變異數同質性,見「★你不想知道的統計知識(10)★」,p.395。)

③ 【t檢定結果】:「T」是檢定值,「df」是自由度,「顯著性(雙尾)」是p值。若「顯著性(雙尾)」<.05,表示兩組人在外向程度上有顯著差異;若「顯著性(雙尾)」≧.05,表示兩組人沒有顯著差異。t檢定的結果有上、下兩行。若② 【變異數同質性檢定結果】中的「顯著性」≧.05,則寫論文的數據要採用上面那行($t = -.091$, $df = 75$);若「顯著性」<.05,則要採用下面那行($t = -.090$, $df = 60.523$)。

3-4 效果量的計算

目前一般論文寫作規定,要呈現統計分析的效果量(effect size)。在SPSS中,t檢定報表不會呈現效果量,所以必須手動計算效果量。請直接使用本書所附Excel 3-1程式計算效果量(相關下載請見本書封底說明)。t檢定之效果量稱為d。當d≧0.2時,稱為小效果;d≧0.5為中效果;d≧0.8為大效果。[注1]

3-5 論文中的表格呈現

在論文中,若需要用表格的方式來呈現獨立樣本t檢定結果,則可以依據表格範例3-1,對照圖3-4填入相關數據(表格範例相關下載,請見本書封底說明)。

注1 Cohen, J. (1988). *Statistical power analysis for the behavioral sciences*. Hillsdale, N.J.: L. Erlbaum.

✎ **表格範例3-1**

性別在外向性上之t檢定

	平均值（標準差）填入圖3-4①數據		填入圖3-4③數據			
	男性（$N = 37$）	女性（$N = 40$）	自由度	t值	p	效果量（d）
外向性	5.62 (1.63)	5.65 (1.05)	75	−0.09	.92	0.02
（視需要增列）						

3-6 分析結果的撰寫

依據圖3-4的統計報表，可以用書寫範例3-1的格式來撰寫論文。以下書寫範例中，標楷體的部分是論文中應該要書寫的內容，【　】內的敘述，是對書寫方式的說明。

✎ **書寫範例3-1**[注2]

以獨立樣本t檢定分析結果如表xxx，結果發現：不同性別在外向程度上並無顯著差異【或是「有顯著差異」，視分析結果而定】，$t(75) = -0.09$[注3]，$p = .92$，$d = 0.02$。【對照並填入圖3-4③的數字；$d =$ 用本書所附excel所算出的效果量】。男性外向程度（$M = 5.62, SD = 1.63$）與女性的外向程度（$M = 5.65, SD = 1.05$）沒有顯著差異【對照並填入圖3-4①的數值；若有顯著差異，則改寫成「男性的外向程度（$M = XX, SD = XX$）大於（或小於）女性（$M = XX, SD = XX$）」】。

注2　關於呈現統計數據時的注意事項，請參考「★你不想知道的統計知識(1)★」（p.389）。

注3　雖然 SPSS上t檢定是大寫T，不過在書寫時要記得改成小寫t。在統計中，大寫T常常代表多變量統計中的T統計量。

Unit 4

相依樣本t檢定

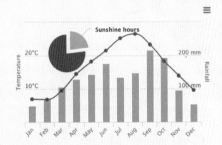

※請參考本書封底之說明，下載本單元中所使用的統計範例檔及工具檔。

4-1 相依樣本t檢定概述

使用時機	t檢定（或t考驗）：主要是用來比較兩組分數的平均數是否有顯著差異（參見表0-2，p.7）。（關於t檢定和ANOVA之差異，見「★你不想知道的統計知識(32)★」，p.406。）
獨立樣本 vs. 相依樣本	t檢定區分為「獨立樣本*t*檢定（independent samples t-test）」和「相依樣本*t*檢定（paired samples t-test）」。在大部分的情況下（但有極少數的例外），如果你想比較的兩組分數來自不同的兩群人，則要做「獨立樣本*t*檢定」；如果你想比較的兩組分數來自同一群人，則要做「相依樣本*t*檢定」。（進一步說明見「★你不想知道的統計知識(9)★」，p.395。）
相依樣本t 檢定的例子	(1)「期中考和期末考成績是否有差異？」（期中和期末成績來自於同一群人） (2)「實驗前和實驗後的心情是否有改變？」（實驗前和實驗後的心情來自於同一群人）

4-2 SPSS操作

以下操作，是以「期中考和期末考成績的平均值，是否有顯著差異？」爲例。

 Step 1　相依樣本t檢定

點選【分析 / Analyze】→【比較平均數法 / Compare Means】→【成對樣本T檢定 / Paired-Samples T Test】。（如圖4-1）

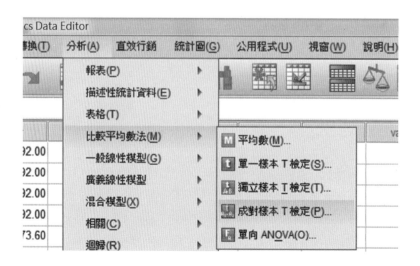

圖4-1

Step 2　相依樣本t檢定

1. 將要比較的變項組別（「期中考」、「期末考」）放入【變數1 / Variable1】
   和【變數2 / Variable2】欄位中。（如圖4-2）

2. 點擊【確定 / OK】，即完成分析。分析結果如圖4-3。

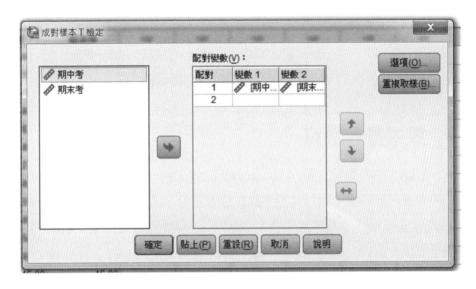

圖4-2

成對樣本統計資料

	性別	平均數	N	標準偏差	標準錯誤平均值
對組1	期中考	52.1333	48	12.91816	1.86458
	期末考	36.8000	48	29.52307	4.26129

成對樣本相關性

		N	相關	顯著性
對組1	期中考&期末考	48	-.161	.276

		成對差異數					T	df	顯著性（雙尾）
		平均數	標準偏差	標準錯誤平均值	95%差異數的信賴區間				
					上限	下限			
對組1	期中考-期末考	15.33333	34.07270	4.91797	5.43965	25.22701	3.118	47	.003

圖4-3

4-3 統計報表解讀

分析結果報表（圖4-3）中的各項數值意義如下（請注意，以下的①、②……等數字，和圖4-3統計報表中的①、②……是相對應的，互相參照就可以解讀統計報表囉）：

① 【描述統計】：包含兩組各自的平均值（Mean）、樣本數（N）、標準差（Std. Deviation，SPSS翻譯為標準偏差）。

② 【t檢定結果】：「T」是檢定值，「df」是自由度，「顯著性（雙尾）」是p值。若「顯著性（雙尾）」< .05，表示期中考和期末考成績有顯著差異；若「顯著性（雙尾）」≧ .05，表示期中考和期末考成績沒有顯著差異。

4-4 效果量的計算

目前一般論文寫作規定，要呈現統計分析的效果量（effect size）。在SPSS中，t檢定報表不會呈現效果量，所以必須手動計算效果量。請直接使用本書所附Excel 4-1程式計算效果量（相關下載請見本書封底說明）。t檢定之效果量稱為d。當d≧0.2時，稱為小效果；d ≧ 0.5為中效果；d ≧ 0.8為大效果[注1]。

4-5 論文中的表格呈現

在論文中，若需要用表格的方式來呈現相依樣本t檢定結果，則可以依據表格範例4-1，對照圖4-3填入相關數據（表格範例相關下載，請見本書封底說明）。

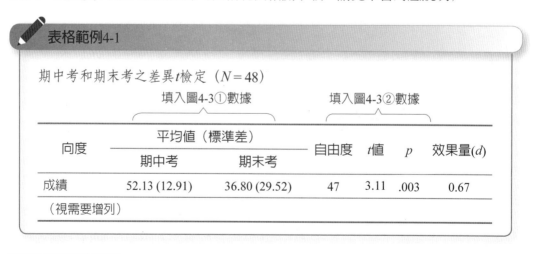

表格範例4-1

期中考和期末考之差異t檢定（$N = 48$）

	填入圖4-3①數據		填入圖4-3②數據			
向度	平均值（標準差）		自由度	t值	p	效果量(d)
	期中考	期末考				
成績	52.13 (12.91)	36.80 (29.52)	47	3.11	.003	0.67
（視需要增列）						

注1　Cohen, J. (1988). *Statistical power analysis for the behavioral sciences*. Hillsdale, N.J.: L. Erlbaum.

4-6 分析結果的撰寫

依據圖4-3的統計報表，可以用書寫範例4-1的格式來撰寫論文。以下書寫範例中，標楷體的部分是論文中應該要書寫的內容，【】內的敘述，是對書寫方式的說明。

✎ **書寫範例4-1**[注2]

以相依樣本t檢定分析發現，期中考和期末考平均值有顯著差異【或是「沒有顯著差異」，視分析結果而定】，$t(47) = 3.11$[注3]，$p = .003$，$d = 0.72$【對照並填入圖4-3②中的數字，及本書所附Excel所算出的效果量】。期中考成績（$M = 52.13, SD = 12.91$）顯著地大於期末考成績（$M = 36.80, SD = 29.52$）【對照並填入圖4-3①的數值；若t檢定結果不顯著，則改寫「期中考成績（$M = XX, SD = XX$）和期末考成績（$M = XX, SD = XX$）沒有顯著差異」】。

注2 關於呈現統計數據時的注意事項，請參考「★你不想知道的統計知識(1)★」（p.389）。

注3 雖然 SPSS上t檢定是大寫T，不過在書寫時要記得改成小寫t。在統計中，大寫T常常代表多變量統計中的T統計量。

Unit 5

Pearson相關

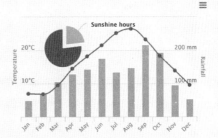

※請參考本書封底之說明，下載本單元中所使用的統計範例檔及工具檔。

5-1 Pearson相關概述

使用時機	Pearson相關，又稱之為積差相關（product-moment correlation）；主要是用來考驗兩個連續變項X, Y之間是否有顯著的線性（linear）關係（參見表0-2，p.7）。
正相關 vs. 負相關	正相關：X增加，Y也隨之增加。 負相關：X增加，Y隨之減少。
Pearson相關的例子	(1)正相關：「身高和體重有顯著正關係。」身高增加，體重也隨之增加。 (2)負相關：「運動時間和體重有顯著負相關。」運動時間增加，體重隨之減少。 (3)零相關：「喝可樂數量和統計成績沒有相關。」可樂喝的量多寡，與統計成績無關。

5-2 SPSS操作

以下操作將以：「人格特質強度和工作表現好壞是否有顯著相關？」為例。

 Step 1 　　Pearson相關

點選【分析 / Analysis】→【相關 / Correlate】→【雙變數 / Bivariate】。（如圖5-1）

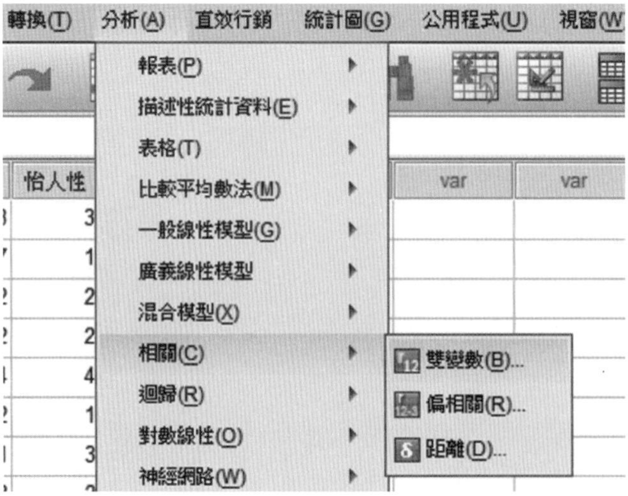

圖5-1

Step 2　Pearson相關

1. 將所要分析的變項放入【變數／Variable】欄位中。（如圖5-2）
2. 點擊【確定／OK】，即完成分析。分析結果如圖5-3。

圖5-2

相關

		開放性	負責任	外向性	怡人性	神經質	工作表現
開放性	皮爾森（Pearson）相關 顯著性（雙尾） N	1 60	.322* .012 60	.161 .219 60	.393** .002 60	-.349** .006 60	.296* .022 60
負責任	皮爾森（Pearson）相關 顯著性（雙尾） N	.322* .012 60	1 60	.177 .175 60	.351** .006 60	-.450** .000 60	.616** .000 60
外向性	皮爾森（Pearson）相關 顯著性（雙尾） N	.161 .219 60	.177 .175 60	1 60	.176 .179 60	-.200 .125 60	-0.20 .879 60
怡人性	皮爾森（Pearson）相關 顯著性（雙尾） N	.393** .022 60	.351** .006 60	.176 .179 60	1 60	-.260* .045 60	.217 .096 60
神經質	皮爾森（Pearson）相關 顯著性（雙尾） N	-3.49** .006 60	-.450** .000 60	-.200 .125 60	-.260* .045 60	1 60	-.473** .000 60
工作表現	皮爾森（Pearson）相關 顯著性（雙尾） N	.296* .022 60	.616** .000 60	-.020 .879 60	.217 .096 60	-.473** .000 60	1 60

*. 相關性在0.05層上顯著（雙尾）。

③　②　①

圖5-3

5-3　統計報表解讀

分析結果報表（圖5-3）中的各項數值意義如下（請注意，以下的①、②……等數字，和圖5-3統計報表中的①、②……是相對應的，互相參照就可以解讀統計報表囉）：

① 【Pearson相關】：相關係數(r)的數值。某兩個變項間的相關係數值，是用「橫軸和縱軸交會」的方式去呈現的。例如，圖5-3中，「開放性」和「工作表現」的相關r＝.296、「負責任」和「工作表現」的相關r＝.616，以此類推。

② 【顯著性（雙尾）】：p值。若「顯著性（雙尾）」< .05，表示兩個變項有顯著相關；若「顯著性（雙尾）」≧ .05，表示兩個變項沒有顯著相關。

③ N：樣本數。

5-4　論文中的表格呈現

在論文中，若需要用表格的方式來呈現Pearson相關結果，則可以依據表格範例5-1，對照圖5-3填入對應數據。在呈現表格時，注意事項如下（表格範例可於本書網頁下載，相關下載請見本書封底說明）：

1. 相關矩陣一般是呈現Pearson相關數值，並且在數值後以「*」符號（*p < .05、** p < .01、*** p < .001）來表示顯著性。請注意，不要直接抄SPSS報表的星號，因為SPSS報表有時會蓋住第三顆星；論文中標示星號時，要對照圖5-3②的p值，去標出正確的星號。

2. 表格範例5-1的斜對角線，均呈現「－」；這是由於某個變項「自己和自己的相關」必然是1，因此呈現出來感覺像是廢話，所以學者不喜歡呈現數據，而用「－」來表達一種「沒有必要呈現」的優雅。

3. 表格範例5-1只呈現左下角那一半數據，不呈現右上角那一半數據，是因為左下、右上兩組數據是對稱且一模一樣的（請仔細看圖5-3即能理解，如果你不想理解就趕快跳過這段。）

4. 由於有六個變項，照理說應該呈現一個6×6矩陣，但事實上用6×5矩陣就可以包含所有數據。

5. 關於相關係數的效果量，見「★你不想知道的統計知識(11)★」（p.396）。

表格範例5-1

人格特質與工作表現之相關矩陣（N = *60*）

	1	2	3	4	5
1.開放性	–				
2.負責任	.32*	–			
3.外向性	.16	.17	–		
4.怡人性	.39**	.35**	.17	–	
5.神經質	–.34**	–.45***	–.20	–.26*	–
6.工作表現	.29*	.61***	–.02	.21	–.47***

*p < .05 ** p < . 01 *** p < .001

5-5 分析結果的撰寫

依據圖5-3的統計報表，可以用範例5-1的格式來撰寫論文。範例5-1是描述五種特質和工作表現間的關係。你必須依照論文所在意的變項來陳述變項之間的相關。以下書寫範例中，標楷體的部分是論文中應該要書寫的內容，【】內的敘述，是對書寫方式的說明。

書寫範例5-1[注1]

以Pearson相關分析結果如表xxx。結果發現：開放性[$r(58)$ = .29, p = .02]、負責任 [$r(58)$ =.61, p < .001] 和工作表現有顯著正相關【對照並填入圖5-3數據：其中(58)為自由度，以樣本數減2計算：60 – 2 = 58】；神經質[$r(58)$ = – .47, p < .001]和工作表現有顯著負相關【同前】；外向性[$r(58)$ = – .02, p = .87]、怡人性 [$r(58)$ = .21, p = .09]和工作表現無顯著相關【同前】。

注1　關於呈現統計數據時的注意事項，請參考「★你不想知道的統計知識(1)★」（p.389）。

5-6 兩個相關係數的差異檢定（操作）

有時可能會需要比較兩個相關係數的差異是否顯著。此時要考慮這兩個相關係數是來自獨立或相依樣本，總共可能有三種情形，請選擇你所遇到的狀況（關於獨立、相依樣本，請參見單元3-1，p.42；在此，相依樣本常常指的是兩個相關係數來自於同一群人）。以下運算所需Excel，請至本書的網頁下載（相關下載請見本書封底說明）。

1. 獨立樣本相關係數差異檢定

    (1) 範例：「小學生智力和成績之相關$r = .47$、高中生智力和成績之相關$r = .39$，此二相關係數是否有顯著差異？」（由於兩個相關係數來自兩群不同的人，因此是獨立樣本）。

    (2) 方法：以本書所附Excel 5-1計算出z值即可。其論文書寫範例如單元5-7。

2. 相依樣本相關係數差異檢定（相關牽涉的變項中，有一個重複）

    (1) 範例：「班上同學的智力和英文成績之相關$r = .47$、智力和統計成績之相關$r = .39$，此二相關係數是否有顯著差異？」（由於兩個相關係數來自同一群人，因此是相依樣本，而且智力這個變項重複出現在所想要檢定的兩個相關係數中，$r_{智力 \cdot 英文}$ vs. $r_{智力 \cdot 統計}$）。

    (2) 以單元5-2之程序，算出$r_{智力 \cdot 英文}$、$r_{智力 \cdot 統計}$、$r_{統計 \cdot 英文}$三個相關係數，然後以本書所附Excel 5-2計算出t值即可。其論文書寫範例如單元5-7。

3. 相依樣本相關係數差異檢定（相關牽涉的變項中，沒有變項重複）

    (1) 範例：「班上同學的國文和英文成績之相關$r = .47$、數學和統計成績之相關$r = .39$，此二相關係數是否有顯著差異？」（由於兩個相關係數來自同一群人，因此是相依樣本，相關牽涉到的變項完全不同，$r_{國文 \cdot 英文}$ vs. $r_{數學 \cdot 統計}$）。

    (2) 以單元5-2之程序，算出$r_{國文 \cdot 英文}$、$r_{數學 \cdot 統計}$、$r_{國文 \cdot 數學}$、$r_{國文 \cdot 統計}$、$r_{英文 \cdot 數學}$、$r_{英文 \cdot 統計}$六個相關係數，然後以本書所附Excel 5-3計算出z值即可。其論文書寫範例如單元5-7。

5-7 兩個相關係數的差異檢定（分析結果的撰寫）

相關係數的差異檢定結果，可用「書寫範例 5-2」加以呈現。以下書寫範例中，標楷體的部分是論文中應該要書寫的內容，【 】內的敘述，是對書寫方式的說明。

書寫範例 5-2[注2]

　　以相依樣本相關係數差異*z*檢定分析【或「獨立樣本相關係數差異z檢定……」、或「相依樣本相關係數差異t檢定……」，視你的分析方法而定，見單元5-6】，國文和英文成績之相關 [*r*(58) = .47, *p* < .001]，與數學和統計成績之相關無顯著差異[*r* (58) = .39, *p* < .001] 【(1)填入你的資料，進行單元5-2之程序後所得之數值；其中(58)為自由度，以樣本數減2計算，(2)若是檢定結果顯著，則陳述改為「國文和英文成績之相關 [*r* (58) = .47, *p* < .001] 顯著大於數學和統計成績之相關 [*r*(58) = .39, *p* < .001]，*z* = 0.54, *p* = .58」】【或「t = …」，視你的分析而定】【填入本書Excel檔所運算之結果】。

注2　關於呈現統計數據時的注意事項，請參考「★你不想知道的統計知識(1)★」（p.389）。

Unit 6

迴歸──一般線性迴歸

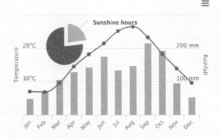

※請參考本書封底之說明，下載本單元中所使用的統計範例檔及工具檔。

6-1 迴歸概述

使用時機	迴歸（regression）用以檢驗一個或多個連續變項X_i，和另一個連續變項Y之間是否具有顯著關係（亦參見表0-2，p.7。關於迴歸的「預測」與「解釋」，見「★你不想知道的統計知識(12)★」，p.396。）
迴歸的例子	(1)「開放性、負責任、外向性、怡人性、神經質，五種特質的強度（X_1~X_5），和工作表現好壞 (Y) 之間是否有顯著關係。」 (2)「學測時英文、國文、數學三科成績（X_1~X_3），和大學學業成績 (Y) 之間是否有顯著關係。」

6-2 SPSS操作

以下操作將以考驗：「開放性、負責任、外向性、怡人性、神經質，五種特質的強度（X_1~X_5），和工作表現好壞 (Y) 之間是否有顯著關係為例。」（關於迴歸分析時之自 / 依變項、解釋 / 反應變項、預測 / 效標變項等名詞使用，見「★你不想知道的統計知識(13)★」，p.396。）

 Step 1　迴歸分析

點選【分析 / Analysis】→【迴歸 / Regression】→【線性 / Linear】。（如圖6-1）

圖6-1

Step 2 　迴歸分析

1. 將依變項（工作表現）放入【因變數／Dependent】欄位中。
2. 將自變項（五種特質）放入【自變數／Independent(s)】欄位中。（如圖6-2）
　（關於SPSS迴歸主畫面之【方法／Method】選項，請參考「★你不想知道的統計知識(14)★」，p.397。）

圖6-2

Step 3 　迴歸分析

1. 點擊【統計資料／Statistics】。
2. 勾選【共線性診斷／Collinearity diagnostics】。（如圖6-3）
3. 點擊【繼續／Continue】，畫面將返回圖6-2。
4. 點擊【確定／OK】，即完成分析。分析結果如圖6-4。

圖6-3

模型摘要

模型	R	R平方	調整後R平方	標準偏斜度錯誤
1	.678[a]	.460	.410	.690

a.預測值：（常數），神經質，外向性，怡人性，開放性，負責任

變異數分析[a]

模型		平方和	df	平均值平方	F	顯著性[b]
1	迴歸	21.914	5	4.383	9.196	.000[b]
	殘差	25.736	54	.477		
	總計	47.65	59			

a.應變數：工作表現

b.預測值：（常數），神經質，外向性，怡人性，開放性，負責任

圖6-4

係數[a]							
	非標準化係數		標準化係數			共線性統計資料	
模型	B	標準錯誤	Beta	T	顯著性	允差	VIF
1　（常數）	1.952	.527		3.705	.000		
開放性	.080	.113	.081	.707	.483	.768	1.303
負責任	.468	.106	.517	4.408	.000	.726	1.378
外向性	-.116	.071	-.170	-1.647	.105	.937	1.068
怡人性	-.030	.104	-.033	-.293	.771	.782	1.279
神經質	-.279	.127	-.255	-2.194	.033	.740	1.351
a.應變數：工作表現							
	③			④		⑤	

圖6-4（續）

6-3　統計報表解讀

　　分析結果報表（圖6-4）中的各項數值意義如下（請注意，以下的①、②……等數字，和圖6-4統計報表中的①、②……是相對應的，互相參照就可以解讀統計報表囉）：

①【整體迴歸模式的解釋力】：亦即「五個特質對工作表現的合計解釋力」。（如果你想瞭解效果量，才要往下讀：「R^2」與「調整後R^2」，相當於ANOVA時的效果量指標η^2與ω^2。我們建議如果R^2與調整後R^2相差不大，由於R^2比較常用，建議以R^2作為整體迴歸模式之效果量指標。如果相差很大，則以調整後R^2作為效果量指標比較準確）。

②【整體迴歸模式的檢定】：考驗「五個特質對工作表現的合計解釋力」是否顯著。「df」是自由度，「F」是檢定值，「顯著性」是 p值。若「顯著性」＜.05，表示「五個特質對工作表現的合計解釋力」是顯著的；若「顯著性」≧.05表示不顯著。

③【迴歸係數】：五個特質「個別」對工作表現的解釋力。其中B是非標準化迴歸係數，Beta是標準化迴歸係數。

④【迴歸係數的檢定】：考驗五個特質「個別」對工作表現的解釋力是否顯著。「T」是檢定值，「顯著性」是 p值。若「顯著性」＜.05，表示「某一特質對工作表現的解釋力」是顯著的；若「顯著性」≧.05，表示不顯著。

⑤【共線性診斷結果】：當VIF高於10時，則可能有多元共線性（multicollinearity）問題，此時此迴歸分析結果不可靠，必須做進一步處理，重新進行迴歸分析。（關於多元共線性，見「★你不想知道的統計知識(15)★」，p.397。）

6-4 論文中的表格呈現

在論文中，若需要用表格的方式來呈現迴歸分析結果，則可以依據表格範例6-1，對照圖6-4填入相對應數據。特別注意，在表格範例6-1中，「顯著性」是以打「*」號的方式來表達的，*表示顯著性 <.05、**表示顯著性<. 01、***表示顯著性 <.001。必須參照你的分析報表結果（如圖6-4的「顯著性」欄位），來為B、β和F值標上「*」號（表格範例可於本書網頁下載，相關下載請見本書封底說明）。

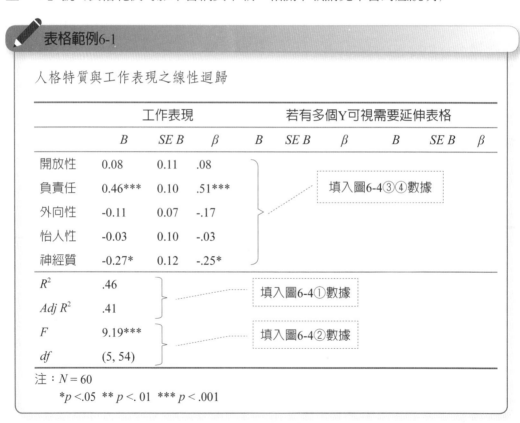

表格範例6-1

人格特質與工作表現之線性迴歸

	工作表現			若有多個Y可視需要延伸表格					
	B	$SE\ B$	β	B	$SE\ B$	β	B	$SE\ B$	β
開放性	0.08	0.11	.08						
負責任	0.46***	0.10	.51***						
外向性	-0.11	0.07	-.17						
怡人性	-0.03	0.10	-.03						
神經質	-0.27*	0.12	-.25*						
R^2	.46								
$Adj\ R^2$	.41								
F	9.19***								
df	(5, 54)								

填入圖6-4③④數據

填入圖6-4①數據

填入圖6-4②數據

注：$N = 60$
　　$*p <.05$ $**p <. 01$ $***p <.001$

6-5 分析結果的撰寫

依據圖6-4的統計報表，可以用書寫範例6-1的格式來撰寫論文。以下書寫範例中，標楷體的部分是論文中應該要書寫的內容，【】內的敘述，是對書寫方式的說明。

書寫範例6-1[注]

以迴歸分析檢驗開放性、負責任、外向性、怡人性、神經質與工作表現之關係，結果如表XX【我們建議學位論文應呈現如「單元6-4」所示之統計表格，因為裡面包含了整體迴歸的效果量】。結果顯示【以下均對照並填入圖6-4③的「標準化係數」，和④的「顯著性／sig.」】，在考慮其他變項下，負責任和工作表現有顯著關係，$\beta = .51, p < .001$，負責任得分愈高，工作表現也愈好【若顯著，當β值為正時，寫：「X愈高，Y也愈高」。當β值為負時，寫：「X愈高，Y愈低」】；神經質和工作表現有顯著關係，$\beta = -.25, p = .03$，神經質得分愈高，工作表現愈差【同前】；開放性（$\beta = .08, p = .48$）、外向性（$\beta = -.17, p = .10$）、怡人性（$\beta = -.03, p = .77$）和工作表現無顯著關係【若不顯著，無須報告變項間的方向性】。

注 關於呈現統計數據時的注意事項，請參考「★你不想知道的統計知識(1)★」（p.389）。

Unit 7

迴歸——中介效果

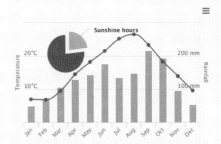

※請參考本書封底之說明，下載本單元中所使用的統計範例檔及工具檔。

7-1 迴歸中介分析概述

使用時機	1.有關迴歸的一般概述，參見單元6-1（p.62）。 2.中介（mediation）效果分析，最基本的架構，是用以分析三個連續變項 X→M→Y 的變項關係；亦即「X是否透過M去影響Y？」或是也可描述為「M是否中介了X和Y之間的關係？」（參見表0-2，p.7。）
分析方法	連續變項中介效果的分析，有數個不同的方法，例如「四步驟法」（four-step approach）、「Sobel檢定」、「拔靴法」（bootstrapping）、結構方程模型（structure equation model；SEM）等。本書提供了「四步驟法」（見單元7-2）和「Sobel檢定」（見單元7-6）兩種操作方式。（關於各種中介分析法，參見「★你不想知道的統計知識(16)★」，p.398。）
中介效果分析的例子	「父母的教養，影響了孩子的性格，進而影響孩子的社交表現。」以中介效果的術語來說：「教養方式(X)，透過孩子性格(M)，影響社交表現(Y)。」，或是也可以描述為：「孩子性格(M)，中介了教養方式(X)和社交表現(Y)間的關係。」

7-2 四步驟法——SPSS操作

有人說（顏志龍、鄭中平，2016）閱讀《傻瓜也會跑統計》的時間愈久(X)，對統計的理解程度愈好(M)，進而會影響一個人的論文品質(Y)。以下操作將以「閱讀時間(X)→理解程度(M)→論文品質(Y)」為例。

以迴歸進行中介效果分析時，其實只是進行一般的迴歸分析，但是要跑四次迴歸；分別是：(1)X→M, (2)X→Y, (3)M→Y, (4)X,M→Y。（此稱之為「四步驟法」，參見「★你不想知道的統計知識(16)★」，p.398。）

Step 1　中介效果分析（四步驟法）

點選【分析 / Analysis】→【迴歸 / Regression】→【線性 / Linear】。（如圖7-1）

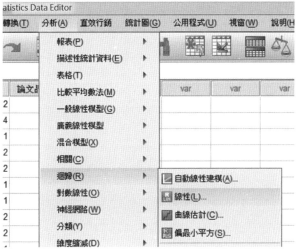

圖7-1

Step 2　中介效果分析（四步驟法）

進行X→M的迴歸分析：

1. 將中介變項（理解程度M）放入【因變數／Dependent】欄位中。
2. 將自變項（閱讀時間X）放入【自變數／Independent(s)】欄位中。（如圖7-2）
3. 點擊【確定／OK】，即得圖7-3之統計結果。

圖7-2

①

模型摘要

模型	R	R平方	調整後R平方	標準偏斜度錯誤
1	.487[a]	.237	.223	.888

a.預測值：（常數），閱讀時間X

變異數分析[a]

模型		平方和	df	平均值平方	F	顯著性
1	迴歸	13.495	1	13.495	17.109	.000[b]
	殘差	43.382	55	.789		
	總計	56.877	56			

a.應變數：理解程度M
b.預測值：（常數），閱讀時間X

②

係數[a]

模型		非標準化係數		標準化係數	T	顯著性
		B	標準錯誤	Beta		
1	（常數）	.986	.303		3.256	.002
	閱讀時間X	.598	.145	.487	4.136	.000

a.應變數：理解程度M

③　　　④

圖7-3

 Step 3　　中介效果分析（四步驟法）

進行X→Y的迴歸分析：

1. 【分析 / Analysis】→【迴歸 / Regression】→【線性 / Linear】。

2. 將依變項（論文品質Y）放入【因變數 / Dependent】欄位中。

3. 將自變項（閱讀時間X）放入【自變數 / Independent(s)】欄位中。（如圖 7-4）

4. 點擊【確定 / OK】。即得圖7-5之統計結果。

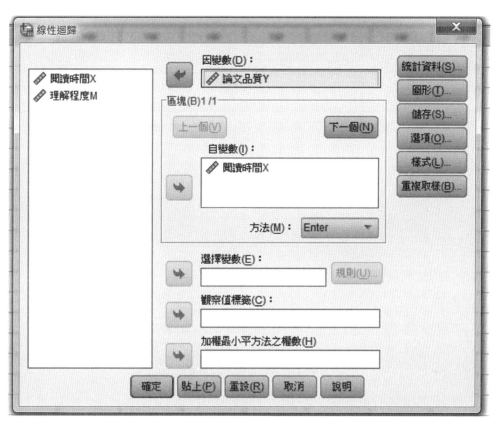

圖7-4

模型摘要

模型	R	R平方	調整後R平方	標準偏斜度錯誤
1	.472[a]	.223	.208	.809

a.預測值：（常數），閱讀時間X

變異數分析[a]

模型		平方和	df	平均值平方	F	顯著性
1	迴歸	10.291	1	10.291	15.742	.000[b]
	殘差	35.955	55	.654		
	總計	46.246	56			

a.應變數：論文品質Y
b.預測值：（常數），閱讀時間X

⑥

圖7-5

係數[a]

模型		非標準化係數		標準化係數	T	顯著性
		B	標準錯誤	Beta		
1	（常數）	1.167	.276		4.234	.000
	閱讀時間X	.522	.132	.472	3.968	.000

a.應變數：論文品質Y

⑦　　　　　⑧

圖7-5（續）

 Step 4　**中介效果分析（四步驟法）**

進行M→Y的迴歸分析：

1. 點選【分析 / Analysis】→【迴歸 / Regression】→【線性 / Linear】。
2. 將依變項（論文品質Y）放入【因變數 / Dependent】欄位中。
3. 將中介變項（理解程度M）放入【自變數 / Independent(s)】欄位中。（如圖7-6）
4. 點擊【確定 / OK】。即得圖7-7之統計結果。

圖7-6

⑨

模型摘要

模型	R	R平方	調整後R平方	標準偏斜度錯誤
1	.655[a]	.429	.419	.693

a.預測值：（常數），理解程度M

變異數分析[a]

模型		平方和	df	平均值平方	F	顯著性
1	迴歸	19.845	1	19.845	41.343	.000[b]
	殘差	26.401	55	.480		
	總計	46.246	56			

a.應變數：論文品質Y
b.預測值：（常數），理解程度M

⑩

係數[a]

模型		非標準化係數		標準化係數		
		B	標準錯誤	Beta	T	顯著性
1	（常數）	.911	.217		4.199	.000
	理解程度M	.591	.092	.655	6.430	.000

a.應變數：論文品質Y

⑪　　　　⑫

圖7-7

Step 5　中介效果分析（四步驟法）

進行X, M→Y的迴歸分析：

1. 點選【分析 / Analysis】→【迴歸 / Regression】→【線性 / Linear】。

2. 將依變項（論文品質Y）放入【因變數 / Dependent】欄位中。

3. 將自變項（閱讀時間X）和中介變項（理解程度M），同時放入【自變數 / Independent(s)】欄位中。（如圖7-8）

圖7-8

Step 6　中介效果分析（四步驟法）

1. 點擊【統計資料 / Statistics】。
2. 勾選【共線性診斷 / Collinearity diagnostics】。（如圖7-9）
3. 點擊【繼續 / Continue】，畫面將返回圖7-8。
4. 點擊【確定 / OK】，即完成分析。分析結果如圖7-10。

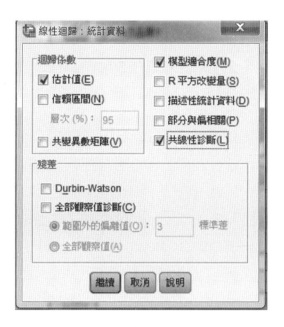

圖7-9

⑬

模型摘要

模型	R	R平方	調整後R平方	標準偏斜度錯誤
1	.678ᵃ	.460	.440	.680

a.預測值：（常數），理解程度M，閱讀時間X

變異數分析ᵃ

模型		平方和	df	平均值平方	F	顯著性
1	迴歸	21.258	2	10.629	22..969	.000ᵇ
	殘差	24.888	54	.463		
	總計	46.246	56			

a.應變數：論文品質Y

b.預測值：（常數），理解程度M，閱讀時間X

⑭

係數ᵃ

模型		非標準化係數		標準化係數			共線性統計資料	
		B	標準錯誤	Beta	T	顯著性	允差	VIF
1	（常數）	.672	.253		.2.651	.011		
	閱讀時間X	.222	.127	.200	1.747	.086	.763	1.311
	理解程度M	.503	.103	.558	4.868	.000	.763	1.311

a.應變數：論文品質Y

⑮　⑯　⑰

圖7-10

7-3　四步驟法——統計報表解讀

　　為了避免你迷失在大量的訊息中，以下僅解釋中介效果分析時，特別需要注意的報表結果；有關一般性迴歸分析結果的詳細解讀，請參考本書「單元6-3：統計報表解讀」。

　　中介分析結果報表中的各項數值意義如下（請注意，以下的①、②……等數字，和前面各統計報表中的①、②……是相對應的，互相參照就可以解讀統計報表囉）：

1. 圖7-3③、④【X→M的解釋力及檢定】：即「『閱讀時間X』對『理解程度M』的解釋力」。其中③的「Beta」是標準化迴歸係數。④的「T」是檢定值，「顯著性」是 p值；若「顯著性」< .05，表示「閱讀時間X」對「理解程度M」的解釋力是顯著的；若「顯著性」≧ .05，表示不顯著。

2. 圖7-5⑦、⑧【X→Y的解釋力及檢定】：即「『閱讀時間X』對『論文品質Y』的解釋力」。其中⑦的「Beta」是標準化迴歸係數。⑧的「T」是檢定值，「顯著性」是 p值。顯著與否的判斷標準同前。

3. 圖7-7⑪、⑫【M→Y的解釋力】：亦即「『理解程度M』對『論文品質Y』的解釋力」。其中⑪的「Beta」是標準化迴歸係數。⑫的「T」是檢定值，「顯著性」是 p值。顯著與否的判斷標準同前。

4. 圖7-10⑮、⑯、⑰【X, M→Y的解釋力】：亦即「『閱讀時間X』和『理解程度M』共同對『論文品質Y』的解釋力」。其中⑮的「Beta」是標準化迴歸係數。⑯的「T」是檢定值，「顯著性」是 p值。顯著與否的判斷標準同前。⑰是多元共線性（multicollinearity）診斷結果，VIF高於10時，表示X和M提供的訊息可能過度重複，請確認是否適合進行中介效果分析。（關於多元共線性，參見「★你不想知道的統計知識(15)★」，p.397）

5. 如何知道中介效果是否成立？上述分析數據若符合下列四個條件（缺一不可），則中介效果成立（關於四步驟法的可能誤判，參見「★你不想知道的統計知識(17)★」，p.399）：

(1) X對M的迴歸係數顯著（如圖7-3③、④）。

(2) X對Y的迴歸係數顯著（如圖7-5⑦、⑧）。

(3) M對Y的迴歸係數顯著（如圖7-7⑪、⑫）。

(4) 同時考慮X, M對Y時，此時(i) M的迴歸係數仍顯著（如圖7-10⑮、⑯，

M的Beta = .55, p < .001），且 (ii) 同時考慮X、M時，X的迴歸係數（如圖7-10⑮，X的Beta = .20），要小於單獨只考慮X時的迴歸係數（如圖7-5⑦，X的Beta = .47)。

(5) 在第(4)步驟中，若同時考慮X, M對Y時，X的迴歸係數顯著，則是部分中介（partial mediation），若X的迴歸係數不顯著，則表示有完全中介（full mediation，也稱complete mediation）效果。

7-4 四步驟法——論文中的表格呈現

在論文中，若需要用表格的方式呈現中介效果分析結果，可以依據表格範例7-1，對照圖7-3、圖7-5、圖7-7、圖7-10填入相對應數據。特別注意，在表格範例7-1中，「顯著性」是以打「＊」號的方式來表達的，＊ 表示顯著性<.05、＊＊表示顯著性<. 01、＊＊＊表示顯著性< .001。必須參照你的分析報表結果（即「顯著性 / sig.」欄位），來為 β 和 F 值標上「＊」號（表格範例可於本書網頁下載，相關下載請見本書封底說明）。

表格範例7-1

「閱讀時間→理解程度→論文品質」之中介效果迴歸分析

	理解程度M	論文品質Y		
	Model 1	Model 2	Model 3	Model 4
閱讀時間X	.48*** （填入③④）	.47*** （填入⑦⑧）		.20 （填入⑮⑯）
理解程度M			.65*** （填入⑪⑫）	.55*** （填入⑮⑯）
R^2	.23	.22	.42	.46
Adj R²	.22	.20	.41	.44
F	17.10***	15.74***	41.34***	22.96***
自由度	(1,55)	(1,55)	(1,55)	(2,54)

注：表中數值為標準化迴歸係數（β）
  * *p*<.05 ** *p*< .01 *** *p*<.001

填入圖7-3 ①②數據	填入圖7-5 ⑤⑥數據	填入圖7-7 ⑨⑩數據	填入圖7-10 ⑬⑭數據

7-5 四步驟法──分析結果的撰寫

依據表格範例7-1的結果，可以用書寫範例7-1的格式來撰寫論文。以下書寫範例中，標楷體的部分是論文中應該要書寫的內容，【】內的敘述，是對書寫方式的說明。

以下書寫範例中的X, M, Y請依據你的研究內容填入適切的變項名稱。

✏️ **書寫範例7-1**[注1]

以迴歸分析檢驗M對X和Y的中介效果（mediating effect），結果如表XX【我們建議學位論文應呈現如「單元7-4」所示範之統計表格，因為裡面包含了整體迴歸模型的效果量】。結果顯示，X對M具有顯著之解釋力（β = .48, p < .001）【填入圖7-3③④，並寫出是否顯著】，X對Y具有顯著之解釋力（β = .47, p < .001）【填入圖7-5⑦⑧，並寫出是否顯著】，M對Y具有顯著之解釋力（β = .65, p < .001）【填入圖7-7⑪⑫，並寫出是否顯著】，然而同時考慮X、M對Y之解釋力時，X的解釋力不顯著（β = .20, p = .08），而M仍然顯著（β = .55, p < .001）【填入圖7-10⑮⑯，並寫出是否顯著】。根據Baron與Kenny (1986) 之判準[注2]，中介效果成立，M完全中介【或「部分中介」，請參考「單元7-3：統計報表解讀」第五點。】X和Y間的關係【若前述四條件中，任一不符合，則改寫為：「中介效果不成立，M並未中介X和Y間的關係。」請參考「單元7-3：統計報表解讀」第五點。】

7-6 Sobel test（操作）

有關sobel test 及各種不同的中介分析方法，請參閱「★你不想知道的統計知識(16)★」（p.398）。

📖 **Step 1**　中介效果分析（Sobel test）

點選【分析 / Analysis】→【迴歸 / Regression】→【線性 / Linear】。（如圖7-11）

注1　關於呈現統計數據時的注意事項，請參考「★你不想知道的統計知識(1)★」（p.389）。

注2　Baron, R. M., & Kenny, D. A. (1986). The moderator-mediator variable distinction in social psychological research: Conceptual, strategic, and statistical considerations *Journal of Personality and Social Psychology, 51*(6), 1173～1182.

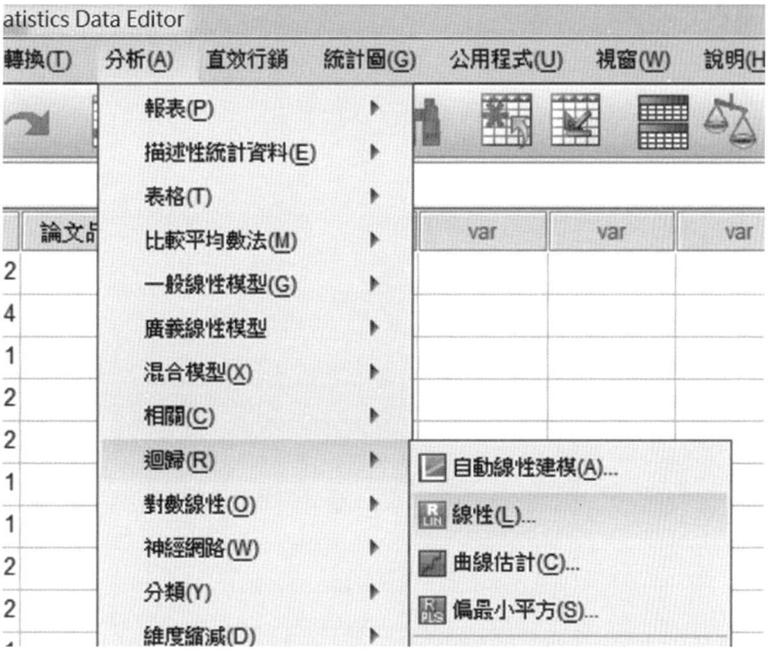

圖7-11

Step 2　中介效果分析（Sobel test）

1. 將中介變項（理解程度M）放入【因變數／Dependent】欄位中。

2. 將自變項（閱讀時間X）放入【自變數／Independent(s)】欄位中。（如圖 7-12）

3. 點擊【確定／OK】。即得圖7-13之統計結果。

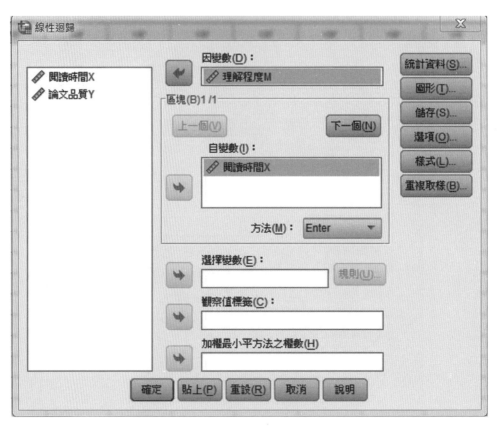

圖7-12

係數^a

模型		非標準化係數		標準化係數	T	顯著性
		B	標準錯誤	Beta		
1	（常數）	.986	.303		3.256	.002
	閱讀時間X	.598	.145	.487	4.136	.000

a.應變數：理解程度M

⑱

圖7-13

Step 3   中介效果分析（Sobel test）

1. 點選【分析 / Analysis】→【迴歸 / Regression】→【線性 / Linear】。（如圖 7-11）

2. 將依變項（論文品質Y）放入【因變數 / Dependent】欄位中。

3. 將自變項（閱讀時間X）和中介變項（理解程度M），同時放入【自變數 / Independent(s)】欄位中。（如圖7-14）

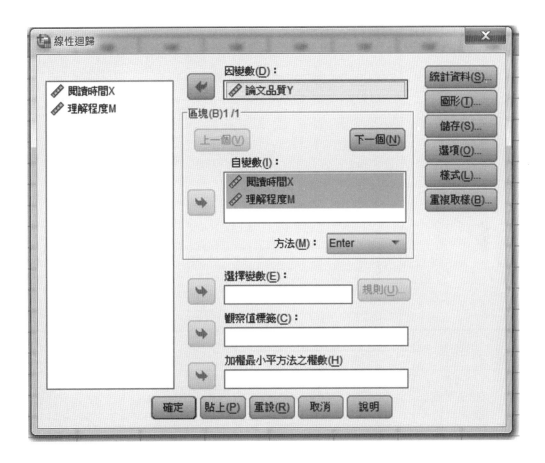

圖7-14

Step 4　中介效果分析（Sobel test）

1. 點擊【統計資料 / Statistics】。
2. 勾選【共線性診斷 / Collinearity diagnostics】（如圖7-15）。關於共線性診斷，請參考「單元7-3：四步驟法——統計報表解讀」（p.78）之說明。
3. 點擊【繼續 / Continue】，畫面將返回圖7-14。
4. 點擊【確定 / OK】，可得圖7-16之分析結果。

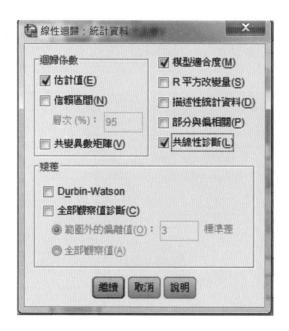

圖7-15

係數[a]

模型	非標準化係數		標準化係數	T	顯著性	共線性統計資料	
	B	標準錯誤	Beta			允差	VIF
1　（常數）	.672	.253		2.651	.011		
閱讀時間X	.222	.127	.200	1.747	.086	.763	1.311
理解程度M	.503	.103	.558	4.868	.000	.763	1.311

a.應變數：論文品質Y

⑲

圖7-16

Step 5 　中介效果分析（Sobel test）

　　以本書所附 Excel 7-1，代入圖7-13 、7-16 ，即可得Sobel test結果（Excel請至本書的網頁下載，相關下載請見本書封底說明）。

7-7 Sobel test（分析結果的撰寫）

　　依據單元7-6的分析結果，可以用書寫範例7-2的格式來撰寫論文。以下書寫範例

中，標楷體的部分是論文中應該要書寫的內容，【　】內的敘述，是對書寫方式的說明。

以下書寫範例中的X, M, Y請依據你的研究內容填入適切的變項名稱。

書寫範例7-2[注3]

以Sobel test檢驗M對X和Y的中介效果（mediating effect）；結果顯示，中介效果顯著（$z = 3.15, p = .002$）【填入Excel 7-1運算結果】【若不顯著則改寫為「中介效果不顯著。」且寫到這裡即可，以下不必寫】，顯示X影響M，進而影響Y。中介效果的標準化效果量則為 $d = 0.27$【填入Excel 7-1運算結果】，亦即，X每增加一個標準差，會透過影響M，進而讓Y增加 0.27個標準差。

注3　關於呈現統計數據時的注意事項，請參考「★你不想知道的統計知識(1)★」（p.389）。

Unit 8

迴歸——階層迴歸

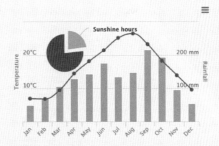

※請參考本書封底之說明，下載本單元中所使用的統計範例檔及工具檔。

8-1 階層迴歸概述

使用時機	1.有關迴歸的一般概述，參見單元6-1（p.62）。 2.當有一個或多個連續屬性的控制變項C_i、一個或多個連續屬性的自變項X_i，以及一個依變項Y時，階層迴歸（hierarchical regression）用來分析：「排除掉（或控制住）C_i對Y的解釋力之後，X_i是否仍對Y有顯著解釋力」。（參見表0-2，p.7。） 3.當控制變項有間斷變項時，也可以做階層迴歸，詳見單元8-6。
階層迴歸的例子	排除掉「員工能力」(C)後，「主管領導風格」(X)是否仍對「員工績效」(Y)有顯著解釋力？ 排除掉孩子「天生氣質」(C_1)和「環境因素」(C_2)後，家長的「口語鼓勵」(X_1)和「行為示範」(X_2)是否仍對「孩子的社交表現」(Y)有顯著解釋力？

8-2 SPSS操作

以下範例將以：「排除掉孩子『天生氣質』和『環境因素』$(C_1 \sim C_2)$ 後，家長『口語鼓勵』和『行為示範』$(X_1 \sim X_2)$ 是否仍對『孩子的社交表現』(Y) 有顯著解釋力？」為例。

Step 1　　階層迴歸

【分析 / Analysis】→【迴歸 / Regression】→【線性 / Linear】。（如圖8-1）

圖8-1

Step 2 ｜階層迴歸

1. 將依變項（Y社交行為）放入【因變數／Dependent】欄位中。
2. 將控制變項（C1天生氣質、C2環境因素）放入【自變數／Independent(s)】欄位中。（如圖8-2）
3. 點擊【下一個／Next】。

　（注：在SPSS迴歸界面中，每點一次【下一個／Next】就表示一層迴歸。本書的階層迴歸示範只有兩層；但基於各種不同的研究目的，階層迴歸可以有三層、四層、甚至更多層。應該跑幾層階層迴歸，視你的研究目的而定。）

圖8-2

Step 3 階層迴歸

1. 將自變項（X1口語鼓勵、X2行為示範）放進【自變數／Independent(s)】欄位中。（如圖8-3）

2. 點擊【統計資料／Statistics】。

圖8-3

Step 4 階層迴歸

1. 勾選【R平方改變量／R squared change】和【共線性診斷／Collinearity diagnostics】。（如圖8-4）

2. 點擊【繼續／Continue】，畫面將返回圖8-3。

3. 點擊【確定／OK】，即完成分析。獲得如圖8-5之分析結果。

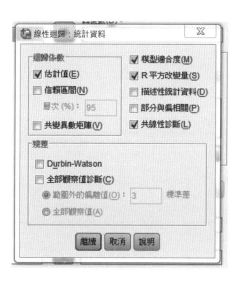

圖8-4

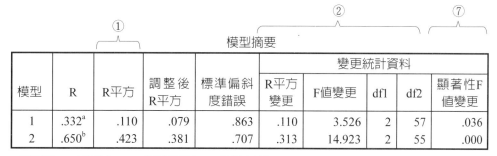

模型摘要

					變更統計資料				
模型	R	R平方	調整後 R平方	標準偏斜度錯誤	R平方變更	F值變更	df1	df2	顯著性F值變更
1	.332[a]	.110	.079	.863	.110	3.526	2	57	.036
2	.650[b]	.423	.381	.707	.313	14.923	2	55	.000

a.預測值：（常數），C2環境因素，C1天生氣質
b.預測值：（常數），C2環境因素，C1天生氣質，X2行為示範，X1口語鼓勵

變異數分析[a]

模型		平方和	df	平均值平方	F	顯著性
1	迴歸	5.246	2	2.623	3.526	.036[b]
	殘差	42.404	57	.744		
	總計	47.650	59			
1 2	迴歸	20.163	4	5.041	10.098	.000[c]
	殘差	27.487	55	.500		
	總計	47.650	59			

a.應變數：Y社交行為
b.預測值：（常數），C2環境因素，C1天生氣質
c.預測值：（常數），C2環境因素，C1天生氣質，X2行為示範，X1口語鼓勵

圖8-5

係數[a]

模型		非標準化係數		標準化係數	T	顯著性	共線性統計資料	
		B	標準錯誤	Beta			允差	VIF
1	（常數）	1.544	.367		4.207	.000		
	C1天生氣質	.377	.142	.337	2.651	.010	.968	1.033
	C2環境因素	-.055	.087	-.080	-.633	.529	.968	1.033
2	（常數）	.948	.328		2.895	.005		
	C1天生氣質	.203	.130	.181	1.561	.124	.780	1.282
	C2環境因素	-.104	.072	-.151	-1.438	.156	.945	1.058
	X1口語鼓勵	-.042	.108	-.046	-.390	.698	.759	1.317
	X2行為示範	.545	.101	.603	5.381	.000	.835	1.197

⑧（Beta欄）　⑨（顯著性欄）

a.應變數：Y社交行為

③（標準化係數欄下方）　④（顯著性欄下方）　⑤（允差／VIF欄下方）

圖8-5（續）

8-3　統計報表解讀

　　為了避免你迷失在大量的訊息中，以下僅解釋階層迴歸分析時，特別需要注意的報表結果；有關一般性迴歸分析結果的詳細解讀，請參考本書「單元6-3：統計報表解讀」（p.65）。

　　分析結果報表（圖8-5）中的各項數值意義如下（請注意，以下的①、②……等數字，和圖8-5統計報表中的①、②……是相對應的，互相參照就可以解讀統計報表囉）：

① 【整體迴歸模式的解釋力】：模型1表示第一層迴歸的結果；那一行對應的「R^2」和「調整後R^2」，是控制變項「C1天生氣質、C2環境因素」對依變項「Y社交行為」的解釋力。模型2表示第二層迴歸的結果，那一行對應的「R^2」和「調整後R^2」，是「C1天生氣質、C2環境因素」加上「X1口語鼓勵、X2行為示範」對依變項「Y社交行為」的解釋力。

② 【增加解釋力的檢定】：檢定每一層迴歸，相對於前一層迴歸，所增加的解釋力是否顯著。「R^2變更」是每一層迴歸，相對於前一層迴歸增加了多少解釋量（注意，「R^2變更」和「R^2」是不同的東西喔），「R^2變更」在統計上習慣以ΔR^2表示之（Δ讀作delta）；「F值變更」是檢定「R^2變更」是否顯著的檢定值，「df1, df2」是自由度。其中標示⑦的「顯著性F值變更」是p值。若「顯著性F值變更」

< .05，表示某一層迴歸，相對於前一層迴歸，所增加的解釋力是顯著的；若「顯著性F值變更」≧ .05，表示不顯著。例如，第二層迴歸（加入自變項「X1口語鼓勵、X2行為示範」後），相較於第一層迴歸（只放入控制變項「C1天生氣質、C2環境因素」時），增加了「R^2變更」（ΔR^2）＝ .31的解釋量，而且這個增加解釋量是顯著的，$F(2, 55) = 14.92$, $p < .001$。

③【迴歸係數】：每個變項「個別」對依變項（社交行為）的解釋力。其中B是非標準化迴歸係數，Beta是標準化迴歸係數。

④【迴歸係數的檢定】：考驗每個變項「個別」對社交行為的解釋力是否顯著。「T」是檢定值，「顯著性」是p值。若「顯著性」< .05，表示「某一變項對社交行為的解釋力」是顯著的；若「顯著性」≧ .05，表示不顯著。

⑤【共線性診斷結果】：當VIF高於10時，可能有多元共線性（multicollinearity）問題，此時此迴歸分析結果不可靠，必須做進一步處理，重新進行迴歸分析。〔關於多元共線性，見「★你不想知道的統計知識(15)★」，p.397。〕

8-4 論文中的表格呈現

在論文中，若需要用表格的方式呈現階層迴歸的結果，可以依據表格範例8-1，對照圖8-5填入相對應數據。目前學術界有很多種不同的階層迴歸表格呈現方式，我們建議完整地呈現各步驟所得的迴歸係數，此時，某些變項會有多組迴歸係數（如本例中的C1天生氣質、C2環境因素，在第一層迴歸中有一組迴歸係數，在第二層迴歸中也有一組迴歸係數），這是正常的。

特別注意，在表格範例8-1中，「顯著性」是以打「＊」號的方式來表達的，＊表示顯著性 <.05、＊＊表示顯著性 <. 01、＊＊＊表示顯著性 < .001。你必須參照統計報表結果（即「顯著性」欄位），來為 β 和 F 值標上「＊」號（表格範例可於本書網頁下載，相關下載請見本書封底說明）。

表格範例8-1

家長口語鼓勵、行為示範對社交行為之階層迴歸分析表

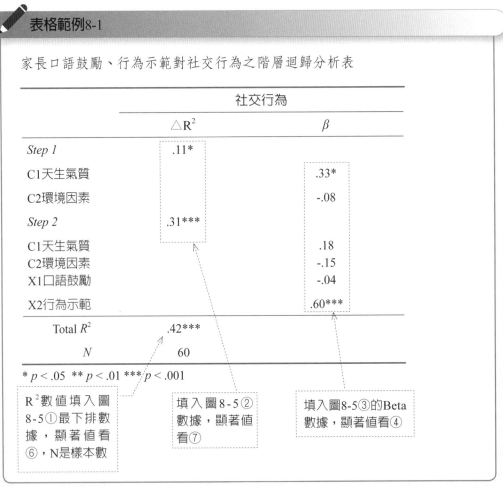

	社交行為	
	$\triangle R^2$	β
Step 1	.11*	
C1天生氣質		.33*
C2環境因素		-.08
Step 2	.31***	
C1天生氣質		.18
C2環境因素		-.15
X1口語鼓勵		-.04
X2行為示範		.60***
Total R^2	.42***	
N	60	

* $p < .05$ ** $p < .01$ *** $p < .001$

R²數值填入圖8-5①最下排數據，顯著值看⑥，N是樣本數

填入圖8-5②數據，顯著值看⑦

填入圖8-5③的Beta數據，顯著值看④

8-5 分析結果的撰寫

依據分析結果，可以用書寫範例8-1的格式來撰寫論文。以下書寫範例中，標楷體的部分是論文中應該要書寫的內容，【】內的敘述，是對書寫方式的說明。（關於呈現迴歸係數的進一步說明，見「★你不想知道的統計知識(18)★」，p.399。）

以下的C_1, C_2, X_1, X_2, Y，請依據你的研究內容，填入適切的變項名稱。

書寫範例8-1[注]

　　以階層迴歸分析：X_1和X_2對Y之效果。分析結果如表XX【我們建議學位論文應呈現如「單元8-4」所示範之統計表格，因為裡面包含了整體迴歸模型的效果量】。分析結果顯示，C_1和C_2可以解釋Y變異中的11%【將圖8-5②中的第一個「R平方變更」換成百分比】，$F_{(2, 57)} = 3.52$, $p = .036$【填入圖8-5②⑦數值】【若不顯著，請加一句：「然而此一效果並不顯著。」】而在控制了C_1和C_2之後，X_1與X_2可以增加31%的Y變異【將圖8-5②中的第二個「R平方變更」換成百分比】，$F_{(2, 55)} = 14.92$, $p < .001$【填入圖8-5②⑦數值】【若不顯著，請加一句：「然而此一效果並不顯著。」】。控制其他變項下，X_1對Y並無顯著解釋力（$\beta = -.04$, $p = .69$），X_2則對Y有顯著解釋力（$\beta = .60$, $p < .001$），X_2得分愈高，Y也愈高【填入圖8-5⑧⑨，並寫出是否顯著。若顯著，當β值為正時，寫：「X愈高，Y也愈高」。當β值為負時，寫：「X愈高，Y愈低」。若不顯著，無須報告變項間的方向性】。

8-6 當控制變項有間斷變項時

　　階層迴歸如同一般迴歸分析，是用於所有變項都是連續變項時的統計方法，這包含控制變項（C）、自變項（X）和依變項（Y）都必須是連續變項。當控制變項中有間斷變項時，可以使用虛擬編碼（dummy code）的方式，將間斷變項轉換為連續變項，然後進行迴歸分析。此時請參考本書「單元1-9：產生虛擬變項」（p.29）之做法；將間斷變項轉換為虛擬變項後，即可視為連續變項，接下來的迴歸分析處理與一般的階層迴歸程序（單元8-2）完全相同。

　　事實上，當自變項（X）中包含超過兩個以上類別的間斷變項時，也可以利用虛擬變項的方式，將間斷變項轉換為連續變項，然後進行迴歸分析；除非你對如何解釋迴歸有足夠的掌握，否則我們在學位論文中並不建議這樣做（理由及替代做法，請見「★你不想知道的統計知識(3)★」，p.391）。

注　關於呈現統計數據時的注意事項，請參考「★你不想知道的統計知識(1)★」（p.389）。

Unit 9

迴歸──二階交互作用
（調節效果）

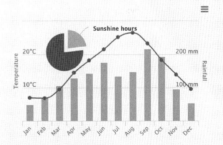

※請參考本書封底之說明，下載本單元中所使用的統計範例檔及工具檔。

9-1 迴歸交互作用概述

使用時機	1.有關迴歸的一般概述，參見單元6-1（p.62）。 2.二階交互作用迴歸，用於當有兩個連續屬性的自變項X_1、X_2，且研究者關注X_1、X_2的交互作用（interaction）對依變項Y之效果時，二階交互作用也被稱做調節效果（moderation effect）。（關於交互作用／調節效果，見「★你不想知道的統計知識(19)★」，p.399。）
二階交互作用迴歸的例子	「外貌」(X_1)對「吸引力」(Y)的效果，要視「交往時間」(X_2)而定。（交往久了，再美再帥也會看膩，因此隨著「交往時間」愈長，「外貌」對「吸引力」的效果愈弱。） 又如「學生程度對成績的影響，隨教學策略而變。」「員工向心力對組織公民行為的影響，隨領導型態而變。」

9-2 SPSS操作

當自變項X_1、X_2均為連續變項時，迴歸的交互作用操作步驟如下（如果X_1, X_2任一變項為虛擬變項，請參考單元10）：

1. 先產生X_1和X_2的交互作用項。它的做法是：

   (1) 將「X_1減去其平均值」、「X_2減去其平均值」（關於此種「平減分數」，見「★你不想知道的統計知識(20)★」，p.400）。

   (2) 將上述兩者相乘，即得交互作用項。也就是：

   $$X_1X_{2交互作用} = (X_1 - \overline{X}_1)(X_2 - \overline{X}_2)。$$

2. 使用階層迴歸，依序放入(1) X_1、X_2；(2) $X_1X_{2交互作用}$，進行迴歸分析（關於迴歸交互作用模型之進一步介紹，見「★你不想知道的統計知識(21)★」，p.400）。

接下來所示範的，即是上述程序的實際操作。我們將以檢驗：「『外貌』(X_1)和『交往時間』(X_2)對『吸引力』(Y)的交互作用效果」為例。

Step 1　二階交互作用迴歸

點選【分析／Analysis】→【描述性統計資料／Descriptive Statistics】→【描述性統計資料／Descriptives】。（如圖9-1）

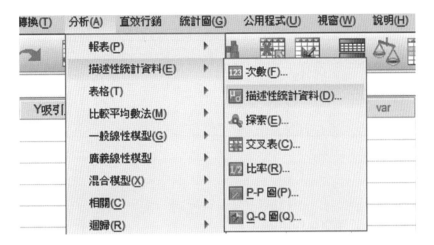

圖9-1

Step 2 　二階交互作用迴歸

1. 將自變項（X1外貌、X2交往時間）放入【變數 / Variables】欄位中。（如圖 9-2）

2. 按【確定 / OK】即可得圖9-3之結果。

3. 抄下「X1外貌」、「X2交往時間」的平均數。

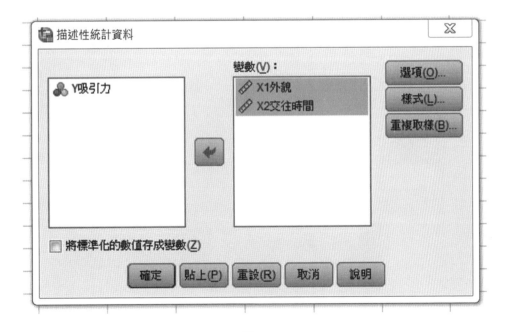

圖9-2

給論文寫作者的統計指南：傻瓜也會跑統計I

描述性統計資料

	N	最小值	最大值	平均數	標準偏差
X1外貌	150	2	28	14.98	5.221
X2交往時間	150	0	28	14.62	5.083
有效的N（listwise）	150				

圖9-3

 Step 3　　二階交互作用迴歸

產生交互用作項。

1. 點選【轉換／Transform】→【計算變數／Compute Variable】。（如圖9-4）

2. 在【目標變數／Target Variable】輸入「X1X2交互作用」（可自行決定此名稱）。

3. 在【數值表示式／Numeric Expression】輸入「(X1外貌 − 14.98) * (X2交往時間 − 14.62)」。（「X1外貌」和「X2交往時間」是本範例的變項名稱，14.98和14.62為上一步驟得到的平均值，你必須依據資料的變項名稱及所得到的平均值來做輸入。）（如圖9-5）

4. 按【確定／OK】即產生了交互作用項。此時你若去檢視資料，將發現多了一個「X1X2交互作用」的變項欄位，此一變項即是交互作用項。

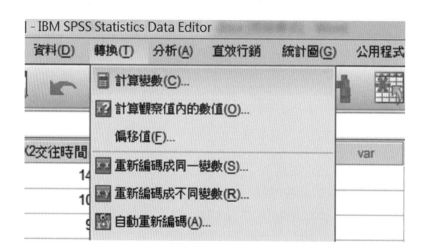

圖9-4

圖9-5

Step 4　二階交互作用迴歸

【分析 / Analysis】→【迴歸 / Regression】→【線性 / Linear】。（如圖9-6）

圖9-6

📖 Step 5　　二階交互作用迴歸

1. 將自變項（X1外貌、X2交往時間）放入【自變數 / Independent(s)】欄位中。
2. 將依變項（Y吸引力）放入【因變數 / Dependent】欄位中。（如圖9-7）
3. 點擊【下一個 / Next】。

圖9-7

📖 Step 6　　二階交互作用迴歸

1. 將交互作用項（X1 X2交互作用）放進【自變數 / Independent(s)】欄位中。
   （如圖9-8）
2. 點擊【統計資料 / Statistics】。

圖9-8

Step 7　二階交互作用迴歸

1. 勾選【R平方改變量／R squared change】、【共線性診斷／Collinearity diag-nostics】、【共變異數矩陣／Covariance matrix】。（如圖9-9）
2. 點擊【繼續／Continue】，畫面將返回圖9-8。
3. 點擊【確定／OK】，即完成分析。獲得如圖9-10之分析結果。

圖9-9

		①				②			⑩
模型摘要									
					變更統計資料				
模型	R	R平方	調整後 R平方	標準偏斜度錯誤	R平方變更	F值變更	df1	df2	顯著性F值變更
1	.644[a]	.414	.406	2.982	.414	51.957	2	147	.000
2	.857[b]	.734	.729	2.015	.320	175.832	1	146	.000

a.預測值：（常數），X2交往時間，X1外貌
b.預測值：（常數），X2交往時間，X1外貌，X1X2交互作用 ⑨

變異數分析[b]

模型		平方和	df	平均值平方	F	顯著性
1	迴歸	923.820	2	461.910	51.957	.000[b]
	殘差	1306.873	147	8.890		
	總計	2230.693	149			
2	迴歸	1637.826	3	545.942	134.444	.000[c] ⑥
	殘差	529.867	146	4.061		
	總計	2230.693	149			

a.應變數：Y吸引力
b.預測值：（常數），X2交往時間，X1外貌
c.預測值：（常數），X2交往時間，X1外貌，X1X2交互作用

圖9-10

係數[a]

模型		非標準化係數		標準化係數	T	顯著性	共線性統計資料	
		B	標準錯誤	Beta			允差	VIF
1	（常數）	11.708	.848		13.803	.000		
	X1外貌	.410	.054	.553	7.624	.000	.758	1.319
	X2交往時間	.118	.055	.155	2.140	.034	.758	1.319
2	（常數）	13.851	.596		23.256	.000		
	X1外貌	.366	.036	⑪ .494	10.042	⑫ .000	.752	1.330
	X2交往時間	.078	.037	.103	2.092	.038	.753	1.328
	X1X2交互作用	-.070	.005	-.574	-13.260	.000	.972	1.029

a.應變數：Y吸引力

⑧

③ ④ ⑤

係數相關性[a]

模型			X2交往時間	X1外貌	X1X2交互作用
1	相關	X2交往時間	1.000	-.492	
		X1外貌	-.492	1.000	
	共變異	X2交往時間	.003	-.001	
		X1外貌	-.001	.003	
2	相關	X2交往時間	1.000	-.481	.080
		X1外貌	-.481	1.000	.090
		X1X2交互作用	.080	.090	1.000
	共變異	X2交往時間	.001	-.001	1.588E-5
		X1外貌	-.001	.001	1.734E-5
		X1X2交互作用	1.588E-5	1.734E-5	2.791E-5

a.應變數：Y吸引力

⑦

圖9-10（續）

9-3 統計報表解讀

　　為了避免你迷失在大量的訊息中，以下僅解釋二階交互作用迴歸分析時，特別需要注意的報表結果；有關一般性迴歸分析結果的詳細解讀，請參考本書「單元6-3：統計報表解讀。」（p.65）

統計報表（圖9-10）中的各項數值意義如下（請注意，以下的①、②⋯⋯等數字，和圖9-10統計報表中的①、②⋯⋯是相對應的，互相參照就可以解讀統計報表囉）：

① 【整體迴歸模式的解釋力】：模型1表示第一層迴歸的結果；那一行對應的「R^2」和「調整後R^2」，是自變項「X1外貌」、「X2交往時間」對依變項「Y吸引力」的解釋力。模型2表示第二層迴歸的結果，那一行對應的「R^2」和「調整後R^2」，是「X1外貌、X2交往時間」加上「X1 X2交互作用」對依變項「Y吸引力」的解釋力。

② 【增加解釋力的檢定】：檢定每一層迴歸，相對於前一層迴歸，**所增加的解釋力**是否顯著。「R^2變更」是每一層迴歸，相對於前一層迴歸增加了多少解釋量（注意，「R^2變更」和「R^2」是不同的東西喔），「R^2變更」在統計上習慣以ΔR^2表示之（Δ讀作delta）；「F值變更」是檢定「R^2變更」是否顯著的檢定值，「df1, df2」是自由度。其中標示⑩的「顯著性F值變更」是p值。若「顯著性F值變更」< .05，表示某一層迴歸，相對於前一層迴歸，所增加的解釋力是顯著的；若「顯著性F值變更」$\geq$ .05，表示不顯著。例如，第二層迴歸（加入「X1 X2交互作用」後）相較於第一層迴歸（只放入自變項「X1外貌、X2交往時間」時），增加了「R^2變更」（ΔR^2）= .32的解釋量，而且這個增加解釋量是顯著的，$F(1, 146) = 175.83, p < .001$。

③ 【迴歸係數】：每個變項「個別」對依變項Y吸引力的解釋力。其中B是非標準化迴歸係數，Beta是標準化迴歸係數。

④ 【迴歸係數的檢定】：考驗每個變項「個別」對依變項Y的解釋力是否顯著。「T」是檢定值，「顯著性」是p值。若「顯著性」< .05，表示「某一變項對Y吸引力的解釋力」是顯著的；若「顯著性」$\geq$ .05，表示不顯著。

⑤ 【共線性診斷結果】：當VIF高於10時，可能有多元共線性（multicollinearity）問題，此時此迴歸分析結果不可靠，必須做進一步處理，重新進行迴歸分析。（關於多元共線性的處理，見「★你不想知道的統計知識(15)★」，p.397）

9-4 論文中的表格呈現

在論文中，若需要用表格的方式呈現二階交互作用迴歸的結果，可以依據表格範例9-1，對照圖9-10填入相對應數據。目前學術界有很多種不同的交互作用表格呈

現方式，我們建議完整地呈現各步驟所得的迴歸係數，此時，某些變項會有多組迴歸係數（如本例中的X1外貌、X2交往時間，在第一層迴歸中有一組迴歸係數，在第二層迴歸中也有一組迴歸係數），這是正常的。

特別注意，在表格範例9-1中，「顯著性」是以打「＊」號的方式來表達的，＊表示顯著性 <.05、**表示顯著性 <.01、***表示顯著性 <.001。你必須參照統計報表結果（即「顯著性」欄位），來為 β 和 R^2 值標上「＊」號（表格範例可於本書網頁下載，相關下載請見本書封底說明）。

表格範例9-1

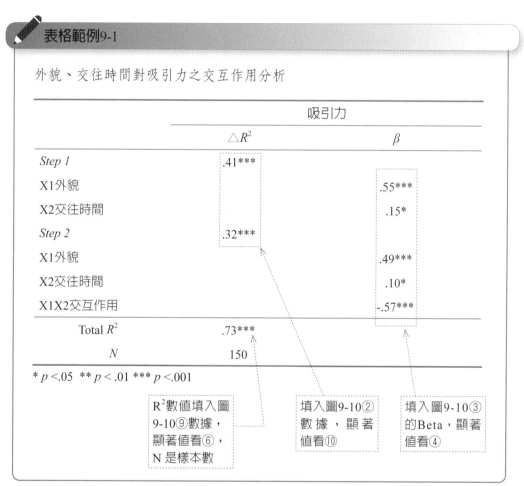

外貌、交往時間對吸引力之交互作用分析

	吸引力	
	$\triangle R^2$	β
Step 1	.41***	
X1外貌		.55***
X2交往時間		.15*
Step 2	.32***	
X1外貌		.49***
X2交往時間		.10*
X1X2交互作用		-.57***
Total R^2	.73***	
N	150	

* p <.05 ** p <.01 *** p <.001

R²數值填入圖9-10⑨數據，顯著值看⑥，N是樣本數

填入圖9-10②數據，顯著值看⑩

填入圖9-10③的Beta，顯著值看④

9-5 繪圖及單純斜率檢定

如果你的交互作用項不顯著，那麼你可以跳過這個單元。如果你的交互作用

項顯著，那麼請使用本書所附Excel 9-1進行繪圖及單純斜率（simple slope）檢定（Excel請至本書的網頁下載，相關下載請見本書封底說明。）。本書範例中，由於「X1X2交互作用」效果是顯著的，因此我們以Excel 9-1繪圖，結果如圖9-11。

繪圖時需要填註圖9-10⑦的「共變異」，這部分比較複雜，說明如下：

1. 請對照圖9-10⑦，找出橫軸爲X1、縱軸爲X1，兩者所交會處的「共變異」（Covariances）數值，並填入Excel 9-1中。

2. 請注意，將圖9-10⑦數據填入Excel時，數據必須完整，不可以四捨五入。不論你在SPSS報表上肉眼看到的數字爲何，請勿手動輸入Excel。請在SPSS結果檔該數據細格內，利用「快速點兩下左鍵」，然後「再點一下左鍵」的方式，使該細格成爲可編輯模式，然後右鍵複製完整數據到Excel 9-1中。「請問……要是四捨五入會怎樣？」「很恐怖，不要問。」

3. 依上述原則，分別找出「橫X1、縱X1X2」，「橫X1X2、縱X1」，「橫X1X2、縱X1X2」所對應之「共變異」數值。並填入Excel 9-1中即完成。

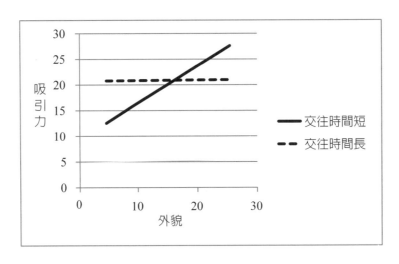

圖9-11

9-6 分析結果的撰寫

在論文中，二階交互作用迴歸的結果可能會需要書寫以下內容：

(0) 二階交互作用迴歸統計的概述。

(1) 主效果。

(2) 二階交互作用效果：

　　(2-1) 二階交互作用分析。

　　(2-2) 單純斜率（若二階交互作用顯著）。

書寫時請務必注意以下事項：

一、在書寫時的順序，「依序」是(0), (1), (2-1), (2-2)。也就是依上面所條列的內容，由上而下的順序書寫。

二、請特別注意，你並不需要每一個效果都寫，請依照論文中所關注的問題（如果你不清楚，應該和指導教授討論），選取你需要書寫的部分，然後搭配以下書寫範例，組合出你所需的二階交互作用迴歸分析結果。

三、書寫範例中的X1, X2, Y，請依據你的研究內容填入適切的變項名稱。

四、關於呈現統計數據時的注意事項，請參考「★你不想知道的統計知識(1)★」，p.389。

五、部分統計學家認為當高階效果顯著時，不應該解釋低階效果，關於這一點，如果你不想知道，趕緊跳過。若你想瞭解，詳見「★你不想知道的統計知識(25)★」，p.403。

六、關於論文書寫時，交互作用迴歸係數呈現的進階說明，見「★你不想知道的統計知識(22)★」，p.400；以及「★你不想知道的統計知識(40)★」，p.412。

七、單純斜率的檢定公式，請見Aiken, L. S., & West, S. G. (1991). *Multiple regression: Testing and interpreting interactions*. Newbury Park, CA: Sage.

以下書寫範例中，標楷體的部分是論文中應該要書寫的內容，【】內的敘述，是對書寫方式的說明。

(0)【對二階交互作用迴歸的概述書寫】（一開始一定要寫）

以階層迴歸檢驗：X1和X2對Y之效果。分析結果如表XX【我們建議學位論文應呈現如「單元9-4」所示範之統計表格，因為裡面包含了整體迴歸模型的效果量】。分析結果顯示，X1和X2的主效果可以解釋Y變異中的41%【將圖9-10②中的第一個「R平方變更」換成百分比】，$F(2, 147) = 51.95$, $p < .001$【填入圖9-10②⑩數值】【若不顯著，請加一句：「然而此一效果並不顯著。」】而在控制了主效果之後，X*Y的交互作用可以增加32%的Y變異【將圖9-10②中的第二個「R平方變更」換成百分比】，$F(1, 146) = 175.83$, $p < .001$【填入圖9-10②⑩數值】【若不顯著，請加一句：「然而此一效果並不顯著。」】。

---

(1)【主效果分析】（論文關注的主效果才要寫）

　　就主效果而言，X1對Y有顯著解釋力（$\beta = .49, p < .001$）【填入圖9-10⑪⑫，並寫出是否顯著】，顯示X1愈高，Y也愈高【若不顯著這句不必寫。若顯著，當β值為正時，寫：「X1愈高，Y也愈高」。當β值為負時，寫：「X1愈高，Y愈低」】。X2對Y有顯著解釋力（$\beta = .10, p = .03$）⋯⋯【填入圖9-10⑪⑫，若顯著，則寫法同上】。

(2-1)【二階交互作用分析】（若關注二階交互作用才要寫）

　　X1*X2的交互作用對Y有顯著解釋力（$\beta = -.57, p < .001$）。【填入圖9-10⑪⑫，並寫出是否顯著】【若交互作用不顯著，寫到這裡即可】【若交互作用顯著，請接著寫2-2】。

(2-2)【單純斜率檢定】（若二階交互作用顯著才要寫）

　　進一步繪製交互作用圖，如圖XX【於論文中附上Excel 9-1繪製的圖】，單純斜率（simple slope）檢定顯示：【以下開始，先寫X2高分組的狀況】對X2高分組而言，X1對Y並無顯著解釋力（$b = 0.01, p = .83$）。【填入 Excel 9-1「X2高分組」欄位中的檢定結果】【X2高分組寫到這邊結束，接下來開始寫X2低分組的狀況】對X2低分組而言，X1對Y有顯著解釋力（$b = 0.72, p < .001$）【填入 Excel 9-1「X2低分組」欄位中的檢定結果】。由迴歸係數可見⋯⋯【接下來對單純斜率的方向做說明，寫法見「★你不想知道的統計知識(23)★」，p.401】

Unit 10

迴歸——二階交互作用（調節效果：有間斷變項）

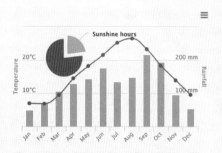

※請參考本書封底之說明，下載本單元中所使用的統計範例檔及工具檔。

10-1 迴歸交互作用概述

使用時機	1.有關迴歸的一般概述，參見單元6-1（p.62）。 2.本單元介紹有虛擬變項時的二階交互作用迴歸，用於當有兩個自變項，其中一個是連續的自變項X、另一個是間斷的自變項D（**且D下只有1, 0兩組；此時D稱之為虛擬變項**），而研究者關注X、D的交互作用（interaction）對依變項Y之效果時。（有關交互作用的意涵，詳見「★你不想知道的統計知識(19)★」，p.399。）
二階交互作用 （有虛擬變項） 的例子	「外貌」(X)對「吸引力」(Y)的效果，要視知覺者「性別」（D，只有兩組，男＝1、女＝0）而定；男人比女人更容易被外貌吸引，因此當知覺者性別為男性時，「外貌」對「吸引力」的效果比知覺者是女性時來得更強。 又如「威權領導對工作績效的影響，隨文化（東方／西方）而變。」

10-2 SPSS操作

當有兩個自變項，其中一個自變項X為連續變項，另一自變項D為間斷變項，且D只有兩組並編碼為1, 0時，迴歸的交互作用操作步驟如下：

1. 先產生X和D的交互作用項。它的做法是：將「**X減去其平均值**」乘上**D**，即得交互作用項。也就是：

   $XD_{交互作用} = (X_1 - \overline{X}_1) \times D$

   （關於此種「平減分數」，見「★你不想知道的統計知識(20)★」，p.400）

2. 使用階層迴歸，依序放入(1) X、D。(2) $XD_{交互作用}$，然後進行迴歸分析（關於迴歸交互作用模型之進一步介紹，見「★你不想知道的統計知識(21)★」，p.400）。

接下來所示範的，即是上述程序的實際操作。我們將以檢驗：「『外貌』(X)和『性別』(D)對『吸引力』(Y)的交互作用效果」為例。

Step 1　二階交互作用（有虛擬變項）

執行此統計前，請務必確認你的間斷變項只有兩組，且編碼為1, 0。

點選【分析／Analysis】→【描述性統計資料／Descriptive Statistics】→【描述性統計資料／Descriptives】。（如圖10-1）

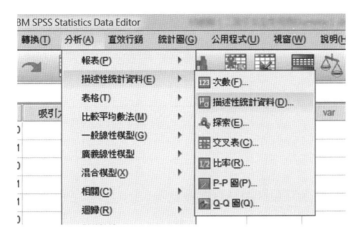

圖10-1

Step 2　　二階交互作用（有虛擬變項）

1. 將連續屬性的自變項（X外貌）放入【變數 / Variable(s)】欄位中。（如圖10-2）

2. 按【確定 / OK】即可得圖10-3之結果。

3. 抄下「X外貌」的平均數。

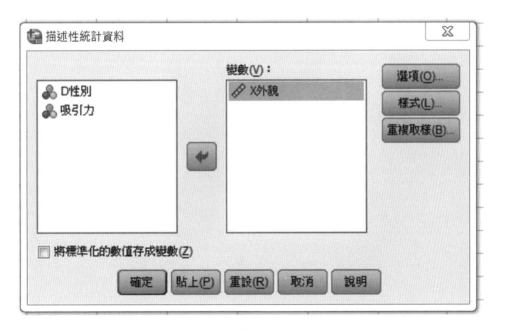

圖10-2

描述性統計資料

	N	最小值	最大值	平均數	標準偏差
X外貌	150	1	27	15.34	5.358
有效的N（listwise）	150				

圖10-3

 Step 3　　二階交互作用（有虛擬變項）

1. 點選【轉換 / Transform】→【計算變數 / Compute Variable】。（如圖10-4）

2. 在【目標變數 / Target Variable】輸入「XD交互作用」（可自行決定此名稱）。（如圖10-5）

3. 在【數值表示式 / Numeric Expression】輸入「(X外貌 - 15.34) * D性別」（「X外貌」為本範例資料的變項名稱，15.34為上一步驟得到的平均值；你應該依照自己的變項名稱和所得到的平均值輸入）。（如圖10-5）

4. 按【確定 / OK】即產生了交互作用項。此時你若去檢視資料，將發現多了一個「XD交互作用」的變項欄位，此一變項即是交互作用項。

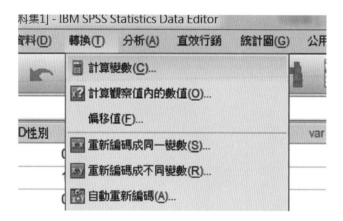

圖10-4

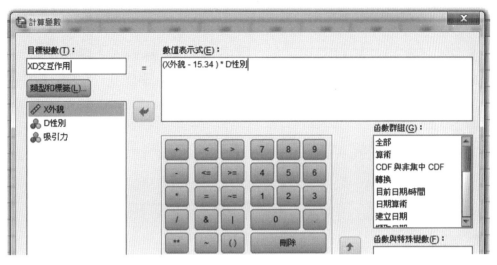

圖10-5

Step 4　二階交互作用（有虛擬變項）

點選【分析 / Analysis】→【迴歸 / Regression】→【線性 / Linear】。（如圖10-6）

圖10-6

Step 5　　二階交互作用（有虛擬變項）

1. 將自變項（X外貌、D性別）放入【自變數 / Independent(s)】欄位中。
2. 將依變項（Y吸引力）放入【因變數 / Dependent】欄位中。（如圖10-7）
3. 點擊【下一個 / Next】。

圖10-7

Step 6　　二階交互作用（有虛擬變項）

1. 將交互作用項（XD交互作用）放進【自變數 / Independent(s)】欄位中。（如圖10-8）
2. 點擊【統計資料 / Statistics】。

圖10-8

Step 7 二階交互作用（有虛擬變項）

1. 勾選【R平方改變量／R squared change】、【共線性診斷／ Collinearity diag-
nostics】、【共變異數矩陣／Covariance matrix】。（如圖10-9）
2. 點擊【繼續／Continue】，畫面將返回圖10-8。
3. 點擊【確定／OK】，即完成分析。獲得如圖10-10之分析結果。

圖 10-9

模型摘要

					①	②			⑩
					變更統計資料				
模型	R	R平方	調整後R平方	標準偏斜度錯誤	R平方變更	F值變更	df1	df2	顯著性F值變更
1	.512[a]	.262	.252	3.475	.262	26.127	2	147	.000
2	.542[b]	.294	.279	3.412	.031	6.498	1	146	.012

a.預測值：（常數），D性別，X外貌
b.預測值：（常數），D性別，X外貌，XD交互作用

⑨

變異數分析[a]

模型		平方和	df	平均值平方	F	顯著性
1	迴歸	630.940	2	315.470	26.127	.000[b]
	殘差	1774.983	147	12.075		
	總計	2405.893	149			
2	迴歸	706.574	3	235.525	20.236	.000[c]
	殘差	1699.319	146	11.639		
	總計	2405.893	149			

⑥

a.應變數：吸引力
b.預測值：（常數），D性別，X外貌
c.預測值：（常數），D性別，X外貌，XD交互作用

圖 10-10

係數[a]

模型		非標準化係數		標準化係數	T	顯著性	共線性統計資料	
		B	標準錯誤	Beta			允差	VIF
1	（常數）	9.666	.884		10.929	.000		
	X外貌	.376	.053	.502	7.060	.000	.994	1.006
	D性別	.561	.572	.070	.981	.328	.994	1.006
2	（常數）	11.161	1.048		10.652	.000		
	X外貌	.276	.065	.368	4.226	.000	.636	1.572
	D性別	.516	.562	.064	.920	.359	.993	1.007
	XD交互作用	.278	.109	.222	2.549	.012	.637	1.570

a.應變數：吸引力

標準化係數欄 ⑪　顯著性欄 ⑫

③　　　④　　　⑤

⑧

係數相關性[a]

模型			D性別	X外貌	XD交互作用
1	相關	D性別	1.000	-.080	
		X外貌	-.080	1.000	
	共變異	D性別	.327	-.002	
		X外貌	-.002	.003	
2	相關	D性別	1.000	-.045	-.031
		X外貌	-.045	1.000	-.600
		XD交互作用	-.031	-.600	1.000
	共變異	D性別	.315	-.002	-.002
		X外貌	-.002	.004	-.004
		XD交互作用	-.002	-.004	.012

a.應變數：吸引力

⑦

圖10-10（續）

10-3　統計報表解讀

　　為了避免你迷失在大量的訊息中，以下僅解釋二階交互作用迴歸分析時，特別需要注意的報表結果；有關一般性迴歸分析結果的詳細解讀，請參考本書「單元6-3：統計報表解讀。」（p.65）

分析結果報表（圖10-10）中的各項數值意義如下（請注意，以下的①、②……等數字，和圖10-10統計報表中的①、②……是相對應的，互相參照就可以解讀統計報表囉）：

① 【整體迴歸模式的解釋力】：模型1表示第一層迴歸的結果；那一行對應的「R^2」和「調整後R^2」，是自變項「X外貌」、「D性別」對依變項「Y吸引力」的解釋力。模型2表示第二層迴歸的結果，那一行對應的「R^2」和「調整後R^2」，是「X外貌、D性別」加上「XD交互作用」對依變項「Y吸引力」的解釋力。

② 【增加解釋力的檢定】：檢定每一層迴歸，相對於前一層迴歸，**所增加的解釋力是否顯著**。「R^2變更」是每一層迴歸，相對於前一層迴歸增加了多少解釋量（注意，「R^2變更」和「R^2」是不同的東西喔），「R^2變更」在統計上習慣以ΔR^2表示之（Δ讀作delta）；「F值變更」是檢定「R^2變更」是否顯著的檢定值，「df1, df2」是自由度。其中標示⑩的「顯著性F值變更」是p值。若「顯著性F值變更」＜ .05，表示某一層迴歸，相對於前一層迴歸，所增加的解釋力是顯著的；若「顯著性F值變更」≧ .05，表示不顯著。例如，第二層迴歸（加入「XD交互作用」後），相較於第一層迴歸（只放入自變項「X外貌、D性別」時），增加了「R^2變更」(ΔR^2) = .03的解釋量，而且這個增加解釋量是顯著的，$F(1, 146) = 6.49$, $p = .012$。

③ 【迴歸係數】：每個變項「個別」對依變項Y吸引力的解釋力，其中B是非標準化迴歸係數，Beta是標準化迴歸係數。

④ 【迴歸係數的檢定】：考驗每個變項「個別」對Y的解釋力是否顯著。「T」是檢定值，「顯著性」是p值。若「顯著性」＜ .05，表示「某一變項對Y吸引力的解釋力」是顯著的；若「顯著性」≧ .05，表示不顯著。

⑤ 【共線性診斷結果】：當VIF高於10時，可能有多元共線性（multicollinearity）問題，此時此迴歸分析結果不可靠，必須做進一步處理，重新進行迴歸分析。（關於多元共線性的處理，見「★你不想知道的統計知識(15)★」，p.397）

10-4　論文中的表格呈現

在論文中，若需要用表格的方式呈現二階交互作用迴歸的結果，可以依據表格範例10-1，對照圖10-10填入相對應數據。目前學術界有很多種不同的交互作用表格呈現方式，我們建議完整地呈現各步驟所得的迴歸係數，此時，某些變項會有多組

迴歸係數（如本例中的X外貌、D性別，在第一層迴歸中有一組迴歸係數，在第二層迴歸中也有一組迴歸係數），這是正常的。

特別注意，在表格範例10-1中，「顯著性」是以打「＊」號的方式來表達的，＊表示顯著性 < .05、＊＊表示顯著性 < .01、＊＊＊表示顯著性 < .001。你必須參照統計報表結果（即「顯著性」欄位），來為 β 和 R^2 值標上「＊」號（表格範例可於本書網頁下載，相關下載請見本書封底說明）。

表格範例10-1

外貌、性別對吸引力之交互作用分析

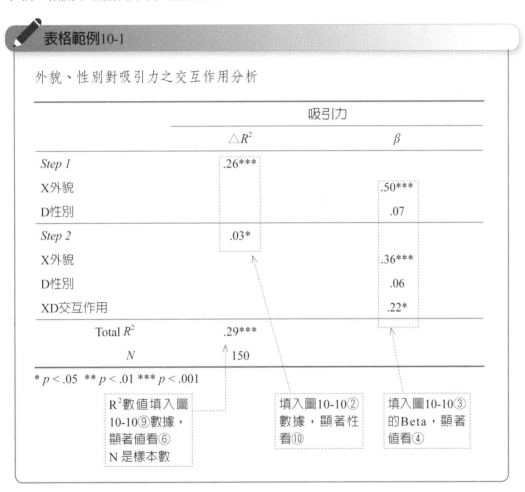

	吸引力	
	$\triangle R^2$	β
Step 1	.26***	
X外貌		.50***
D性別		.07
Step 2	.03*	
X外貌		.36***
D性別		.06
XD交互作用		.22*
Total R^2	.29***	
N	150	

* $p < .05$ ** $p < .01$ *** $p < .001$

R²數值填入圖10-10⑨數據，顯著值看⑥ N是樣本數

填入圖10-10②數據，顯著性看⑩

填入圖10-10③的Beta，顯著值看④

10-5 繪圖及單純斜率檢定

如果你的交互作用項不顯著，那麼你可以跳過這一單元。如果你的交互作用項顯著，那麼請使用本書所附Excel 10-1進行繪圖及單純斜率（simple slope）檢定（Excel請至本書的網頁下載，相關下載請見本書封底說明）。本書範例中，由於「XD交

互作用」效果是顯著的，因此我們以Excel 10-1繪圖。結果如圖10-11。

繪圖時需要填註圖10-10⑦的「共變異」，這部分比較複雜，說明如下：

(1) 請對照圖10-10⑦，找出橫軸為X、縱軸為X，兩者所交會處的「共變異」（Covariances），並填入Excel 10-1中。

(2) 請注意，將圖10-10⑦數據填入Excel時，數據必須完整，不可以四捨五入。不論你在SPSS報表上肉眼看到的數字為何，請勿手動輸入Excel。請在SPSS結果檔該數據細格內，利用「快速點兩下左鍵」，然後「再點一下左鍵」的方式，使該細格成為可編輯模式，然後右鍵複製完整數據到Excel 10-1中。「請問……要是四捨五入會怎樣？」就像《哈利波特》中大家都不敢直呼「佛地魔」的名字一樣，這件事恐怖到我們不敢說。

(3) 依上述原則，分別找出「橫X、縱XD」，「橫XD、縱X」，「橫XD、縱XD」所對應之「共變異」數值，並填入Excel 10-1中。

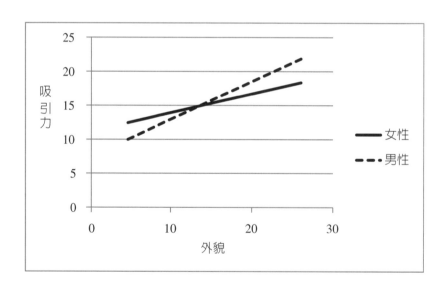

圖10-11

10-6 分析結果的撰寫

在論文中，二階交互作用迴歸的結果可能會需要書寫以下內容：

(0) 二階交互作用迴歸統計的概述。

(1) 主效果。

(2) 二階交互作用效果：

　　(2-1) 二階交互作用分析。

　　(2-2) 單純斜率（若二階交互作用顯著）。

書寫時請務必注意以下事項：

一、在書寫時的順序，「依序」是(0), (1), (2-1), (2-2)。也就是依上面所條列的內容，由上而下的順序書寫。

二、請特別注意，你並不需要每一個效果都寫，請依照你論文中所關注的問題（如果你不清楚，應該和指導教授討論），選取你需要書寫的部分，然後搭配以下書寫範例，組合出你所需的二階交互作用迴歸分析結果。

三、書寫範例中的X, D, Y，請依據你的研究內容，填入適切的變項及組別名稱。

四、關於呈現統計數據時的注意事項，請參考「★你不想知道的統計知識(1)★」，p.389。

五、部分統計學家認為當高階效果顯著時，不應該解釋低階效果，關於這一點，如果你不想知道，請趕緊跳過。若你想瞭解，詳見「★你不想知道的統計知識(25)★」，p.403。

六、關於論文書寫時，交互作用迴歸係數呈現的進階說明，見「★你不想知道的統計知識(22)★」，p.400，以及「★你不想知道的統計知識(40)★」，p.412。

七、單純斜率的檢定公式，請見Aiken, L. S., & West, S. G. (1991). *Multiple regression: Testing and interpreting interactions*. Newbury Park, CA: Sage.

以下書寫範例中，標楷體的部分是論文中應該要書寫的內容，【】內的敘述，是對書寫方式的說明。

(0)【對二階交互作用迴歸的概述書寫】（一開始一定要寫）

　　以階層迴歸檢驗：X和D對Y之效果，分析結果如表XX【我們建議學位論文應呈現如「單元10-4」所示範之統計表格，因為裡面包含了整體迴歸模型的效果量】。*分析結果顯示，X和D的主要效果可以解釋Y變異中的26%*【將圖10-10②中的第一個「R平方變更」換成百分比】，*F*(2, 147) = 26.12, *p* < .001【填入圖10-10②⑩數值】【若不顯著，請加一句：「然而此一效果並不顯著。」】*而在控制了主要效果之後，X*D的交互作用可以增加3%的Y變異*【將圖10-10②中的第二個「R平方變更」換成百分比】，*F*(1, 146) = 6.49, *p* = .012【填入圖10-10②⑩數值】【若不顯著，請加一句：「然而此一效果並不顯著。」】*。*

(1)【主效果分析】（論文關注的主效果才要寫）

　　就主要效果而言，X對Y有顯著解釋力（$\beta = .36, p < .001$）【填入圖10-10⑪⑫，並寫出是否顯著】，顯示X分數愈高，Y也愈高【若不顯著這句不必寫。若顯著，當β值爲正時，寫：「X愈高，Y也愈高」。當β值爲負時，寫：「X愈高，Y愈低」】。D對Y無顯著解釋力（$\beta = .06, p = .35$）【填入圖10-10⑪⑫，若顯著，寫法同上】。

(2-1)【二階交互作用分析】（若關注二階交互作用才要寫）

　　X*D的交互作用對Y有顯著解釋力（$\beta = .22, p = .012$）。【填入圖10-10⑪⑫，並寫出是否顯著】【若交互作用不顯著，寫到這裡即可】【若交互作用顯著，請接著寫2-2】。

(2-2)【單純斜率檢定】（若二階交互作用顯著才要寫）

　　進一步繪製交互作用圖，如圖XX【於論文中附上Excel 10-1繪製的圖】，單純斜率（simple slope）檢定顯示：【以下開始，先寫D = 0組的狀況】若D爲0【在本範例中應寫爲「若性別爲女生」，以此類推】，X對Y有顯著解釋力（$b = 0.27, p < .001$）【填入 Excel 10-1 中相對應欄位（如「D = 0」）的檢定結果】。【D=0組寫到這邊結束，接下來開始寫D = 1組的狀況】若D爲1，X對Y有顯著解釋力（$b = 0.55, p < .001$）【填入 Excel 10-1 中相對應欄位（如「D = 1」）的檢定結果】。由迴歸係數可見……【接下來對單純斜率的方向做說明，寫法見「★你不想知道的統計知識(23)★」，p.401】。

Unit 11

迴歸——三階交互作用（調節效果）

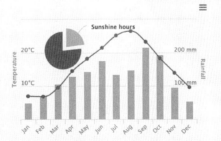

※請參考本書封底之說明，下載本單元中所使用的統計範例檔及工具檔。

11-1 迴歸交互作用概述

使用時機	1.有關迴歸的一般概述，參見單元6-1（p.62）。 2.三階交互作用迴歸，用於當有三個連續屬性的自變項X_1、X_2、X_3，且研究者關注X_1、X_2、X_3的交互作用（interaction）對依變項Y之效果時。（有關交互作用的意涵，詳見「★你不想知道的統計知識(19)★」，p.399。）
三階交互作用迴歸的例子	「外貌」(X_1)「交往時間」(X_2)對「吸引力」(Y)的交互作用效果，要視一個人的「感官追求」(X_3)程度而定──交往久了，再美再帥也會看膩，因此隨著「交往時間」愈長，「外貌」對「吸引力」的效果愈弱（到這邊是二階）；而高「感官追求」的人這種削弱反應比低「感官追求」的人更強烈（前述的二階效果，會因為感官追求程度不同而變，這就變三階了）。

11-2 SPSS操作

當自變項X_1、X_2、X_3均為連續變項時，迴歸的交互作用操作步驟如下（如果X_1, X_2, X_3任一變項為虛擬變項，請參考單元12）：

1. 先產生X_1、X_2、X_3的交互作用項。它的做法是：

   (1) 將「X_1減去其平均值」、「X_2減去其平均值」、「X_3減去其平均值」（關於此種「平減分數」，見「★你不想知道的統計知識(20)★」，p.400）。

   (2) 將上述兩兩互乘可得二階交互作用項，三者互乘可得三階交互作用項。也就是：

   $$X_1X_{2交互作用} = (X_1 - \overline{X}_1)(X_2 - \overline{X}_2)$$
   $$X_1X_{3交互作用} = (X_1 - \overline{X}_1)(X_3 - \overline{X}_3)$$
   $$X_2X_{3交互作用} = (X_2 - \overline{X}_2)(X_3 - \overline{X}_3)$$
   $$X_1X_2X_{3交互作用} = (X_1 - \overline{X}_1)(X_2 - \overline{X}_2)(X_3 - \overline{X}_3)$$

2. 使用階層迴歸，依序放入(1) X_1、X_2、X_3；(2) $X_1X_{2交互作用}$、$X_1X_{3交互作用}$、$X_2X_{3交互作用}$；(3) $X_1X_2X_{3交互作用}$。進行迴歸分析（關於迴歸交互作用模型之進一步介紹，見「★你不想知道的統計知識(21)★」，p.400）。

接下來所示範的，即是上述程序的實際操作。我們將以檢驗：「『外貌』(X_1)、『交往時間』(X_2)、『感官追求』(X_3)對『吸引力』(Y)的交互作用效果」為例。

Step 1　三階交互作用迴歸

點選【分析／Analysis】→【描述性統計資料／Descriptive Statistics】→【描述性統計資料／Descriptives】。（如圖11-1）

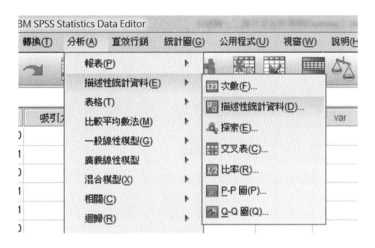

圖11-1

Step 2　三階交互作用迴歸

1. 將自變項（X1外貌、X2交往時間、X3感官追求）放入【變數／Variable(s)】欄位中。（如圖11-2）
2. 按【確定／OK】即可得圖11-3之結果。
3. 抄下「X1外貌」、「X2交往時間」、「X3感官追求」的平均數。

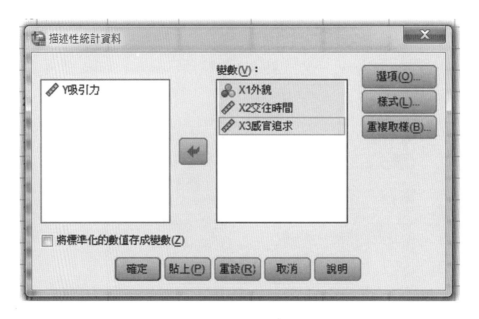

圖11-2

描述性統計資料

	N	最小值	最大值	平均數	標準偏差
X1外貌	150	5	28	15.56	5.117
X2交往時間	150	3	29	14.53	5.553
X3感官追求	150	1	30	15.32	5.196
有效的N（listwise）	150				

圖11-3

 Step 3　　三階交互作用迴歸

產生交互作用項。

1. 點選【轉換 / Transform】→【計算變數 / Compute Variable】。（如圖11-4）

2. 在【目標變數 / Target Variable】輸入「X1X2交互作用」（可自行決定此名稱）。

3. 在【數值表示式 / Numeric Expression】輸入「(X1外貌 − 15.56) * (X2交往時間- 14.53)」（「X1外貌」和「X2交往時間」是本範例的變項名稱，15.56和

14.53為上一步驟得到的平均值，你必須依據資料的變項名稱及所得到的平均值來做輸入）。（如圖11-5）

4. 按【確定／OK】即產生了交互作用項。此時你若去檢視資料，將發現多了一個「X1X2交互作用」的變項欄位，此一變項即是交互作用項。

5. 重複1～4步驟，分別依下表方式輸入，產生所有交互作用項。

在【目標變數】欄輸入 （可自行決定變項名稱）	在【數值表示式】欄輸入 （平均值請依Step 2所得結果輸入）
X1X3交互作用	(X1外貌 − X1平均值) * (X3感官追求− X3平均值)
X2X3交互作用	(X2交往時間− X2平均值) * (X3感官追求− X3平均值)
X1X2X3交互作用	(X1外貌 − X1平均值) * (X2交往時間 − X2平均值) * (X3感官追求 − X3平均值)

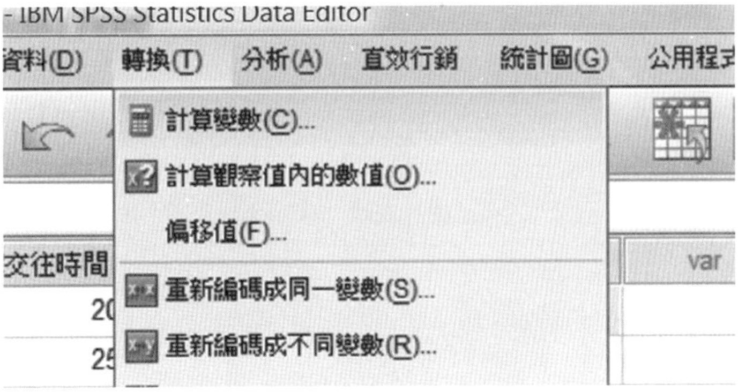

圖11-4

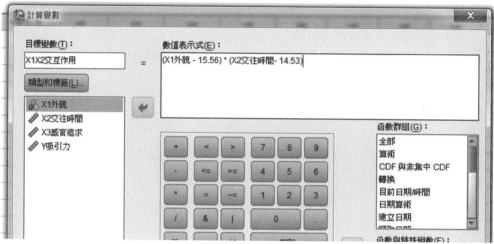

圖11-5

Step 4 　三階交互作用迴歸

點選【分析 / Analysis】→【迴歸 / Regression】→【線性 / Linear】。（如圖11-6）

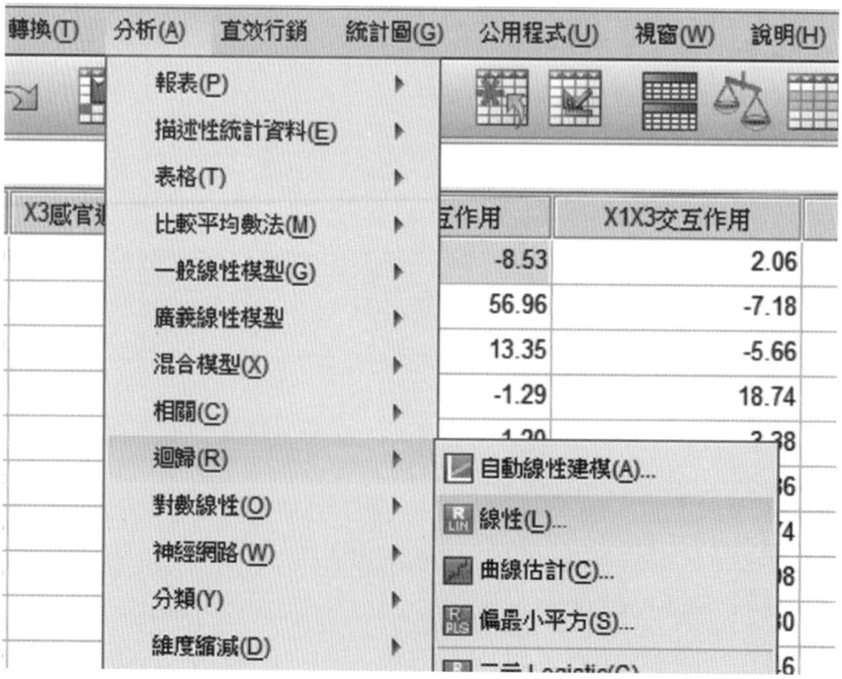

圖11-6

 Step 5　 三階交互作用迴歸

1. 將自變項（X1外貌、X2交往時間、X3感官追求）放入【自變數／Independent(s)】欄位中。

2. 將依變項（Y吸引力）放入【因變數／Dependent】欄位中。（如圖11-7）

3. 點擊【下一個／Next】。

圖11-7

Step 6　 三階交互作用迴歸

1. 將二階交互作用項（X1 X2交互作用、X1X3交互作用、X2X3交互作用）放進【自變數／Independent(s)】欄位中。（如圖11-8）

2. 點擊【下一個／Next】。

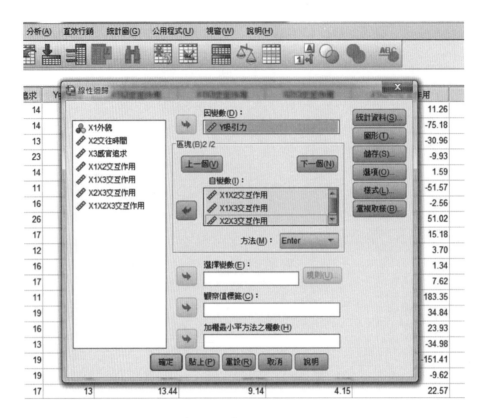

圖11-8

Step 7　三階交互作用迴歸

1. 將三階交互作用項（X1X2X3交互作用）放進【自變數／Independent(s)】欄位中。（如圖11-9）

2. 點擊【統計資料／Statistics】。

圖11-9

Step 8 　三階交互作用迴歸

1. 勾選【R平方改變量 / R squared change】、【共線性診斷 / Collinearity diag-nostics】、【共變異數矩陣 / Covariance matrix】。（如圖11-10）

2. 點擊【繼續 / Continue】，畫面將返回圖11-9。

3. 點擊【確定 / OK】，即完成分析。獲得如圖11-11之分析結果。

圖11-10

模型摘要

模型	R	R平方	調整後R平方	標準偏斜度錯誤	變更統計資料				
					R平方變更	F值變更	df1	df2	顯著性F值變更
1	.548ª	.300	.286	4.306	.300	20.868	3	146	.000
2	.656ᵇ	.431	.407	3.925	.130	10.922	3	143	.000
3	.707ᶜ	.500	.476	3.690	.070	19.820	1	142	.000

變異數分析ª

模型		平方和	df	平均值平方	F	顯著性
1	迴歸	1160.957	3	386.986	20.868	.000ᵇ
	殘差	2707.503	146	18.545		
	總計	3868.460	149			
2	迴歸	1665.688	3	277.615	18.022	.000ᶜ
	殘差	2202.772	146	15.404		
	總計	3868.460	149			
3	迴歸	1935.490	7	276.499	20.312	.000ᵈ
	殘差	1932.970	142	13.612		
	總計	3868.460	149			

圖11-11

係數[a]

模型		非標準化係數 B	標準錯誤	標準化係數 Beta	T	顯著性	共線性統計資料 允差	VIF
1	（常數）	3.233	1.450		2.230	.027		
	X1外貌	.355	.082	.356	4.338	.000	.711	1.406
	X2交往時間	.146	.074	.156	1.961	.052	.731	1.368
	X3感官追求	.208	.070	.212	2.985	.003	.948	1.005
2	（常數）	3.814	1.351		2.822	.005		
	X1外貌	.373	.076	.375	4.929	.000	.689	1.451
	X2交往時間	.126	.068	.138	1.842	.068	.715	1.399
	X3感官追求	.229	.067	.234	3.411	.001	.846	1.182
	X1X2交互作用	-.061	.012	-.363	-5.329	.000	.858	1.165
	X1X3交互作用	-.008	.014	-.045	-.592	.555	.686	1.457
	X2X3交互作用	.008	.013	.051	.629	.531	.611	1.636
	（常數）	7.444	1.510		4.932	.000		
	X1外貌	.338	.072	.339	4.718	.000	.681	1.469
	X2交往時間	.056	.066	.061	.838	.403	.674	1.484
	X3感官追求	.093	.070	.095	1.324	.188	.685	1.459
	X1X2交互作用	-.063	.011	-.371	-5.795	.000	.858	1.166
	X1X3交互作用	-.001	.013	-.005	-.074	.941	.676	1.480
	X2X3交互作用	.003	.013	.018	.238	.812	.606	1.651
	X1X2X3交互作用	.009	.002	.321	4.452	.000	.675	1.481

a.應變數：Y吸引力

⑪ ⑫ ⑧ ③ ④ ⑤

係數相關性[a]

模型		X3 感官追求	X2 交往時間	X1外貌	X1X3 交互作用	X1X2 交互作用	X2X3 交互作用	X1X2X3 交互作用
1	相關 X3感官追求	1.000	-.047	-.171				
	X2交往時間	-.047	1.000	-.501				
	X1外貌	-.171	-.501	1.000				
（中間略）								
3	相關 X3感官追求	1.000	.098	-.137	-.194	-0.72	.334	-.436
	X2交往時間	.098	1.000	-.469	-.139	.000	.136	-.239
	X1外貌	-.137	-.469	1.000	.111	-.037	-.141	-.111
	X1X3交互作用	-.194	-.139	.111	1.000	-.142	-.501	.124
	X1X2交互作用	-.072	.060	-.037	-.142	1.000	.224	-.029
	X2X3交互作用	.334	.136	-.141	-.501	.224	1.000	-.096
	X1X2X3交互作用	-.436	-.239	-.111	.124	.029	-.096	1.000
	共變異 X3感官追求	.005	.000	-.001	.000	-5.483E-5	.000	-5.890E-5
	X2交往時間	.000	.004	-.002	.000	4.287E-5	.000	-3.048E-5
	X1外貌	-.001	-.002	.005	.000	-2.883E-5	.000	-1.525E-5
	X1X3交互作用	.000	.000	.000	.000	-2.062E-5	-8.426E-5	3.187E-6
	X1X2交互作用	-5.483E-5	4.287E-5	-2.883E-5	-2.062E-5	.000	-3.041E-5	-6.020E-7
	X2X3交互作用	.000	.000	.000	-8.426E-5	-3.041E-5	.000	-2.322E-6
	X1X2X3交互作用	-5.890E-5	-3.045E-5	-1.525E-5	3.187E-6	-.6.020E-7	-2.322E-6	3.696E-5

a.應變數：Y吸引力

⑦

圖11-11（續）

11-3 統計報表解讀

　　為了避免你迷失在大量的訊息中，以下僅解釋三階交互作用迴歸分析時，特別需要注意的報表結果；有關一般性迴歸分析結果的詳細解讀，請參考本書「單元6-3：統計報表解讀」（p.65）。

　　統計報表（圖11-11）中的各項數值意義如下（請注意，以下的①、②……等數字，和圖11-11統計報表中的①、②……是相對應的，互相參照就可以解讀統計報表囉）：

①【整體迴歸模式的解釋力】：模型1表示第一層迴歸的結果；那一行對應的「R^2」和「調整後R^2」，是自變項「X1外貌」、「X2交往時間」與「X3感官追求」對依變項「Y吸引力」的解釋力。模型2表示第二層迴歸的結果，那一行對應的「R^2」和「調整後R^2」，是「X1、X2、X3」加上「X1X2、X1X3、X2X3三個交互作用」對依變項「Y吸引力」的解釋力。模型3表示第三層迴歸的結果，那一行對應的「R^2」和「調整後R^2」，是「X1、X2、X3」加上「X1X2、X1X3、X2X3三個交互作用」，再加上「X1X2X3交互作用」對依變項「Y吸引力」的解釋力。

②【增加解釋力的檢定】：檢定每一層迴歸，相對於前一層迴歸，**所增加的解釋力**是否顯著。「R^2變更」是每一層迴歸，相對於前一層迴歸增加了多少解釋量（注意，「R^2變更」和「R^2」是不同的東西喔），「R^2變更」在統計上習慣以ΔR^2表示之（Δ讀作delta）；「F值變更」是檢定「R^2變更」是否顯著的檢定值，「df1, df2」是自由度。其中標示⑩的「顯著性F值變更」是p值。若「顯著性F值變更」< .05，表示某一層迴歸，相對於前一層迴歸，所增加的解釋力是顯著的；若「顯著性F值變更」≧ .05，表示不顯著。例如，第二層迴歸（加入「X1X2、X1X3、X2X3三個交互作用」後），相較於第一層迴歸（只放入自變項「X1外貌、X2交往時間、X3感官追求」時），增加了「R^2變更」(ΔR^2) = .13的解釋量，而且這個增加解釋量是顯著的，$F(3, 143) = 10.92, p < .001$，以此類推。

③【迴歸係數】：每個變項「個別」對依變項Y吸引力的解釋力。其中B是非標準化迴歸係數，Beta是標準化迴歸係數。

④【迴歸係數的檢定】：考驗每個變項「個別」對Y的解釋力是否顯著。「T」是檢定值，「顯著性」是p值。若「顯著性」< .05，表示「某一變項對『Y吸引力』的解釋力」是顯著的；若「顯著性」≧ .05，表示不顯著。

⑤【共線性診斷結果】：當VIF高於10時，可能有多元共線性（multicollinearity）問題，此時此迴歸分析結果不可靠，必須做進一步處理，重新進行迴歸分析。（關於多元共線性的處理，見「★你不想知道的統計知識(15)」★，p.397）

11-4 論文中的表格呈現

在論文中，若需要用表格的方式呈現三階交互作用迴歸的結果，可以依據表格範例11-1，對照圖11-11填入相對應數據。目前學術界有很多種不同的交互作用表格呈現方式，我們建議完整地呈現各步驟所得的迴歸係數，此時，某些變項會有多組迴歸係數（如本例中的X1外貌、X2交往時間、X3感官追求，在第一層、第二層、第三層迴歸中都有一組迴歸係數），這是正常的。

特別注意，在表格範例11-1中，「顯著性」是以打「＊」號的方式來表達的，＊表示顯著性＜.05、＊＊表示顯著性＜.01、＊＊＊表示顯著性＜.001。你必須參照統計報表結果（即「顯著性」欄位），來為 β 和 R^2 值標上「＊」號（表格範例可於本書網頁下載，相關下載請見本書封底說明）。

表格範例11-1

外貌、交往時間及感官追求對吸引力之交互作用分析

	吸引力	
	$\triangle R^2$	β
Step 1	.30***	
X1外貌		.35***
X2交往時間		.15
X3感官追求		.21**
Step 2	.13***	
X1外貌		.37***
X2交往時間		.13
X3感官追求		.23**
X1X2		-.36***
X1X3		-.04
X2X3		.05
Step 3	.07***	
X1外貌		.33***
X2交往時間		.06
X3感官追求		.09
X1X2		-.37***
X1X3		-.00
X2X3		.01
X1X2X3		.32***
Total R^2	.50***	
N	150	

* *p*<.05 ** *p*< .01 *** *p*<.001

R^2數值填入圖11-11⑨數據，顯著值看⑥，N 是樣本數

填入圖11-11②數據，顯著值看⑩

填入圖11-11③的Beta，顯著值看④

11-5 繪圖及單純斜率檢定

一、三階交互作用的繪圖及檢定

　　如果你的三階交互作用項不顯著，那麼你可以跳過此說明。如果你的三階交互作用項顯著，請使用本書所附Excel 11-1進行繪圖及單純斜率（simple slope）檢定（Excel請至本書的網頁下載，相關下載請見本書封底說明）。本書範例中，由於「X1X2X3交互作用」效果是顯著的，因此我們以Excel 11-1繪圖，結果如圖11-12。特別注意，為了完整表達三階交互作用，圖會有兩張；以本書範例來說，一張是「高感官追求組」的「外貌×交往時間」交互作用圖，一張是「低感官追求組」的「外貌×交往時間」交互作用圖。

　　繪圖時，需要填註圖11-11⑦的「共變異」，這一部分比較複雜，說明如下：

(1)請對照圖11-11⑦，找出橫軸為X1、縱軸為X1，兩者交會處的「共變異」（Covariances）數值。並填入Excel 11-1中。

(2)請注意，將圖11-11⑦數據填入Excel時，數據必須完整，不可以四捨五入。不論你在SPSS報表上肉眼看到的數字為何，**請勿手動輸入Excel**。請在SPSS結果檔該數據細格內，利用「快速點兩下左鍵」，然後「再點一下左鍵」的方式，使該細格成為可編輯模式，然後右鍵複製完整數據到Excel 11-1中。

(3)依上述原則，分別找出「橫X1、縱X1X2」，「橫X1X2、縱X1」，「橫X1X3、縱X1」……以此類推，直到填滿Excel 11-1中的16個對應「共變異」數值。

二、二階交互作用繪圖及檢定

　　進行三階的迴歸分析時，如果你沒有任何二階交互作用顯著，可以跳過此說明。如果你的某些二階交互用作用顯著了，想要繪製二階交互作用圖，此時請使用本書所附的Excel 11-2進行單純斜率考驗並繪圖（Excel請至本書網頁下載，下載方式見本書封底說明）。其操作方式和上面說的三階繪圖相同（其實本書的兩位作者並不完全同意這種作法；關於此作法之問題，見「★你不想知道的統計知識(24)★」，p.402）。

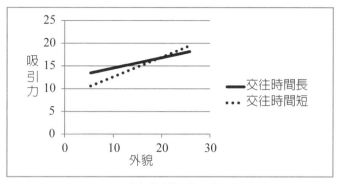

「高感官追求」組

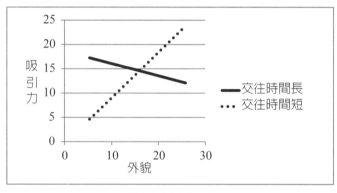

「低感官追求」組

圖11-12

11-6 分析結果的撰寫

在論文中，三階交互作用迴歸的結果可能會需要書寫以下內容：

(0) 三階交互作用迴歸統計的概述。

(1) 主效果。

(2) 二階交互作用效果：

　　(2-1) 二階交互作用分析。

　　(2-2) 單純斜率（若二階交互作用顯著）。

(3) 三階交互作用效果：

　　(3-1) 三階交互作用分析。

　　(3-2) 單純單純斜率（若三階交互作用顯著）。

書寫時請務必注意以下事項：

一、在書寫時的順序，「依序」是(0), (1), (2-1), (2-2), (3-1), (3-2)，也就是依上面所條列的內容，由上而下的順序書寫。

二、請特別注意，你並不需要每一個效果都寫，請依照你論文中所關注的問題（如果你不清楚，應該和指導教授討論），選取你需要書寫的部分，然後搭配以下書寫範例，組合出你所需的三階交互作用迴歸分析結果。

三、書寫範例中的X1, X2, X3, Y，請依據你的研究內容填入適切的變項名稱。

四、關於呈現統計數據時的注意事項，請參考「★你不想知道的統計知識(1)★」，p.389。

五、部分統計學家認為當高階效果顯著時，不應該解釋低階效果，關於這一點，如果你不想知道，請趕緊跳過。若你想瞭解，詳見「★你不想知道的統計知識(25)★」，p.403。

六、關於論文書寫時，交互作用迴歸係數呈現的進階說明，見「★你不想知道的統計知識(22)★」，p.400；以及「★你不想知道的統計知識(40)★」，p.412。

七、單純斜率的檢定公式，請見Aiken, L. S., & West, S. G. (1991). *Multiple regression: Testing and interpreting interactions*. Newbury Park, CA: Sage.

以下書寫範例中，標楷體的部分是論文中應該要書寫的內容，【】內的敘述，是對書寫方式的說明。

(0)【對三階交互作用迴歸的概述書寫】（一開始一定要寫）

以階層迴歸檢驗：X1、X2和X3對Y之效果，分析結果如表XX【我們建議學位論文應呈現如「單元11-4」所示範之統計表格，因為裡面包含了整體迴歸模型的效果量】。分析結果顯示，X1、X2和X3的主要效果可以解釋Y變異中的30%【將圖11-11②中的第一個「R平方變更」換成百分比】，$F(3, 146) = 20.86$, $p < .001$【填入圖11-11②⑩數值】【若不顯著，請加一句：「然而此一效果並不顯著。」】在控制了主要效果之後，X1*X2、X1*X3、X2*X3的交互作用可以增加13%的Y變異【將圖11-11②中的第二個「R平方變更」換成百分比】，$F(3, 143) = 10.92$, $p < .001$【填入圖11-11②⑩數值】【若不顯著，請加一句：「然而此一效果並不顯著。」】。而在控制了主要效果及二階交互作用項之後，X1*X2*X3可以增加7%的Y變異【將圖11-11②中的第三個「R平方變更」換成百分比】，$F(1, 142) = 19.82$, $p < .001$【填入圖11-11②⑩數值】【若不顯著，請加一句：「然而此一效果並不顯著。」】。

(1)【主效果分析】（論文關注的主效果才要寫，以X1為例）

　　　就主要效果而言，X1對Y有顯著解釋力（β = .33, p < .001）【填入圖11-11⑪⑫，並寫出是否顯著】，顯示X1愈高，吸引力也愈高【若不顯著這句不必寫。若顯著，當β值為正時，寫：「X1愈高，Y也愈高」。當β值為負時，寫：「X1愈高，Y愈低」】【以此類推，你可以把所關注的主效果都寫出來；寫法都同前】。

(2-1)【二階交互作用分析】（若關注二階交互作用才要寫，以X1*X2為例）

　　　就二階交互作用而言，X1*X2的交互作用對Y有顯著解釋力（β = −.37, p < .001）。【填入圖11-11⑪⑫，並寫出是否顯著】【若交互作用不顯著，寫到這裡即可】【若交互作用顯著，請接著寫2-2】【以此類推，你可以把所關注的二階交互作用都寫出來；寫法都同前】。

(2-2)【單純斜率檢定】（若所關注的二階交互作用顯著才要寫，以X1*X2為例）

　　　由於X1*X2的交互作用顯著，進一步繪製交互作用圖，如圖XX【附上Excel 9-1繪製的圖（雖然這單元是11，但必須使用單元9的Excel；進一步說明請見「★你不想知道的統計知識(24)★，p.402）】，單純斜率（simple slope）檢定顯示：當X2高時，X1對Y並無顯著解釋力（b = 0.09, p = .33）。當X2低時，X1對Y有顯著解釋力（b = 0.75, p < .001）【填入Excel 9-1「X2高分組」、「X2低分組」欄位中的檢定結果】。由迴歸係數可見……【接下來對單純斜率的方向做說明，寫法見「★你不想知道的統計知識(23)★」，p.401】。

(3-1)【三階交互作用分析】（若關注三階交互作用才要寫）

　　　就三階交互作用而言，X1*X2*X3的交互作用對Y有顯著解釋力（β = .32, p < .001）【填入圖11-11⑪ ⑫，並寫出是否顯著】【如果三階交互作用不顯著，寫到這裡即可】【若三階交互作用顯著，請接著寫3-2】。

(3-2)【單純單純斜率檢定】（若三階交互作用顯著才要寫，以X3為主要調節變項為例）

　　三因子交互作用圖，如圖XX【於論文中附上Excel 11-1繪製的圖】單純單純斜率（simple simple slope）檢定顯示：【以下開始，先寫X3高分組的狀況】對X3高分組而言，當X2高時，X1對Y並無顯著解釋力（b = 0.23, p = .07）【填入 Excel 11-1中「X2高X3高組」欄位中的檢定結果】。當X2低時，X1對Y有顯著解釋力（b = 0.43, p = .002）【填入 Excel 11-1中「X2低X3高」欄位中的單純斜率檢定結果】；由迴歸係數可見……【接下來對單純斜率的方向做說明，寫法見「★你不想知道的統計知識(23)★」，p.401】【X3高分組寫到這邊結束，接下來開始寫X3低分組的狀況】對X3低分組而言，當X2高時，X1對Y並無顯著解釋力（b = − 0.25, p = .06）【填入 Excel 11-1中「X2高X3低」欄位中的單純斜率檢定結果】。當X2低時，X1對Y有顯著解釋力（b = 0.93, p < .001）【填入 Excel 11-1中「X2低X3低」欄位中的單純斜率檢定結果】；由迴歸係數可見……【接下來對單純斜率的方向做說明，寫法見「★你不想知道的統計知識(23)★」，p.401】。

Unit 12

迴歸——三階交互作用
（調節效果：有間斷變項）

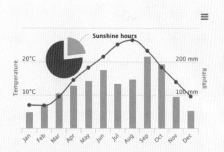

※請參考本書封底之說明，下載本單元中所使用的統計範例檔及工具檔。

12-1 迴歸交互作用概述

使用時機	1.有關迴歸的一般概述，參見單元6-1（p.62）。 2.本單元介紹有虛擬變項時的三階交互作用迴歸，用於當有三個自變項，其中有些是連續變項，有些是間斷變項，**且間斷變項都只包含兩組**(1, 0)；**此時D稱之為虛擬變項**，而研究者關注這些自變項的交互作用（interaction）對依變項Y之效果時。（有關交互作用的意涵，詳見「★你不想知道的統計知識(19)★」，p.399。）
三階交互作用迴歸（有虛擬變項）的例子	「外貌」(X1)、「交往時間」(X2) 對「吸引力」(Y)的交互作用效果，要視一個人的「性別」（D，只有兩組，男 = 1、女 = 0）而定——交往久了，再美再帥也會看膩，因此隨著「交往時間」愈長，「外貌」對「吸引力」的效果愈弱（到這邊是二階）；而男生的這種削弱反應比女生更強烈（前述的二階效果，會因為性別不同而變，這就是三階了。這邊順道對我們的女性讀者提出警告，男人是不可靠的；本書的兩位作者例外，可惜他們都已經結婚了。）

12-2 SPSS操作

以下操作將以兩個連續自變項X_1、X_2和一個間斷（虛擬）自變項 D 為例，如果你的狀況是自變項中有一個連續、兩個間斷變項：X、D_1、D_2，做法也完全一樣。那如果是D_1、D_2、D_3呢？這表示你沒看本書的導論〈必讀二〉；此時你應該用ANOVA，而不是迴歸，快快回頭是岸。

以迴歸分析X_1、X_2、D對Y的交互作用操作步驟如下：

1. 先產生X_1、X_2、D的交互作用項。

   它的基本原則是，**連續變項要平減，間斷變項不必平減**。不管你有多少個X、多少個D都是如此。因此，以X_1、X_2、D為例：

(1) 將「X_1減去其平均值」、「X_2減去其平均值」、「D什麼都不用做」（關於此種「平減分數」，見「★你不想知道的統計知識(20)★」，p.400）。

(2) 將上述兩兩互乘可得二階交互作用項，三者互乘可得三階交互作用項。

   也就是：

   $X_1X_{2交互作用} = (X_1 - \overline{X}_1)(X_2 - \overline{X}_2)$

   $X_1D_{交互作用} = (X_1 - \overline{X}_1)D$

   $X_2D_{交互作用} = (X_2 - \overline{X}_2)D$

$$X_1X_2D_{交互作用} = (X_1 - \overline{X}_1)(X_2 - \overline{X}_2)D$$

2. 使用階層迴歸，依序放入(1) X_1、X_2、D；(2) $X_1X_2{}_{交互作用}$、$X_1D_{交互作用}$、$X_2D_{交互作用}$；(3)$X_1X_2D_{交互作用}$，進行迴歸分析（關於迴歸交互作用模型之進一步介紹，見「★你不想知道的統計知識(21)★」，p.400）。

接下來所示範的，即是上述程序的實際操作。我們將以檢驗：「『外貌』(X_1)、『交往時間』(X_2)、『性別』(D)對『吸引力』(Y)的交互作用效果」為例。

Step 1　三階交互作用迴歸（有虛擬變項）

執行此統計前，請務必確認你的間斷變項只有兩組，且編碼為1, 0。

點選【分析 / Analysis】→【描述性統計資料 / Descriptive Statistics】→【描述性統計資料 / Descriptives】。（如圖12-1）

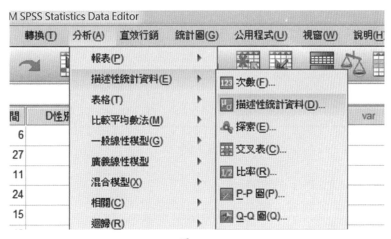

圖12-1

Step 2　三階交互作用迴歸（有虛擬變項）

1. 將連續屬性的自變項（X1外貌、X2交往時間）放入【變數 / Variable(s)】欄位中。（如圖12-2）
2. 按【確定 / OK】即可得圖12-3之結果。
3. 抄下「X1外貌」、「X2交往時間」的平均數。

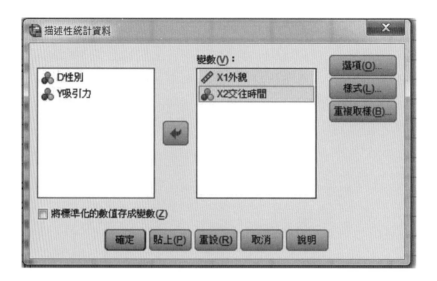

圖12-2

描述性統計資料

	N	最小值	最大值	平均數	標準偏差
X1外貌	150	3	29	15.05	5.058
X2交往時間	150	1	27	15.47	4.608
有效的N（listwise）	150				

圖12-3

 Step 3　　三階交互作用迴歸（有虛擬變項）

產生交互作用項。

1. 點選【轉換／Transform】→【計算變數／Compute Variable】。（如圖12-4）

2. 在【目標變數／Target Variable】輸入「X1X2交互作用」（可自行決定此名稱）。

3. 在【數值表示式／Numeric Expression】輸入「(X1外貌 − 15.05) * (X2交往時間 − 15.47)」（「X1外貌」和「X2交往時間」是本範例的變項名稱，15.05和15.47為上一步驟得到的平均值，你必須依據資料的變項名稱及所得到的平均值來做輸入）。（如圖12-5）

4. 按【確定／OK】即產生了交互作用項。此時你若去檢視資料，將發現多了一個「X1X2交互作用」的變項欄位，此一變項即是交互作用項。

5. 重複1～4步驟，分別依下表方式輸入，產生所有交互作用項。注意，只有連續變項X_i要減去平均值，所有間斷變項D都不必減平均值。

在【目標變數】欄輸入 （可自行決定變項名稱）	在【數值表示式】欄輸入 （平均值請依Step 2所得結果輸入）
X1D交互作用	(X1外貌 − X1平均值) * D性別
X2D交互作用	(X2交往時間 − X2平均值) * D性別
X1X2D交互作用	(X1外貌 − X1平均值) * (X2交往時間 − X2平均值) *D性別

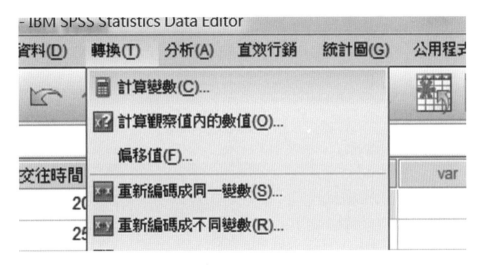

圖12-4

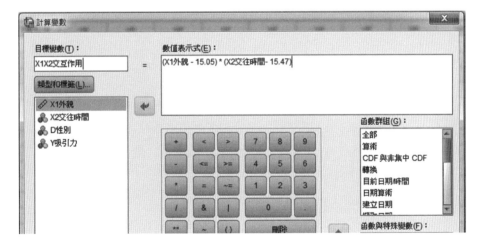

圖12-5

Step 4 三階交互作用迴歸（有虛擬變項）

點選【分析 / Analysis】→【迴歸 / Regression】→【線性 / Linear】。（如圖12-6）

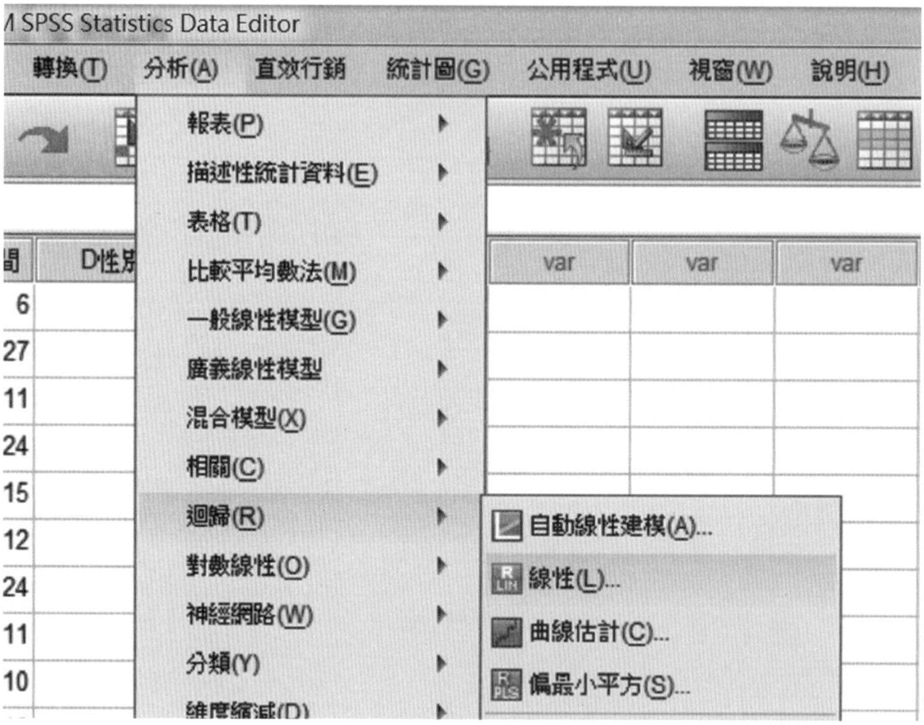

圖12-6

Step 5 三階交互作用迴歸（有虛擬變項）

1. 將自變項（X1外貌、X2交往時間、D性別）放入【自變數 / Independent(s)】欄位中。

2. 將依變項（Y吸引力）放入【因變數 / Dependent】欄位中。（如圖12-7）

3. 點擊【下一個 / Next】。

圖12-7

Step 6　三階交互作用迴歸（有虛擬變項）

1. 將二階交互作用項（X1 X2交互作用、X1D交互作用、X2D交互作用）放進【自變數／Independent(s)】欄位中。（如圖12-8）
2. 點擊【下一個／Next】。

圖12-8

Step 7　三階交互作用迴歸（有虛擬變項）

1. 將三階交互作用項（X1X2D交互作用）放進【自變數／Independent(s)】欄位中。（如圖12-9）

2. 點擊【統計資料／Statistics】。

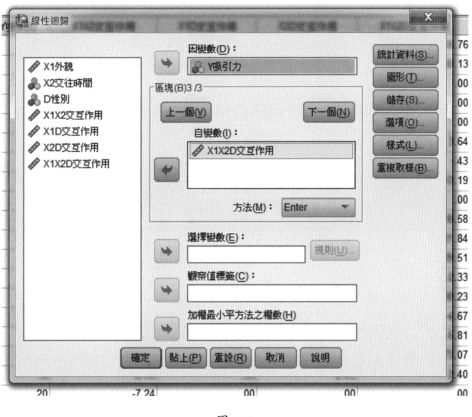

圖12-9

Step 8　三階交互作用迴歸（有虛擬變項）

1. 勾選【R平方改變量 / R squared change】、【共線性診斷 / Collinearity diagnostics】、【共變異數矩陣 / Covariance matrix】。（如圖12-10）

2. 點擊【繼續 / Continue】，畫面將返回圖12-9。

3. 點擊【確定 / OK】，即完成分析。獲得如圖12-11之分析結果。

圖12-10

模型摘要

模型	R	R平方	調整後 R平方	標準偏斜度錯誤	變更統計資料				
					R平方變更	F值變更	df1	df2	顯著性F值變更
1	.504[a]	.254	.239	3.703	.254	16.612	3	146	.000
2	.548[b]	.301	.271	3.624	.046	3.147	3	143	.027
3	.580[c]	.336	.303	3.543	.036	7.607	1	142	.007

變異數分析[a]

模型		平方和	df	平均值平方	F	顯著性
1	迴歸	683.403	3	227.801	16.612	.000[b]
	殘差	2002.071	146	13.713		
	總計	2685.473	149			
2	迴歸	807.409	6	134.568	10.246	.000[c]
	殘差	1878.064	143	13.133		
	總計	2685.473	149			
3	迴歸	902.903	7	128.986	10.275	.000[d]
	殘差	1782.571	142	12.553		
	總計	2685.473	149			

圖12-11

係數[a]

模型		非標準化係數		標準化係數	T	顯著性	共線性統計資料	
		B	標準錯誤	Beta			允差	VIF
1	（常數）	8.803	1.272		6.922	.000		
	X1外貌	.338	.062	.403	5.456	.000	.935	1.069
	X2交往時間	.090	.068	.097	1.321	.188	.941	1.062
	D性別	1.718	.610	.203	2.814	.006	.982	1.018
2	（常數）	11.003	1.718		6.403	.000		
	X1外貌	.267	.086	.318	3.094	.002	.462	2.166
	X2交往時間	.023	.097	.025	.233	.816	.440	2.274
	D性別	1.668	.598	.197	2.791	.006	.981	1.020
	X1X2交互作用	-.028	.012	-.167	-2.356	.020	.972	1.029
	X1D交互作用	.186	.121	.155	1.532	.128	.475	2.105
	X2D交互作用	.135	.137	.106	1.012	.331	.444	2.253
	（常數）	11.019	1.680		6.559	.000		
	X1外貌	.293	.085	.350	3.452	.001	.456	2.193
	X2交往時間	.010	.095	.010	.101	.919	.439	2.279
	D性別	1.327	.597	.157	2.222	.028	.939	1.065
	X1X2交互作用	-.062	.017	-.368	-3.659	.000	.462	2.164
	X1D交互作用	.140	.120	.117	1.169	.244	.466	2.147
	X2D交互作用	.132	.131	.103	1.007	.316	.444	2.253
	X1X2D交互作用	.064	.023	.280	2.758	.007	.453	2.209

⑪ （Beta欄標示） ⑫ （顯著性欄標示）

⑧ ③ ④ ⑤

係數相關性[a]

模型		D性別	X2交往時間	X1外貌	X1X2交互作用	X1D交互作用	X2D交互作用	X1X2D交互作用
1	相關 D性別	1.000	-.063	-.101				
	X2交往時間	-.063	1.000	-.226				
	X1外貌	-.101	-.226	1.000				

（中間略）

模型		D性別	X2交往時間	X1外貌	X1X2交互作用	X1D交互作用	X2D交互作用	X1X2D交互作用
3	相關 D性別	1.000	-.033	-.095	.174	.027	.003	-.207
	X2交往時間	-.033	1.000	-.255	.068	.181	-.728	-.049
	X1外貌	-.095	-.255	1.000	-.154	-.709	.186	.111
	X1X2交互作用	.174	-.068	-.154	1.000	.109	-.500	-.724
	X1D交互作用	.027	.181	-.709	.109	1.000	-.224	-.139
	X2D交互作用	.003	-.728	.186	-.500	-.224	1.000	-.010
	X1X2D交互作用	-.207	-.049	.111	-.724	-.139	-.010	1.000
	共變異 D性別	.357	-.002	-.005	.002	.002	.000	-.003
	X2交往時間	-.002	.009	-.002	.000	.002	-.009	.000
	X1外貌	-.005	-.002	.007	.000	-.007	.002	.000
	X1X2交互作用	.002	.000	.000	.000	.000	.000	.000
	X1D交互作用	.002	.002	-.007	.000	.014	-.004	.000
	X2D交互作用	.000	-.009	.002	.000	-.004	.017	-3.046E-5
	X1X2D交互作用	-.003	.000	-.000	.000	.000	-3.046E-5	.001

⑦

圖12-11（續）

12-3 統計報表解讀

　　為了避免你迷失在大量的訊息中，以下僅解釋三階交互作用迴歸，特別需要注意的報表結果；有關一般性迴歸分析結果的詳細解讀，請參考本書「單元6-3：統計報表解讀」（p.65）。

　　統計報表（圖12-11）中的各項數值意義如下（請注意，以下的①、②……等數字，和圖12-11統計報表中的①、②……是相對應的，互相參照就可以解讀統計報表囉）：

① 【整體迴歸模式的解釋力】：模型1表示第一層迴歸的結果；那一行對應的「R^2」和「調整後R^2」，是自變項「X1外貌」、「X2交往時間」與「D性別」對依變項「Y吸引力」的解釋力。模型2表示第二層迴歸的結果，那一行對應的「R^2」和「調整後R^2」，是「X1、X2、D」加上「X1X2、X1D、X2D三個交互作用」對依變項「Y吸引力」的解釋力。模型3表示第三層迴歸的結果，那一行對應的「R^2」和「調整後R^2」，是「X1、X2、D」加上「X1X2、X1D、X2D三個交互作用」再加上「X1X2D交互作用」對依變項「Y吸引力」的解釋力。

② 【增加解釋力的檢定】：檢定每一層迴歸，相對於前一層迴歸，所增加的解釋力是否顯著。「R^2變更」是每一層迴歸，相對於前一層迴歸增加了多少解釋量（注意，「R^2變更」和「R^2」是不同的東西喔），「R^2變更」在統計上習慣以ΔR^2表示之（Δ讀作delta）；「F值變更」是檢定「R^2變更」是否顯著的檢定值，「df1, df2」是自由度。其中標示⑩的「顯著性F值變更」是*p*值。若「顯著性F值變更」< .05，表示某一層迴歸，相對於前一層迴歸，所增加的解釋力是顯著的；若「顯著性F值變更」≧ .05，表示不顯著。例如，第二層迴歸（加入「X1X2、X1D、X2D三個交互作用」後），相較於第一層迴歸（只放入自變項「X1外貌、X2交往時間、D性別」時），增加了「R^2變更」(ΔR^2) = .04的解釋量，而且這個增加解釋量是顯著的，$F(3, 143) = 3.14, p = .027$，以此類推。

③ 【迴歸係數】：每個變項「個別」對依變項Y吸引力的解釋力。其中B是非標準化迴歸係數，Beta是標準化迴歸係數。

④ 【迴歸係數的檢定】：考驗每個變項「個別」對Y的解釋力是否顯著。「T」是檢定值，「顯著性」是 *p*值。若「顯著性」< .05，表示「某一變項對Y吸引力的解釋力」是顯著的；若「顯著性」≧ .05，表示不顯著。

⑤ 【共線性診斷結果】：當VIF高於10時，可能有多元共線性（multicollinearity）問

題，此時此迴歸分析結果不可靠，必須做進一步處理，重新進行迴歸分析。（見「★你不想知道的統計知識(15)★」，p.397）

12-4 論文中的表格呈現

在論文中，若需要用表格的方式呈現三階交互作用迴歸的結果，可以依據表格範例12-1，對照圖12-11填入相對應數據。目前學術界有很多種不同的交互作用表格呈現方式，我們建議完整地呈現各步驟所得的迴歸係數，此時，某些變項會有多組迴歸係數（如本例中的X1外貌、X2交往時間、D性別，在第一層、第二層、第三層迴歸中都有一組迴歸係數），這是正常的。

特別注意，在表格範例12-1中，「顯著性」是以打「＊」號的方式來表達的，＊表示顯著性＜.05、＊＊表示顯著性＜.01、＊＊＊表示顯著性＜.001。你必須參照統計報表結果（即「顯著性」欄位），來為 β 和 R^2 值標上「＊」號（表格範例可於本書網頁下載，相關下載請見本書封底說明）。

表格範例12-1

外貌、交往時間及性別對吸引力之交互作用分析

	吸引力	
	$\triangle R^2$	β
Step 1	.25***	
X1外貌		.40***
X2交往時間		.09
D性別		.20**
Step 2	.04*	
X1		.31**
X2		.02
D		.19**
X1X2		-.16*
X1D		.15
X2D		.10

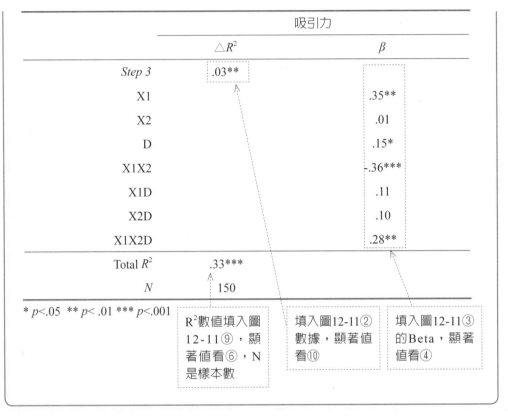

	吸引力	
	$\triangle R^2$	β
Step 3	.03**	
X1		.35**
X2		.01
D		.15*
X1X2		-.36***
X1D		.11
X2D		.10
X1X2D		.28**
Total R^2	.33***	
N	150	

* $p<.05$ ** $p<.01$ *** $p<.001$

R²數值填入圖12-11⑨，顯著值看⑥，N是樣本數

填入圖12-11②數據，顯著值看⑩

填入圖12-11③的Beta，顯著值看④

12-5 繪圖及單純斜率檢定

一、三階交互作用的繪圖及檢定

　　如果你的三階交互作用項不顯著，那麼你可以跳過此說明。如果你的三階交互作用項顯著，則(1)若是只有一個間斷變項，請使用本書所附Excel 12-1進行繪圖及單純斜率（simple slope）檢定（Excel請至本書的網頁下載，相關下載請見本書封底說明）；(2)若是有兩個間斷變項，請使用本書所附Excel 12-2進行繪圖及單純斜率檢定。本書範例中，由於「X1X2D交互作用」效果是顯著的，因此我們以Excel 12-1繪圖，結果如圖12-12。特別注意，為了完整表達三階交互作用，圖會有兩張；以本書範例來說，一張是「男性組」的「外貌×交往時間」交互作用圖，一張是「女性組」的「外貌×交往時間」交互作用圖。

　　繪圖時需要填註圖12-11⑦的「共變異」，這部分比較複雜，說明如下：

　　(1)請對照圖12-11⑦，找出橫軸為X1、縱軸為X1，兩者所交會處的「共變異」（Covariances）數值，並填入Excel 12-1中（若有兩個間斷變項，請使用Excel

12-2）。

(2)請注意，將圖12-11⑦數據填入Excel時，數據必須完整，不可以四捨五入。不論你在SPSS報表上肉眼看到的數字爲何，**請勿手動輸入Excel**。請在SPSS結果檔該數據細格內，利用「快速點兩下左鍵」，然後「再點一下左鍵」的方式，使該細格成爲可編輯模式，然後右鍵複製完整數據到Excel 12-1（或Excel 12-2）中。

(3)依上述原則，分別找出「橫X1、縱X1X2」，「橫X1X2、縱X1」，「橫X1D、縱X1」……以此類推，直到填滿Excel 12-1（或Excel 12-2）中的16個對應「共變異」數值。

二、二階交互作用繪圖及檢定

進行三階的迴歸分析時，如果你沒有任何二階交互作用顯著，可以跳過此說明。如果你的某些二階交互用作用顯著了，想要繪製二階交互作用圖；此時，如果這兩個變項都是間斷變項，請參考單元18進行二因子變異數分析及繪圖。如果這兩個變項都是連續變項請使用本書所附的Excel 12-3，如果兩個變項是連續、間斷變項各一，請使用Excel 12-4，進行單純斜率考驗並繪圖（Excel請至本書網頁下載，下載方式見本書封底說明）。其操作方式和上面說的三階繪圖相同（其實本書的兩位作者並不完全同意這種作法；關於此作法之問題，見「★你不想知道的統計知識(24)★」，p.402）。

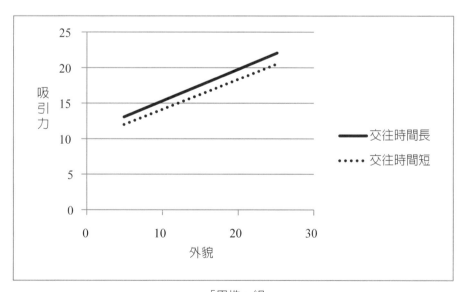

「男性」組

圖12-12

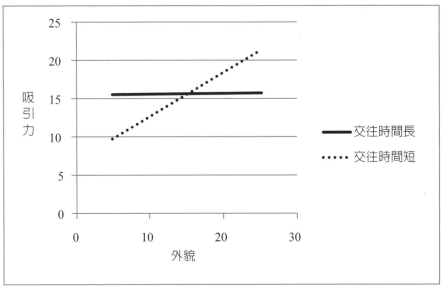

「女性」組

圖12-12（續）

12-6 分析結果的撰寫

在論文中，三階交互作用迴歸的結果可能會需要書寫以下內容：

(0) 三階交互作用迴歸統計的概述。

(1) 主效果。

(2) 二階交互作用效果：

　　(2-1) 二階交互作用分析。

　　(2-2) 單純斜率（若二階交互作用顯著）。

(3) 三階交互作用效果：

　　(3-1) 三階交互作用分析。

　　(3-2) 單純單純斜率（若三階交互作用顯著）。

書寫時請務必注意以下事項：

一、在書寫時的順序，「依序」是(0), (1), (2-1), (2-2), (3-1), (3-2)。也就是依上面
　　所條列的內容，由上而下的順序書寫。

二、請特別注意，你並不需要每一個效果都寫，請依照你論文中所關注的問題

（如果你不清楚，應該和指導教授討論），選取你需要書寫的部分，然後搭配以下書寫範例，組合出你所需的三階交互作用迴歸分析結果。

三、書寫範例中的X1, X2, D, Y，請依據你的研究內容，填入適切的變項及組別名稱。

四、關於呈現統計數據時的注意事項，請參考「★你不想知道的統計知識(1)★」，p.389。

五、部分統計學家認為當高階效果顯著時，不應該解釋低階效果，關於這一點，如果你不想知道，趕緊跳過。若你想瞭解，詳見「★你不想知道的統計知識(25)★」，p.403。

六、關於論文書寫時，交互作用迴歸係數呈現的進階說明，見「★你不想知道的統計知識(22)★」，p.400；以及「★你不想知道的統計知識(40)★」，p.412。

七、單純斜率的檢定公式，請見Aiken, L. S., & West, S. G. (1991). *Multiple regression: Testing and interpreting interactions*. Newbury Park, CA: Sage.

以下書寫範例中，標楷體的部分是論文中應該要書寫的內容，【】內的敘述，是對書寫方式的說明。

(0)【對三階交互作用迴歸的概述書寫】（一開始一定要寫）

以階層迴歸檢驗：X1、X2和D對Y之效果。分析結果如表XX【我們建議學位論文應呈現如「單元12-4」所示範之統計表格，因為裡面包含了整體迴歸模型的效果量】。分析結果顯示，X1、X2和D的主要效果可以解釋Y變異中的25%【將圖12-11②中的第一個「R平方變更」換成百分比】，$F(3, 146) = 16.61$, $p < .001$【填入圖12-11②⑩數值】【若不顯著，請加一句：「然而此一效果並不顯著」】。在控制了主要效果之後，X1*X2、X1*X3、X2*X3的交互作用可以增加4%的Y變異【將圖12-11②中的第二個「R平方變更」換成百分比】，$F(3, 143) = 3.14$, $p = .027$【填入圖12-11②⑩數值】【若不顯著，請加一句：「然而此一效果並不顯著」】。而在控制了主要效果及二階交互作用項之後，X1*X2*X3可以增加3%的Y變異【將圖12-11②中的第三個「R平方變更」換成百分比】，$F(1, 142) = 7.60$, $p = .007$【填入圖12-11②⑩數值】【若不顯著，請加一句：「然而此一效果並不顯著」。】。

---

(1)【主效果分析】（論文關注的主效果才要寫，以X1爲例）

> 　　就主要效果而言，X1對Y有顯著解釋力（β = .35, p = .001）【填入圖12-11 ⑪⑫，並寫出是否顯著】，顯示X1愈高，Y也愈高【若不顯著這句不必寫。若顯著，當β值爲正時，寫：「X1愈高，Y也愈高」。當β值爲負時，寫：「X1愈高，Y愈低」】【以此類推，你可以把所關注的主效果都寫出來；寫法都同前】。

(2-1)【二階交互作用分析】（若關注二階交互作用才要寫，以X1*X2爲例）

> 　　就二階交互作用而言，X1*X2的交互作用對Y有顯著解釋力（β = −.36, p < .001）。【填入圖12-11⑪⑫，並寫出是否顯著】【若交互作用不顯著，寫到這裡即可】【若交互作用顯著，請接著寫2-2】【以此類推，你可以把所關注的二階交互作用都寫出來；寫法都同前】。

(2-2)【單純斜率檢定】（若所關注的二階交互作用顯著才要寫，以X1*X2爲例）

> 　　由於X1*X2的交互作用顯著，進一步繪製交互作用圖，如圖XX【若交互作用不包含虛擬變項，則附上Excel 9-1繪製的圖。若交互作用包含虛擬變項，則附上Excel 10-1繪製的圖（雖然這單元是12，但必須使用單元9或10的Excel；進一步說明請見「★你不想知道的統計知識(24)★」，p.402】，單純斜率（simple slope）檢定顯示：當X2高時，X1對Y有顯著解釋力（b = 0.24, p = .002）。當X2低時，X1對Y有顯著解釋力（b = 0.50, p < .001）【填入 Excel 9-1「X2高分組」、「X2低分組」欄位中的檢定結果（使用Excel 10-1者請填相對應數據）】。由迴歸係數可見……【接下來對單純斜率的方向做說明，寫法見「★你不想知道的統計知識(23)★」，p.401】。

(3-1)【三階交互作用分析】（若關注三階交互作用才要寫）

> 　　就三階交互作用而言，X1*X2*D的交互作用對Y有顯著解釋力（β = .28, p =.007）【填入圖12-11⑪⑫，並寫出是否顯著】【如果三階交互作用不顯著，寫到這裡即可】【若三階交互作用顯著，請接著寫3-2】。

(3-2)【單純單純斜率檢定】（若三階交互作用顯著才要寫。以一個虛擬變項的
三因子交互作用為例，若你是二個虛擬變項的狀況，所有Excel 12-1部分需
改採用Excel 12-2）

　　三因子交互作用圖如圖XX【於論文中附上Excel 12-1繪製的圖】。單純單純
斜率（simple simple slope）檢定顯示：【以下開始，先寫D＝1的狀況】對D＝1而
言【在本範例中應寫作「對男性而言」，以下以此類推】，當X2高時，X1對Y有
顯著解釋力（b＝0.44, p < .001）【填入 Excel 12-1中「X2高D＝1」欄位中的檢定
結果】。當X2低時，X1對Y有顯著解釋力（b＝0.42, p < .001）【填入 Excel 12-1中
「X2低D＝1」欄位中的單純斜率檢定結果】；由迴歸係數可見……【接下來對單
純斜率的方向做說明，寫法見「★你不想知道的統計知識(23)★」，p.401】【D
＝1組寫到這邊結束，接下來開始寫D＝0組的狀況】對D＝0而言，當X2高時，X1
對Y並無顯著解釋力（b＝0.01, p = .93）【填入 Excel 12-1中「X2高D＝0」欄位
中的單純斜率檢定結果】。當X2低時，X1對Y有顯著解釋力（b＝0.57, p < .001）
【填入 Excel 12-1中「X2低D＝0」欄位中的單純斜率檢定結果】；由迴歸係數可
見……【接下來對單純斜率的方向做說明，寫法見「★你不想知道的統計知識
(23)★」，p.401】。

Unit 13

卡方檢定——兩間斷變項關聯

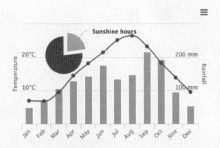

※請參考本書封底之說明，下載本單元中所使用的統計範例檔及工具檔。

13-1 卡方檢定概述

使用時機	卡方檢定，以希臘字母χ^2表示之，唸作Chi-Square（是「開」square，不是「七」square喔）。使用於：檢驗「兩個間斷變項X和Y之間是否具有關係」；或是「某一間斷變項X，在另一間斷變項Y的次數分布是否有差異。」（見表0-2，p.7）（關於統計上的「關係」和「差異」此二詞之意涵，見「★你不想知道的統計知識(26)★」，p.403。）
卡方檢定的例子	「科系（間斷變項X）和學生性別（間斷變項Y）間是否有關係。」或是也可以描述為：「不同科系（間斷變項X）的學生，在性別（間斷變項Y）比例上的分布是否有差異。」

13-2 SPSS操作

以下示範將以檢驗：「不同科系（間斷變項X）的學生，在性別（間斷變項Y）比例上的分布是否有顯著差異」為例。其中科系1 = 電機系、2 = 資工系、3 = 心理系。性別0 = 女生、1 = 男生。

Step 1 卡方

點選【分析 / Analysis】→【描述性統計資料 / Descriptive Statistics】→【交叉表 / Crosstabs】。（如圖13-1）

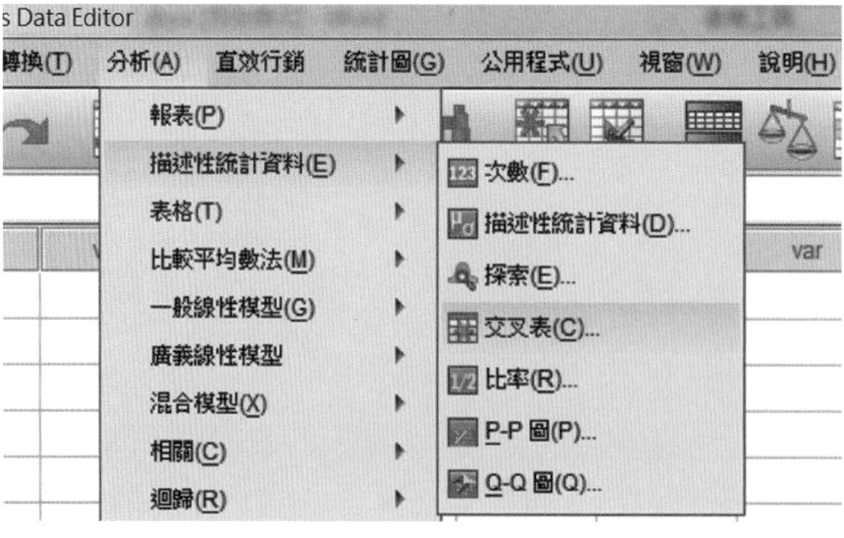

圖13-1

Step 2　卡方

1. 將自變項（X科系）放入【列 / Row(s)】欄位中。

2. 將依變項（Y性別）放入【直欄 / Column(s)】欄位中。（如圖13-2）

3. 點擊【統計資料 / Statistics】。

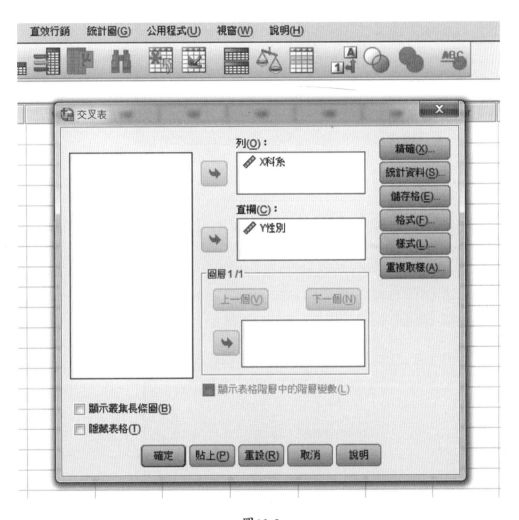

圖13-2

Step 3　卡方

1. 勾選【卡方 / Chi-square】和【Phi (φ) 值與克瑞瑪V / Phi and Cramer's V】。
   （如圖13-3）

2. 點擊【繼續 / Continue】畫面會回到圖13-2。

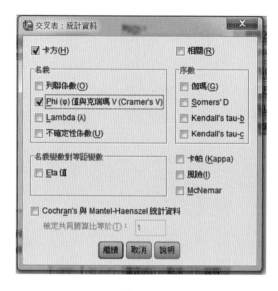

圖13-3

 Step 4　卡方

1. 畫面回到圖13-2後，點擊【儲存格／Cells】。

2. 勾選【列／Row】、【直欄／Column】。（如圖13-4）

3. 點擊【繼續／Continue】畫面會回到圖13-2。

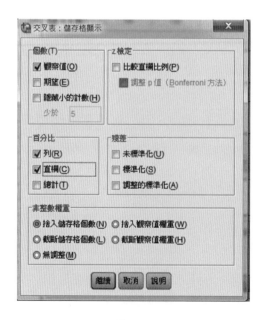

圖13-4

Step 5　卡方

(1) 點擊【精確／Exact】（部分SPSS版本可能無此選項，這並不影響一般卡方分析），進入頁面後再點擊【精確／Exact】。（如圖13-5）

(2) 點擊【繼續／Continue】畫面會回到圖13-2。

(3) 點擊【確定／OK】即完成分析。分析結果如圖13-6。

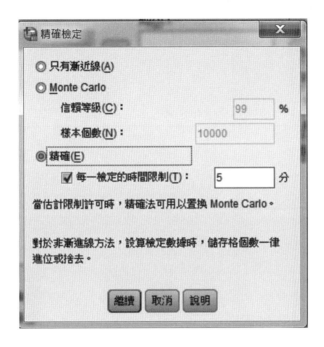

圖13-5

X科系與Y性別交叉列表

			Y性別		總計
			0	1	
X科系	1	計數	2	10	12
		X科系內的%	16.7%	83.3%	100.0%
		Y性別內的%	6.3%	22.7%	15.8%
	2	計數	6	18	24
		X科系內的%	25.0%	75.0%	100.0%
		Y性別內的%	18.8%	40.9%	31.6%
	3	計數	24	16	40
		X科系內的%	60.0%	40.0%	100.0%
		Y性別內的%	75.0%	36.4%	52.6%
總計		計數	32	44	76
		X科系內的%	42.1%	57.9%	100.0%
		Y性別內的%	100.0%	100.0%	100.0%

① ② ③

圖13-6

卡方測試

	數值	df	漸近顯著性（2端）	精確顯著性（2端）	精確顯著性（1端）	點機率
皮爾森（Pearson）卡方	11.321[a]	2	.003	.003		
概似比	11.809	2	.003	.004		
費雪（Fisher）確切檢定	11.091			.004		
線性對線性關聯	10.125[b]	1	.001	.001	.001	.001
有效觀察值個數	76					

a.0資料格（0.0%）預期計數小於5。預期的計數下限為5.05。

b.標準化統計資料為-3.182。 ④   ⑦ ⑤   ⑥

⑧

對稱的測量

		數值	大約顯著性	精確顯著性
名義變數對名義變數	Phi	.386	.003	.003
	克瑞碼V（Cramer's V）	.386	.003	.003
有效觀察值個數		76		

圖13-6（續）

13-3 統計報表解讀

　　分析結果報表（圖13-6）中的各項數值意義如下（請注意，以下的①、②……等數字，和圖13-6統計報表中的①、②……是相對應的，互相參照就可以解讀統計報表囉）：

① 【各細格人數】。例如：科系為1且性別為0者，有2人。科系為1且性別為1者，有10人，以此類推。

② 【X的某一組人在Y上分布百分比】：例如，科系為1時，性別為0者占所有科系為1者的16.7%，性別為1者占所有科系為1者的83.3%。科系為2時，性別為0者占所有科系為2者的25.0%，性別為1者占所有科系為2者的75.0%，以此類推。

③ 【Y的某一組人在X上分布百分比】：例如，性別為0時，科系為1者占所有性別為0者的6.3%，科系為2者占所有性別為0者的18.8%，科系為3者占所有性別為0者的75.0%，以此類推。

④⑤⑥【檢定值】，此時要先看④，再決定你該看⑤或是⑥其中一個：

(1)若④顯示「0資料格預期計數小於5……」，則檢定值要看⑤。其中「數值」，即χ^2（卡方）值、「df」為自由度、「漸近顯著性」為p值。「漸近顯著性」< .05，表示不同科系（X）的學生，在性別（Y）比例上的分布有顯著差異；若「漸近顯著性」≧ .05，表示無顯著差異。

(2)若④顯示至少有≧1「資料格預期計數小於5……」，則檢定值要看⑥。此稱之為Fisher's精確檢定（Fisher's exact test；詳見「★你不想知道的統計知識(27)★」，p.404）。⑥所指的數值即是p值。$p < .05$，表示不同科系（X）的學生，在性別（Y）比例上的分布有顯著差異；若$p ≧ .05$，表示無顯著差異。

⑦【樣本數】。

⑧【效果量】：只要看第一行即可。「數值」為X和Y之相關（稱之為Phi相關）。「大約顯著性」是p值，顯著與否之判斷標準同⑤。

13-4 論文中的表格呈現

在論文中，若需要用表格的方式呈現卡方的結果，可以依據表格範例13-1，對照圖13-6填入相對應數據（表格範例可於本書網頁下載，相關下載請見本書封底說明）。

特別注意，圖13-6的②或③（百分比），只要擇一即可。你可以選擇對你的研究來說比較重要（或比較好解釋）的角度來填其中一組。例如表格範例13-1是選擇以「各系內，男女生分布情形」的角度來呈現資料，因此填註了圖13-6的②；你也可以選擇以「各性別內，科系的分布情形」之角度來呈現資料，此時就要填註圖13-6的③。

表格範例13-1

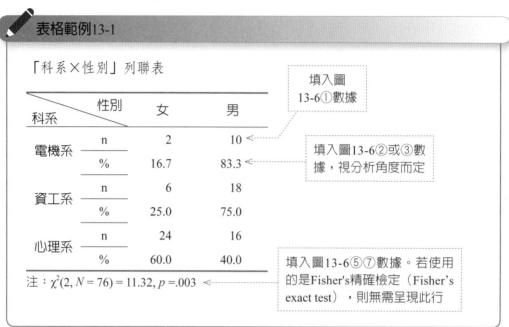

「科系×性別」列聯表

科系 \ 性別		女	男
電機系	n	2	10
	%	16.7	83.3
資工系	n	6	18
	%	25.0	75.0
心理系	n	24	16
	%	60.0	40.0

填入圖13-6①數據

填入圖13-6②或③數據，視分析角度而定

填入圖13-6⑤⑦數據。若使用的是Fisher's精確檢定（Fisher's exact test），則無需呈現此行

注：$\chi^2(2, N = 76) = 11.32, p = .003$

13-5 分析結果的撰寫

依據分析結果，可以用書寫範例13-1的格式來撰寫論文。

特別注意，如同表格呈現時一樣，由於卡方可以從X（科系）的角度來呈現，也可以從Y（性別）的角度呈現，你只要擇一即可。可以選擇對你的研究來說比較重要（或比較好解釋）的角度來書寫論文。例如書寫範例13-1是以「各系內，男女生分布情形」的角度來呈現；你也可選擇以「各性別內，科系的分布情形」之角度來呈現。當然你也可以兩個角度都呈現。以下書寫範例中，標楷體的部分是論文中應該要書寫的內容，【】內的敘述，是對書寫方式的說明。

書寫範例13-1[注]

　　以卡方分析檢驗各科系內不同性別的分布情形是否有顯著差異，分析結果如表XX【附上「單元13-4」所示範之統計表格】。分析結果顯示，不同科系的性別分布有【或「沒有」】顯著差異，$\chi^2(2, N = 76) = 11.32, p = .003, Phi = .38$【填入圖13-6⑤⑦⑧，並說明是否顯著】【若使用的是Fisher's精確檢定，則無需呈現卡方檢定結果，並改寫成：「由於有細格期望人數小於5，因此以Fisher's精確檢定（Fisher's exact test）加以檢驗，結果顯示不同科系的性別分布有顯著差異（$p = .004$）」（填入圖13-6⑥並說明顯著與否）】【若不顯著，寫到此即可，無須往下寫】。電機系的男性比率（83.3%）高於女性（16.7%）、資工系的男性比率（75.0%）高於女性（25.0%）、心理系則是女性比率（60%）高於男性（40%）【填入圖13-6②或③，並就你的研究所關注的問題說明百分比方向】。

注　關於呈現統計數據時的注意事項，請參考「★你不想知道的統計知識(1)★」（p.389）。

Unit 14

因素分析（斜交）

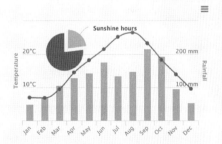

※請參考本書封底之說明，下載本單元中所使用的統計範例檔及工具檔。

14-1 因素分析概述

使用時機	因素分析（factor analysis）是以統計的方法，對多個觀察變項（通常指的是問卷題目）進行歸類，使其縮減成更少的向度（這些向度就稱之為因素）。（關於「探索性」和「驗證性」因素分析，見「★你不想知道的統計知識(28)★」，p.404。）
請務必閱讀！ 正交轉軸 與 斜交轉軸	「斜交轉軸」（oblique rotation）是假設因素之間**相關不為零**而進行的因素分析；「正交轉軸」（orthogonal rotation）是假設因素之間**相關為零**所進行的因素分析。你應該要依自己的研究主題，選擇「斜交轉軸」（本書單元14）或「正交轉軸」（本書單元15）。例如你的問卷包含了10題，測了兩種人格特質：外向性和神經質，如果你認為外向性和神經質間的相關為零，則在對這10個題目進行因素分析時，應該使用「正交轉軸」，若你認為兩者間相關不是零，則應該使用「斜交轉軸」。如果你並沒有判斷的把握時，**就社會科學的特性**，我們建議大部分的情況應該使用「斜交轉軸」。
因素分析所需的最少題數	如果要自編問卷或量表，建議每個因素至少要有四個題目[注1]，因此，如果預期要測五個因素，每個因素要至少有四題，總共至少有20題。
因素分析所需的最少樣本數	簡單的建議標準是題數的五倍，但不少於100[注2]。如果有19題，建議樣本數是100以上（19×5 = 95，少於100，取100），而如果有24題，則建議是120以上。基於模擬研究發現，目前不少學者主張樣本數應視題目品質（預期的題目負荷量）而定[注1]，你可以參考相關文獻看到較複雜但更適切的建議。
請務必閱讀！ 因素分析常犯的錯誤	關於執行「因素分析」時常犯的錯誤，見「★你不想知道的統計知識(29)★」（p.405）。
斜交轉軸因素分析的例子	(1) 某「領導風格量表」下的20個題目，是在測量幾種領導風格？（如果有文獻或是你的判斷，認為領導風格的子向度間相關不為零。） (2) 某「意義追尋量表」有28個題目，以因素分析探索，人們在追尋生命意義時，有幾種不同的方式？（如果有文獻或是你的判斷，認為意義追尋的子向度間相關不為零。）

14-2 SPSS操作

以下示範將以某「意義追尋量表」（包含28個題目）為例，用斜交因素分析的方式，探索這28個題目測量幾種向度（因素）。

Step 1　斜交因素分析

請特別注意，在進行因素分析之前，**請務必對所有反向題進行轉換**，才不會影

注1　Fabrigar, L. R., Wegener, D. T., MacCallum, R. C., & Strahan, E. J. (1999). *Evaluating the use of exploratory factor analysis in psychological research.Psychological methods, 4*(3), 272～299.

注2　Gorsuch, R. L. (1983). *Factor analysis* (2nd). Hillsdale, NJ: LEA.

響後續的報表解讀及因素命名。有關反向題轉換，請參考單元1-6。

　　由於因素分析後，你必須根據問卷題目的內容，進行「因素命名」，因此我們建議將問卷題目（含題號，如果題目太長可以只呈現關鍵字）拷貝或輸入SPSS資料檔中的【標籤／Label】欄位中。這個步驟可以讓你在因素命名時比較輕鬆。但這並不是因素分析的必要步驟，你也可以跳過它，從Step 2開始進行因素分析，不過我們建議你要做這一步。

1. 點選【變數視圖／Variable view】。
2. 將問卷題目拷貝或輸入【標籤／Label】欄位中。（如圖14-1）

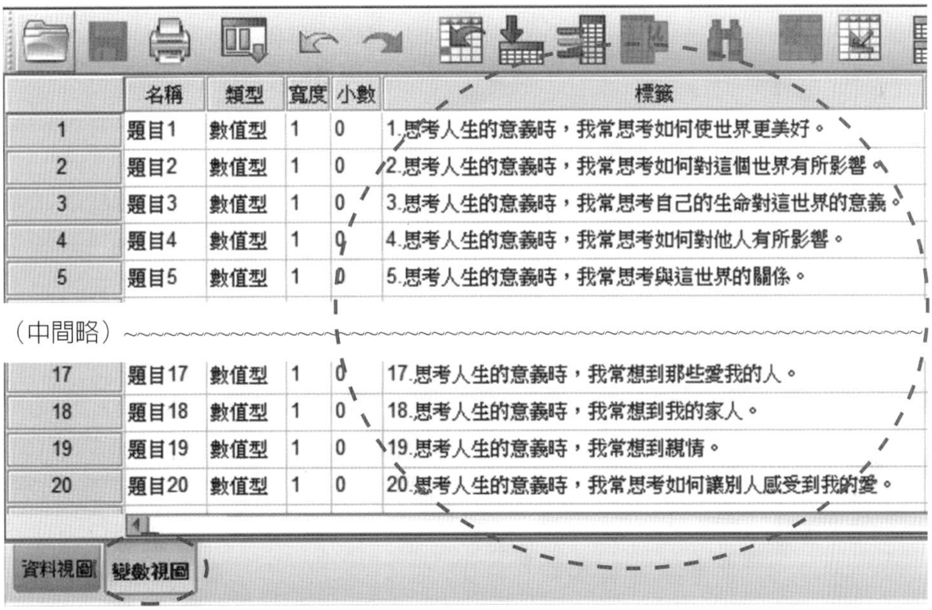

	名稱	類型	寬度	小數	標籤
1	題目1	數值型	1	0	1.思考人生的意義時，我常思考如何使世界更美好。
2	題目2	數值型	1	0	2.思考人生的意義時，我常思考如何對這個世界有所影響。
3	題目3	數值型	1	0	3.思考人生的意義時，我常思考自己的生命對這世界的意義。
4	題目4	數值型	1	0	4.思考人生的意義時，我常思考如何對他人有所影響。
5	題目5	數值型	1	0	5.思考人生的意義時，我常思考與這世界的關係。
（中間略）					
17	題目17	數值型	1	0	17.思考人生的意義時，我常想到那些愛我的人。
18	題目18	數值型	1	0	18.思考人生的意義時，我常想到我的家人。
19	題目19	數值型	1	0	19.思考人生的意義時，我常想到親情。
20	題目20	數值型	1	0	20.思考人生的意義時，我常思考如何讓別人感受到我的愛。

資料視圖　變數視圖

圖14-1

Step 2 　斜交因素分析

　　點擊【分析／Analysis】→【維度縮減／Dimension Reduction】→【因素／Factor】。（如圖14-2）

Step 3 　斜交因素分析

1. 將所要分析的題目，放進【變數／Variables】欄位中。（可以用「shift + 左鍵」批次選擇）（如圖14-3）
2. 點擊【擷取／Extraction】。

圖14-2

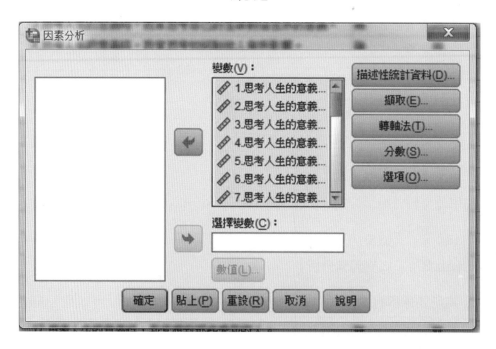

圖14-3

Step 4　斜交因素分析

1. 勾選【陡坡圖 / Scree Plot】。（如圖14-4）
2. 點擊【繼續 / Continue】，畫面會返回圖14-3。
3. 點擊【確定 / OK】。會得到第一次因素分析結果。

（因素分析至少要跑兩次才能得到正確結果，見「★你不想知道的統計知識 (29)★」，p.405）

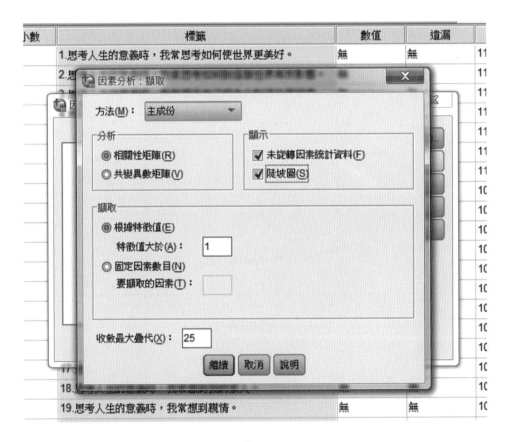

圖14-4

Step 5　斜交因素分析

1. 因素分析的報表很複雜，但在這個階段，你只需要看陡坡圖。（如圖14-5）
2. 陡坡圖的解讀，是為了決定因素數目。其原則為：

(1) 從線開始變平緩的那個點開始，往左算有多少個點（不含變平緩的那個

點），就取多少個因素。

(2) 若有兩個以上的平緩點，可先以最左邊的爲準，但須意識到右邊的點也有可能。

3. 以圖14-5爲例，應該要取4個因素。

4. 決定因素數目後，我們要再進行第二次的因素分析。

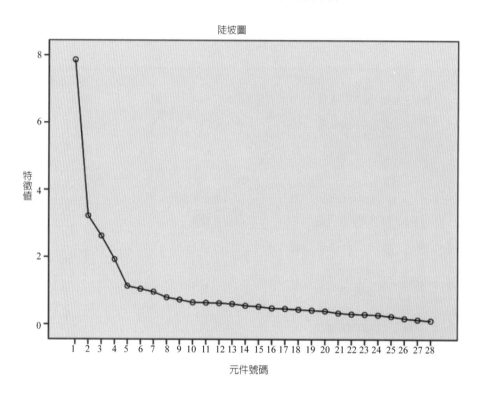

圖14-5

Step 6 斜交因素分析

1. 重複Step2點擊【分析／Analysis】→【維度縮減／Dimension Reduction】→【因素／Factor】。

2. 重複Step3將所要分析的題目，放進【變數／Variables】欄位中。

3. 點擊【擷取／Extraction】。

4. 在【方法／Method】選擇【主軸因素／Principle Axis Factoring】。

5. 點擊【固定因素數目／Fix number of factors】。

6. 在【要擷取的因素／Factors to Extract】輸入依據陡坡圖所決定的因素數目值

（在本範例中為4）。

7. 將【收斂最大疊代 / Maximum Iterations for Convergence】改成「999」。（如圖14-6）

8. 點擊【繼續】。

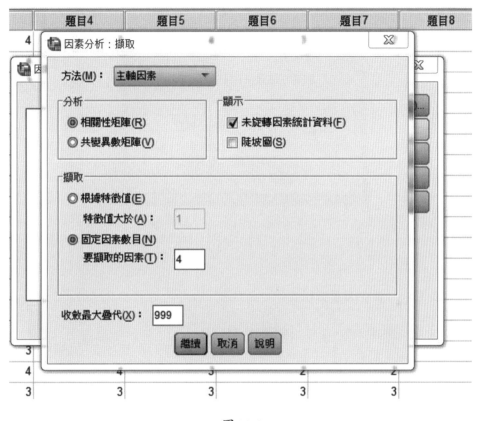

圖14-6

Step 7 　斜交因素分析

1. 畫面回到圖14-3後，點擊【描述性統計資料 / Descriptives】。

2. 勾選【KMO與Bartlett的球形檢定 / KMO and Bartlett's test of sphericity】。（如圖14-7）

3. 點擊【繼續 / Continue】。

圖14-7

Step 8　　斜交因素分析

1. 畫面回到圖14-3後，點擊【轉軸法 / Rotation】。

2. 點擊【Promax】。

3. 將【收斂最大疊代 / Maximum Iterations for Convergence】改成「999」。（圖 14-8）

4. 點擊【繼續 / Continue】。

Step 9　　斜交因素分析

1. 畫面回到圖14-3後，點擊【選項 / Options】。

2. 勾選【依據因素負荷排序 / Sorted by size】。（圖14-9）

3. 點擊【繼續 / Continue】，畫面將回到圖14-3。

4. 點擊【確定 / OK】。打完收工！分析結果如圖14-10。

圖14-8

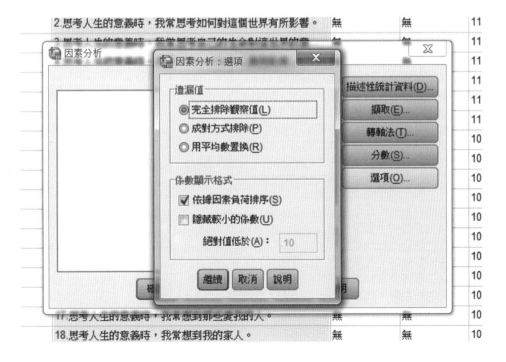

圖14-9

KMO與Bartlett檢定

Kaiser-Meyer-Olkin測量取樣適當性		.870
Bartlett的球形檢定	大約卡方	4028.013
	df	378
	顯著性	.000

①

⑤

說明的變異數總計

因素	起始特徵值			擷取平方和載入			循環平方和載入[a]
	總計	變異的%	累加%	總計	變異的%	累加%	總計
1	7.861	28.076	28.076	7.400	26.427	26.427	5.878
2	3.224	11.516	39.591	2.837	10.133	36.560	5.041
3	2.624	9.371	48.962	2.068	7.386	43.946	4.791
4	1.929	6.890	55.852	1.470	5.250	49.196	3.623
5	1.132	4.042	59.893				
6	1.047	3.739	63.632				
7	.960	3.428	67.060				
8	.795	2.841	69.901				

（以下略）

②

③

型樣矩陣[a]

	因素			
	1	2	3	4
26.思考人生的意義時，我常想要功成名就。	.923	.026	-.085	-.086
27.思考人生的意義時，我常想要如何出人頭地。	.890	.017	-.090	-.009
24.思考人生的意義時，我常思考如何追求幸福。	.863	-.031	.009	-.019
25.思考人生的意義時，我常思考要有一番作為。	.848	-.073	-.006	.030
22.思考人生的意義時，我常想要如何追求成就。	.791	-.022	.025	-.096
23.思考人生的意義時，我常思考如何能獲得別人的敬重。	.610	.054	.072	.043
28.思考人生的意義時，我常思考如何超越自己。	.464	-.017	.124	.223
19.思考人生的意義時，我常想到親情。	-.039	.903	-.093	-.057
18.思考人生的意義時，我常想到我的家人。	-.016	.874	-.041	-.092
17.思考人生的意義時，我常想到那些愛我的人。	.031	.791	-.053	.040
16.思考人生的意義時，我常想到友情。	-.022	.692	.046	.002
15.思考人生的意義時，我常想到那些我所愛的人。	-..081	.681	.120	.031
20.思考人生的意義時，我常思考如何讓別人感受到我的愛。	.119	.482	.057	.085
21.思考人生的意義時，我常思考自己與他人的關係。	-..009	.367	.200	.147
8.思考人生的意義時，我常想如何才能過得開心。	-.122	-.041	.794	-.065
10.思考人生的意義時，我常想到自己是否快樂。	-.097	.027	.719	-.011

（以下略）

圖14-10

係數相關性矩陣

因素	1	2	3	4
1	1.000	.312	.467	.339
2	.312	1.000	.432	.325
3	.467	.432	1.000	.241
4	.339	.325	.241	1.000

④

擷取方法：主體軸係數。
轉軸方法：具有Kaiser正規化的Promax轉軸法。

圖14-10（續）

14-3 統計報表解讀

　　因素分析的結果相當龐雜，圖14-10只呈現論文寫作時，需要注意的報表結果。要特別注意，報表中有很多個矩陣，在**斜交轉軸**時，主要看「**型樣矩陣**」（**Pattern Matrix**）。報表中的各項數值意義如下（請注意，以下的①、②……等數字，和圖14-10統計報表中的①、②……是相對應的，互相參照就可以解讀統計報表囉）：

① 【KMO和Bartlett球形檢定】：檢驗資料是否適合進行因素分析；「Kaiser-Meyer-Olkin 測量取樣適當性」數值若低於.5，表示完全不適合（unacceptable），.5到.6之間是不太適合（miserable），.6到.7間是勉強適合（mediocre），.7到.8間還算適合（middling），.8到.9間表示適合（meritorious），高於 .9，表示相當適合（marvelous）[註3]。

② 【因素解釋量】：是所有因素的合計解釋量。以圖14-10②來說，四個因素合計能解釋資料49.19%的變異。請注意，斜交轉軸時SPSS所報告的看似個別因素解釋量（②左邊那一排），其實是轉軸前的因素解釋量，而非轉軸後個別因素的解釋量；因此，**斜交轉軸時不宜報告SPSS分析結果中的個別因素解釋量，只能報告合計解釋量**。

③ 【因素負荷量】：表中的數據稱之為因素負荷量（factor loading），即題目和因素之間的關聯程度。在**斜交轉軸**時，這些數據要看「**型樣矩陣**」（**Pattern Ma-**

註3 Dzubian, C. D., & Shirkey, E. C. (1974). When is a correlation matrix appropriate for factor analysis. *Psychological Bulletin, 81*(6), 358～361.

trix）中的數值。因素負荷量可以讓我們看出每個題目屬於那個因素。其做法見單元14-4。（關於不尋常的因素負荷量數值，請參見「★你不想知道的統計知識(30)★」，p.405）

④【因素間相關矩陣】：顧名思義，即是因素間的相關。由於斜交轉軸是假設因素間有相關，因此斜交轉軸時必須報告因素間相關。

⑤【特徵值】：特徵值（eigenvalue）是**轉軸前因素的變異數**，以圖14-10⑤來說，第一欄標示第幾個因素，第二欄則是對應的特徵值，本筆資料在轉軸前的第一個因素變異數（特徵值）是7.861，以此類推。特徵值依大小畫圖即成為陡坡圖，主要用來協助我們判斷應該取幾個因素。

14-4　哪些題目屬於哪個因素？因素如何命名？

　　因素分析的一個重要目的，是要知道哪些題目屬於共同的因素，而這個共同的因素到底測量的是什麼。這主要是藉由解讀因素負荷量來完成。詳細做法如下：

(1) 哪些題目屬於哪個因素

　　以圖14-10③來說，你可以看到第一個題目，它在第一因素上的負荷量是.923，然後往下逐漸遞減（.923, .890, .863……），到了.464後，數值突然掉到 -.039。這表示.923~.464這個區段的題目是屬於第一個因素。然後，你從剛才的 -.039往右邊看，會看到這個題目在第二因素上的負荷量是 .903，然後往下逐漸遞減（.903, .874, .791……），到了.367數值突然掉到 -.041。這表示 .903 ~ .367這個區段的題目是屬於第二個因素。然後重複上述步驟，就可以知道每個題目屬於哪個因素。

(2)因素的命名

　　確定哪些題目屬於哪一個因素後，接下來你要為因素命名，由於這些數據是沒有八字和命盤的，所以你不能請算命師來命名，而是要自己來。命名的方法就是看同一因素下的題目有沒有什麼共通之處，根據這些共通處來命名，而且愈是菜市場名愈好，不要取令狐沖、東方不敗這種華麗但罕見的名字，也不要取成因素一、因素二之類（就像不要把一家三兄弟取名為大寶、二寶、三寶一樣）；也就是因素名稱要老嫗能解、老少咸宜，人人能懂。例如從圖14-10可以看出，第一個因素的七個題目都和追求成就有關，所以命名為「追求成就」；第二個因素的七個題目都和關係有關，所以命名為「在乎關係」；以此類推。有時也會出現某一因素下的所有題目難以看出共通之處，此時可以退而求其次，看因素負荷量最高的那幾個題目的共

通之處，然後以此命名。

14-5 分析結果的撰寫

依據分析結果，可以用書寫範例14-1的格式來撰寫論文。以下書寫範例中，標楷體的部分是論文中應該要書寫的內容，【】內的敘述，是對書寫方式的說明。

書寫範例14-1[注4]

本資料Bartlett球形檢定結果顯示，變項間彼此並非無關聯（χ^2 = 4028.01, df = 378, p < .001），而KMO則為.870，顯示此資料適合進行因素分析【填入圖14-10①之數值；若未符合標準，你就不應該進行因素分析，見單元14-3①之說明】。利用特徵值（eigenvalue）大於一法則，應該取六個因素【看圖14-10⑤有多少特徵值大於1】，依據陡坡圖（scree plot）則應該取四個因素【依陡坡圖判斷填寫】；由於特徵值大於一常會造成因素數目高估（Fabrigar, Wegener, MacCallum & Strahan, 1999）[注5]，因此依據陡坡圖取四個因素。以主軸法（principle axis）抽取四個因素，進行最優斜交轉軸（promax），因素負荷量矩陣如表XX【附上圖14-10③之型樣矩陣（Pattern Matrix）】。由表XX可見，第一個因素包含七題，其內容多與追求成就有關（如「26.思考人生的意義時，我常想要功成名就。」、「27.思考人生的意義時，我常想要如何出人頭地。」），因此將其名為「追求成就」。第二個因素包含七題，其內容多與情感關係有關（如「19.思考人生的意義時，我常想到親情。」、「18.思考人生的意義時，我常想到我的家人。」），因此將其命名為「在乎關係」……【就圖14-10③的內容加以說明，必須寫出題數、因素名稱、並舉出例題；重複此種寫法，直到所有因素命名完成】。此四個因素共可解釋49.19%的變異【填入圖14-10②】。四個因素間相關如表XX【附上圖14-10④的相關矩陣】。

注4 關於呈現統計數據時的注意事項，請參考「★你不想知道的統計知識(1)★」（p.389）。

注5 Fabrigar, L. R., Wegener, D. T., MacCallum, R. C., & Strahan, E. J. (1999). Evaluating the use of exploratory factor analysis in psychological research. *Psychological methods, 4*(3), 272～299.

14-6 使用因素分析刪題

　　若需要使用因素分析刪題，請見「★你不想知道的統計知識(31)★」
（p.406）。

Unit **15**

因素分析（正交）

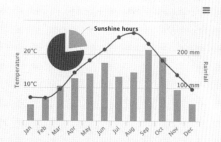

※請參考本書封底之說明，下載本單元中所使用的統計範例檔及工具檔。

15-1 因素分析概述

使用時機	因素分析（factor analysis）是以統計的方法，對多個觀察變項（通常指的是問卷題目）進行歸類，使其縮減成更少的向度（這些向度就稱之為因素）。（關於「探索性」和「驗證性」因素分析，見「★你不想知道的統計知識(28)★」，p.404。）
請務必閱讀！ 正交轉軸與斜交轉軸	關於正交（orthogonal rotation）和「斜交轉軸」（oblique rotation）之意涵，請參見單元14-1（p.174）。**就社會科學的特性，我們建議大部分的情況應該使用「斜交轉軸」**，如果你選擇正交轉軸，請準備充分的證據後再面對口委。證據可以是理論、過去研究或是……你老闆。
因素分析所需條件	關於因素分析所需題數、樣本數，請參見單元14-1（p.174）。
請務必閱讀！ 因素分析常犯的錯誤	關於執行「因素分析」時常犯的錯誤，見「★你不想知道的統計知識(29)★」（p.405）。
因素分析的例子	(1)某「領導風格量表」下的20個題目，是在測量幾種領導風格？（如果有文獻或是你的判斷，認為領導風格的子向度間相關為零。） (2)某「意義追尋量表」有28個題目，以因素分析探索，人們在追尋生命意義時，有幾種不同的子向度？（如果有文獻或是你的判斷，認為意義追尋的子向度間相關為零。）

15-2 SPSS操作

以下示範將以某「意義追尋量表」（包含28個題目）為例，用正交因素分析的方式，探索這28個題目測量幾種向度（因素）。

Step 1 　正交因素分析

請特別注意，在進行因素分析之前，**請務必對所有反向題進行轉換**，才不會影響後續的報表解讀及因素命名。有關反向題轉換，請參考單元1-6。

由於因素分析後，你必須根據問卷題目的內容，進行「因素命名」，因此我們建議將問卷題目（含題號，如果題目太長可以只呈現關鍵字）拷貝或輸入SPSS資料檔的【標籤／Label】欄位中。這個步驟可以讓你在因素命名時比較輕鬆。但這並不是因素分析的必要步驟，你也可以跳過它，從 Step 2 開始進行因素分析，不過我們建議你要做這一步。

1. 點選【變數視圖／Variable View】。

2. 將問卷題目拷貝或輸入【標籤／Label】欄位中。（如圖15-1）。

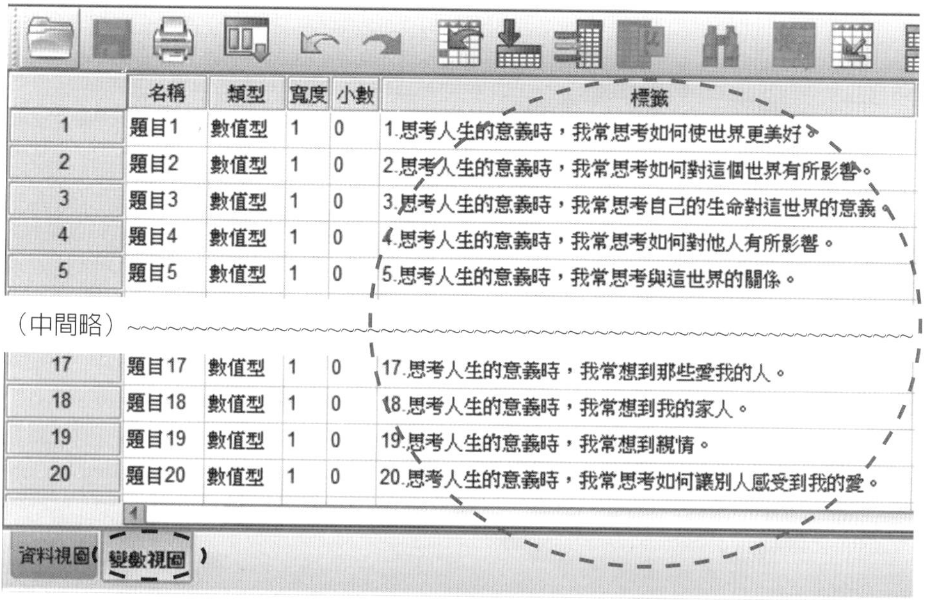

	名稱	類型	寬度	小數	標籤
1	題目1	數值型	1	0	1.思考人生的意義時，我常思考如何使世界更美好。
2	題目2	數值型	1	0	2.思考人生的意義時，我常思考如何對這個世界有所影響。
3	題目3	數值型	1	0	3.思考人生的意義時，我常思考自己的生命對這世界的意義。
4	題目4	數值型	1	0	4.思考人生的意義時，我常思考如何對他人有所影響。
5	題目5	數值型	1	0	5.思考人生的意義時，我常思考與這世界的關係。
					（中間略）
17	題目17	數值型	1	0	17.思考人生的意義時，我常想到那些愛我的人。
18	題目18	數值型	1	0	18.思考人生的意義時，我常想到我的家人。
19	題目19	數值型	1	0	19.思考人生的意義時，我常想到親情。
20	題目20	數值型	1	0	20.思考人生的意義時，我常思考如何讓別人感受到我的愛。

資料視圖（變數視圖）

圖15-1

Step 2　正交因素分析

點擊【分析／Analysis】→【維度縮減／Dimension Reduction】→【因素／Factor】。（如圖15-2）

[4] - IBM SPSS Statistics Data Editor

| 資料(D) | 轉換(T) | 分析(A) | 直效行銷 | 統計圖(G) | 公用程式(U) | 視窗(W) | 說明(H) |

| | | 報表(P) ▶ | |
| | | 描述性統計資料(E) ▶ | |

類型	寬度	表格(T) ▶	標籤
數值型	1	比較平均數法(M) ▶	時，我常思考如何使世界更美好。
數值型	1	一般線性模型(G) ▶	時，我常思考如何對這個世界有所影響
數值型	1	廣義線性模型 ▶	時，我常思考自己的生命對這世界的意
數值型	1	混合模型(X) ▶	時，我常思考如何對他人有所影響。
數值型	1	相關(C) ▶	時，我常思考與這世界的關係。
數值型	1	迴歸(R) ▶	時，我常思考要如何對別人有所貢獻。
數值型	1	對數線性(O) ▶	時，我常思考如何改變這個世界。
數值型	1	神經網路(W) ▶	時，我常想如何才能過得開心。
數值型	1	分類(Y) ▶	時，我常想如何讓自己的心靈感到充實
數值型	1		時，我常想到自己是否快樂。
數值型	1	維度縮減(D) ▶	因素(F)... 過得精采。
數值型	1	尺度 ▶	對應分析(C)... 人生。
數值型	1	無母數檢定(N) ▶	最適尺度(O)... 對不起自己。
數值型	1	預測(T) ▶	時，我常思考該作自己想作的事。
數值型	1	存活分析(S) ▶	時，我常想到那些我所愛的人。

圖15-2

Step 3　正交因素分析

1. 將所要分析的題目，放進【變數／Variables】欄位中（可以用「shift+左鍵」批次選擇）。（如圖15-3）

2. 點擊【擷取／Extraction】。

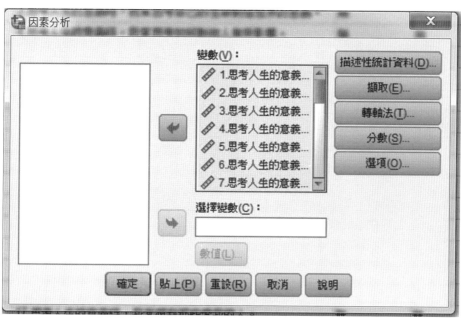

圖15-3

Step 4　正交因素分析

1. 勾選【陡坡圖 / Scree Plot】。（如圖15-4）

2. 點擊【繼續 / Continue】，畫面會返回圖15-3。

3. 點擊【確定 / OK】，會得到第一次因素分析結果。

（因素分析至少要跑兩次才能得到正確結果，見「★你不想知道的統計知識(29)★」，p.405）

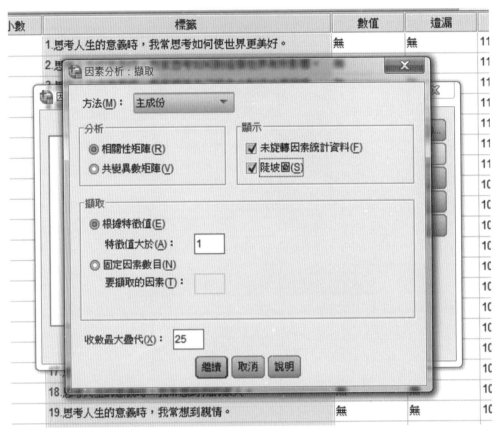

小數	標籤	數值	遺漏	
	1.思考人生的意義時，我常思考如何使世界更美好。	無	無	11
	2.思			11
				11
				11
				11
				11
				11
				11
				10
				10
				10
				10
				10
				10
				10
				10
	17.			10
	18.			10
	19.思考人生的意義時，我常想到親情。	無	無	10

圖15-4

Step 5　正交因素分析

1. 因素分析的報表很複雜，但在這個階段，你只需要看陡坡圖。（如圖15-5）
2. 陡坡圖的解讀，是爲了決定因素數目。其原則爲：
   (1) 從線開始變平緩的那個點開始，往左算有多少個點（不含變平緩的那個點），就取多少個因素。
   (2) 若有兩個以上的平緩點，可先以最左邊的爲準，但須意識到右邊的點也有可能。
3. 以圖15-5爲例，應該要取4個因素。
4. 決定因素數目後，我們要再進行第二次的因素分析。

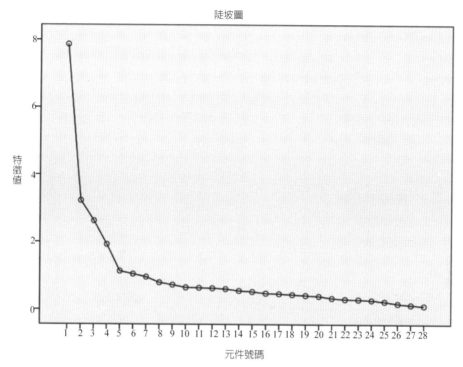

圖15-5

Step 6　正交因素分析

1. 重複Step 2，點擊【分析／Analysis】→【維度縮減／Dimension Reduction】→【因素／Factor】。

2. 重複Step3將所要分析的題目，放進【變數／Variables】欄位中。

3. 點擊【擷取／Extraction】。

4. 在【方法／Method】選擇【主軸因素／Principle Axis Factoring】。

5. 點擊【固定因素數目／Fix number of factors】。

6. 在【要擷取的因素／Factors to Extract】輸入依據陡坡圖所決定的因素數目值（在本範例中為4）。

7. 將【收斂最大疊代／Maximum Iterations for Convergence】改成「999」。（如圖15-6）

8. 【繼續／Continue】。

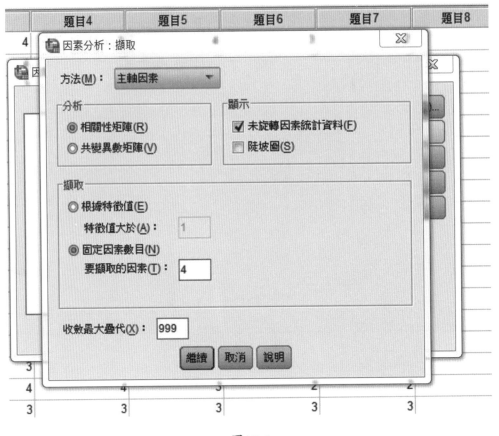

圖15-6

Step 7　　正交因素分析

1. 畫面回到圖15-3後，點擊【描述性統計資料 / Descriptives】。

2. 勾選【KMO與Bartlett的球形檢定 / KMO and Bartlett's test of sphericity】。（如圖15-7）

3. 點擊【繼續 / Continue】。

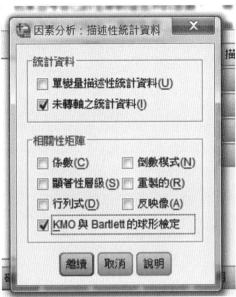

圖15-7

Step 8　　正交因素分析

1. 畫面回到圖15-3後，點擊【轉軸法 / Rotation】。

2. 點擊【最大變異法 / Varimax】。

3. 將【收斂最大疊代 / Maximum Iterations for Convergence】改成「999」。（圖 15-8）

4. 點擊【繼續 / Continue】。

圖15-8

Step 9　正交因素分析

1. 畫面回到圖15-3後，點擊【選項／Options】。

2. 勾選【依據因素負荷排序／Sorted by size】。（圖15-9）

3. 點擊【繼續／Continue】，畫面將回到圖15-3。

4. 點擊【確定／OK】。打完收工！分析結果如圖15-10。

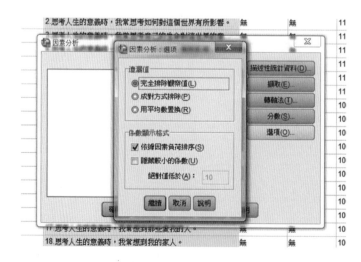

圖15-9

KMO與Bartlett檢定

Kaiser-Meyer-Olkin測量取樣適當性		.870
Bartlett的球形檢定	大約卡方	4028.013
	df	378
	顯著性	.000

①

⑤

說明的變異數總計

元件	起始特徵值			擷取平方和載入			循環平方和載入		
	總計	變異的%	累加%	總計	變異的%	累加%	總計	變異的%	累加%
1	7.861	28.076	28.076	7.400	26.427	26.427	4.527	16.168	16.168
2	3.224	11.516	39.591	2.837	10.133	36.560	3.757	13.418	29.587
3	2.624	9.371	48.962	2.068	7.386	43.946	2.903	10.367	39.953
4	1.929	6.890	55.852	1.470	5.250	49.196	2.588	9.243	49.196
5	1.132	4.042	59.893						
6	1.047	3.739	63.632						

（以下略）

③　②

旋轉係數矩陣[a]

④

	因素			
	1	2	3	4
26.思考人生的意義時，我常想要功成名就。	.854	.118	.104	.044
27.思考人生的意義時，我常想要如何出人頭地。	.833	.116	.097	.112
24.思考人生的意義時，我常思考如何追求卓越。	.823	.086	.175	.100
25.思考人生的意義時，我常思考要有一番作為。	.808	.048	.154	.138
22.思考人生的意義時，我常想要如何追求成就。	.746	.077	.170	.018
23.思考人生的意義時，我常思考如何能獲得別人的敬重。	.617	.157	.205	.143
28.思考人生的意義時，我常思考如何超越自己。	.511	.106	.225	.291
19.思考人生的意義時，我常想到親情。	.046	.835	.071	.064
18.思考人生的意義時，我常想到我的家人。	.071	.816	.116	.033
17.思考人生的意義時，我常想到那些愛我的人。	.125	.760	.109	.155
16.思考人生的意義時，我常想到友情。	.080	.674	.172	.105
15.思考人生的意義時，我常想到那些我所愛的人。	.034	.666	.223	.070
20.思考人生的意義時，我常思考如何讓別人感受到我的愛。	.204	.506	.176	.176
21.思考人生的意義時，我常思考自己與他人的關係。	.113	.418	.268	.213
8.思考人生的意義時，我常想如何才能過得開心。	.062	.107	.709	-.014
10.思考人生的意義時，我常想到自己是否快樂。	.085	.167	.661	.045

（以下略）

圖 15-10

15-3 統計報表解讀

　　因素分析的結果相當龐雜，圖15-10只呈現論文寫作時，需要注意的報表結果。要特別注意的是：因素分析的結果報表中，有多個矩陣；在正交**轉軸**時，主要是看「旋轉係數矩陣」（**Rotated Factor Matrix**）（如果你找不到這個矩陣，請檢查Step6中【方法／Method】是否確實選擇了【主軸因素／Principle Axis Factoring】）。報表中的各項數值意義如下（請注意，以下的①、②⋯⋯等數字，和圖15-10統計報表中的①、②⋯⋯是相對應的，互相參照就可以解讀統計報表囉）：

① 【KMO和Bartlett 球形檢定】：檢驗資料是否適合進行因素分析，「Kaiser-Meyer-Olkin 測量取樣適當性」數值若低於.5，表示完全不適合（unacceptable），.5到.6之間是不太適合（miserable），.6到.7間是勉強適合（mediocre），.7到.8間還算適合（middling），.8到.9間表示適合（meritorious），高於 .9，表示相當適合（marvelous）[注1]。

② 【整體因素解釋量】：所有因素的合計解釋量。以圖15-10②來說，四個因素合計能解釋資料49.19%的變異。

③ 【個別因素解釋量】：每個因素的個別解釋量。以圖15-10③來說，第一個因素的解釋量是16.16%、第二個因素的解釋量是13.41%，以此類推。請注意，只有正交轉軸時，才能報告個別因素解釋量。

④ 【因素負荷量】：表中的數據稱之為因素負荷量（factor loading），即題目和因素之間的關聯程度。在正交**轉軸**時，要看 「旋轉係數矩陣」（**Rotated Factor Matrix**）中的數值。因素負荷量可以讓我們看出每個題目屬於那個因素。其做法見單元15-4。（關於不尋常的因素負荷量數值，請參見「★你不想知道的統計知識(30)★」，p.405。）

⑤ 【特徵值】：特徵值是轉軸前因素的變異數，以圖15-10⑤來說，第一欄標示第幾個因素，第二欄則是對應的特徵值。本筆資料在轉軸前的第一個因素變異數（特徵值）是7.861，以此類推。特徵值依大小畫圖即成為陡坡圖，主要用來協助我們判斷應該取幾個因素。

注1　Dzubian, C. D., & Shirkey, E. C. (1974). When is a correlation matrix appropriate for factor analysis? *Psychological Bulletin, 81*(6), 358～361.

15-4 哪些題目屬於哪個因素？因素如何命名？

因素分析的一個重要目的，是要知道哪些題目屬於共同的因素，而這個共同的因素到底測量的是什麼。這主要是藉由解讀因素負荷量來完成。詳細做法如下：

(1) 哪些題目屬於哪個因素

以圖15-10④來說，你可以看到第一個題目，它在第一因素上的負荷量是.854，然後往下逐漸遞減（.833, .823, .808……），到了.511後，數值突然掉到.046。這表示.854~.511這個區段的題目是屬於第一個因素。然後，你從剛才的.046往右邊看，會看到這個題目在第二因素上的負荷量是.835，然後往下逐漸遞減（.816, .760, .674……），到了 .418數值突然掉到 .107。這表示 .835~ .418這個區段的題目是屬於第二個因素。然後重複上述步驟，就可以知道每個題目屬於哪個因素。

(2) 因素的命名

確定哪些題目屬於哪一個因素後，接下來你要為因素命名。命名的方法就是看同一因素下的題目，有沒有什麼共通之處，根據這些共通處來命名，而且愈是菜市場名愈好，不要取花無缺、西門吹雪這種華麗但罕見的名字，也不要取成因素一、因素二之類（就像把特務取名為Mr.1、Mr.2之類，就覺得作者是在敷衍一樣）；也就是因素名稱要老嫗能解、老少咸宜，人人能懂。例如從圖15-10可以看出，第一個因素的七個題目都和追求成就有關，所以命名為「追求成就」；第二個因素的七個題目都和關係有關，所以命名為「在乎關係」；以此類推。有時也會出現某一因素下的所有題目難以看出共通之處，此時可以退而求其次，看因素負荷量最高的那幾個題目的共通之處，然後以此命名。

15-5 分析結果的撰寫

依據分析結果，可以用書寫範例15-1的格式來撰寫論文。以下書寫範例中，標楷體的部分是論文中應該要書寫的內容，【】內的敘述，是對書寫方式的說明。

　　本資料Bartlett 球形檢定結果顯示，變項間彼此並非無關聯（$\chi^2 = 4028.01$, df = 378, p < .001），而KMO 則爲 .870，顯示此資料適合進行因素分析【填入圖15-10①之數值；若未符合標準，你就不應該進行因素分析，見單元15-3①之說明】。利用特徵值（eigenvalue）大於一法則，應該取六個因素【看圖15-10⑤有多少特徵值大於1】，依據陡坡圖（scree plot），則應該取四個因素【依陡坡圖判斷填寫】；由於特徵值大於一常會造成因素數目高估（Fabrigar, Wegener, MacCallum & Strahan, 1999）[注3]，因此依據陡坡圖取四個因素。以主軸法（principle axis）抽取四個因素，以最大變異法（varimax）進行正交轉軸，因素負荷量矩陣如表XX【附上圖15-10④之「旋轉係數矩陣」（Rotated Factor Matrix）矩陣】。由表XX可見，第一個因素包含七題，其内容多與追求成就有關（如「26.思考人生的意義時，我常想要功成名就。」、「27.思考人生的意義時，我常想要如何出人頭地。」），因此將其名爲「追求成就」。第二個因素包含七題，其内容多與情感關係有關（如「19.思考人生的意義時，我常想到親情。」、「18.思考人生的意義時，我常想到我的家人。」），因此將其命名爲「在乎關係」……【就圖15-10④的内容加以說明，必須寫出題數、因素名稱、並舉出例題；重複此種寫法，直到所有因素命名完成】。此四個因素共可解釋49.19%的變異【填入圖15-10②】，其中「追求成就」可解釋16.16%的變異、「在乎關係」可解釋13.41%的變異、「追求享樂」可解釋10.36%的變異、「造福他人」可解釋9.24%的變異。【填入圖15-10③】。

15-6　使用因素分析刪題

　　若需要使用因素分析刪題，請見「★你不想知道的統計知識(31)★」（p.406）。

注2　關於呈現統計數據時的注意事項，請參考「★你不想知道的統計知識(1)★」（p.389）。

注3　Fabrigar, L. R., Wegener, D. T., MacCallum, R. C., & Strahan, E. J. (1999). Evaluating the use of exploratory factor analysis in psychological research. *Psychological methods, 4*(3), 272～299.

Unit 16

單因子變異數分析（ANOVA）：獨立樣本

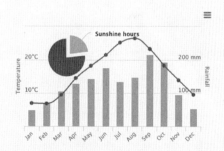

※請參考本書封底之說明，下載本單元中所使用的統計範例檔及工具檔。

16-1 單因子獨立樣本ANOVA概述

使用時機	因子（factor）指的是自變項，單因子就是只有一個自變項。而所謂單因子獨立樣本ANOVA，就是有一個X，這個X是間斷變數，且是獨立樣本設計，要分析X對某個連續變項Y的效果。（關於何謂獨立樣本，見「★你不想知道的統計知識(9)★」，p.395。關於ANOVA和t檢定之關係，見「★你不想知道的統計知識(32)★」，p.406。關於使用時機請參見表0-2，p.7。）
單因子獨立樣本ANOVA的例子	1.「四個年級的學生（不同的四組人），在智力上是否有差異？」 2.「實驗組和控制組（不同的兩組人），在反應時間上是否有差異？」

16-2 SPSS操作

以下操作將以考驗：「高中的三個年級（X），在社團參與（Y）上是否有差異」爲例。

Step 1　獨立樣本單因子ANOVA

點選【分析 / Analyze】→【一般線性模型 / General Linear Model】→【單變量 / Univariate】。（如圖16-1）

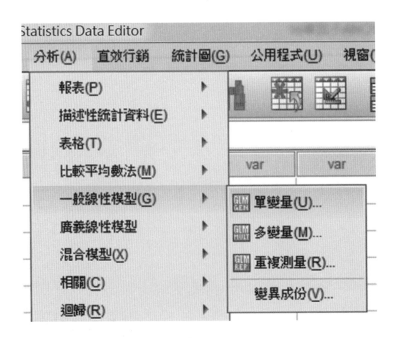

圖16-1

Step 2　　獨立樣本單因子ANOVA

1. 將依變項（社團參與）放入【因變數 / Dependent Variable】欄位中。
2. 將自變項（年級）放入【固定因素 / Fixed Factor(s)】欄位中。（如圖16-2）
3. 如果你是執行共變數分析，請將共變項放入【共變量 / Covariate(s)】欄位（執行ANOVA者請不要理會這段話）。

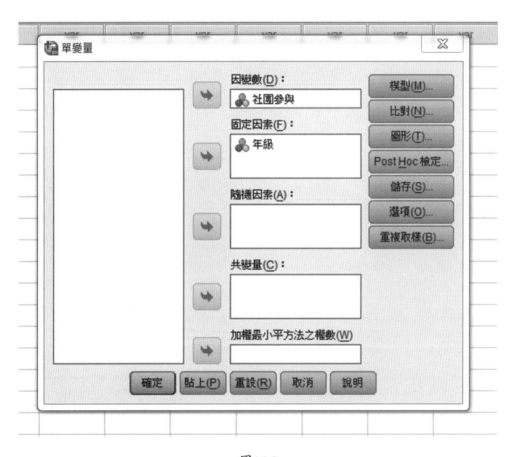

圖16-2

 Step 3　　獨立樣本單因子ANOVA

1. 若自變項包含三組以上（如有3個年級）才要執行此步驟，否則請直接前往（Step 4）。
2. 點擊【Post Hoc檢定】。

3. 將自變項放入【事後檢定／Post Hoc Tests for】欄位中。

4. 勾選【Scheffe法】、【Tukey法】。（如圖16-3）

5. 點擊【繼續／Continue】，畫面將返回圖16-2。

（關於事後比較、事前比較，請參考「★你不想知道的統計知識(33)★」，p.407。）

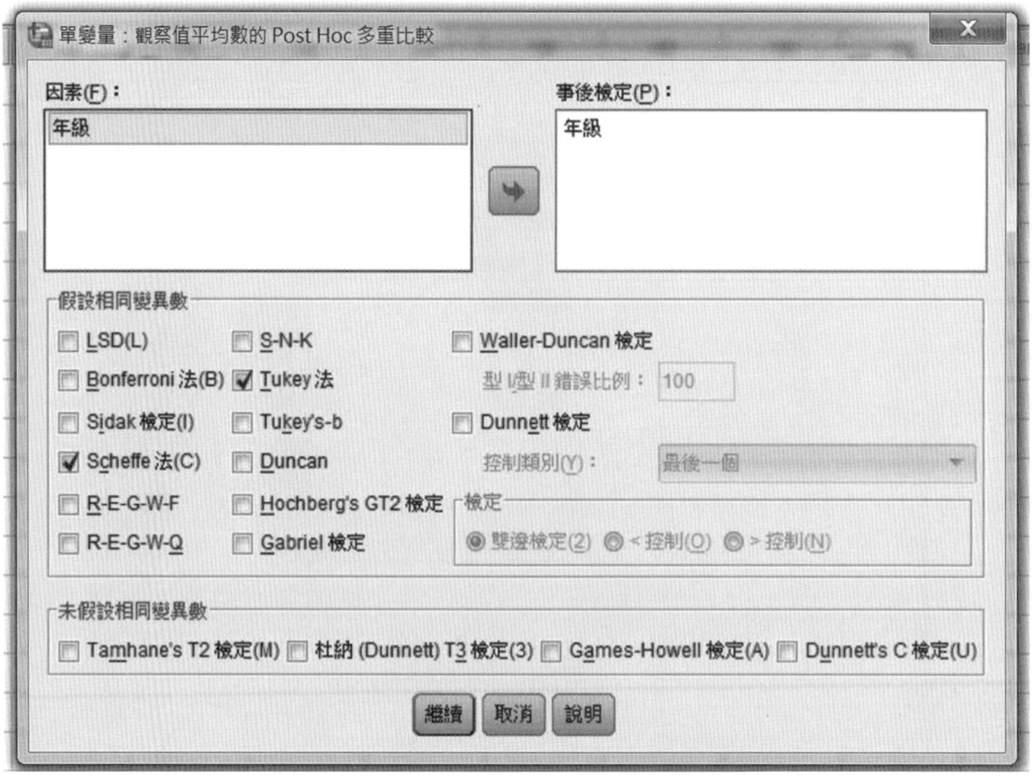

圖16-3

Step 4　獨立樣本單因子ANOVA

1. 點擊【選項／Options】。

2. 勾選【描述性統計資料／Descriptives】、【同質性檢定／Homogeneity】、【效果大小估計值／Estimates of Effect Size】。（如圖16-4）

3. 點擊【繼續／Continue】，畫面將返回圖16-2。

4. 點擊【確定／OK】即完成分析。分析結果如圖16-5。

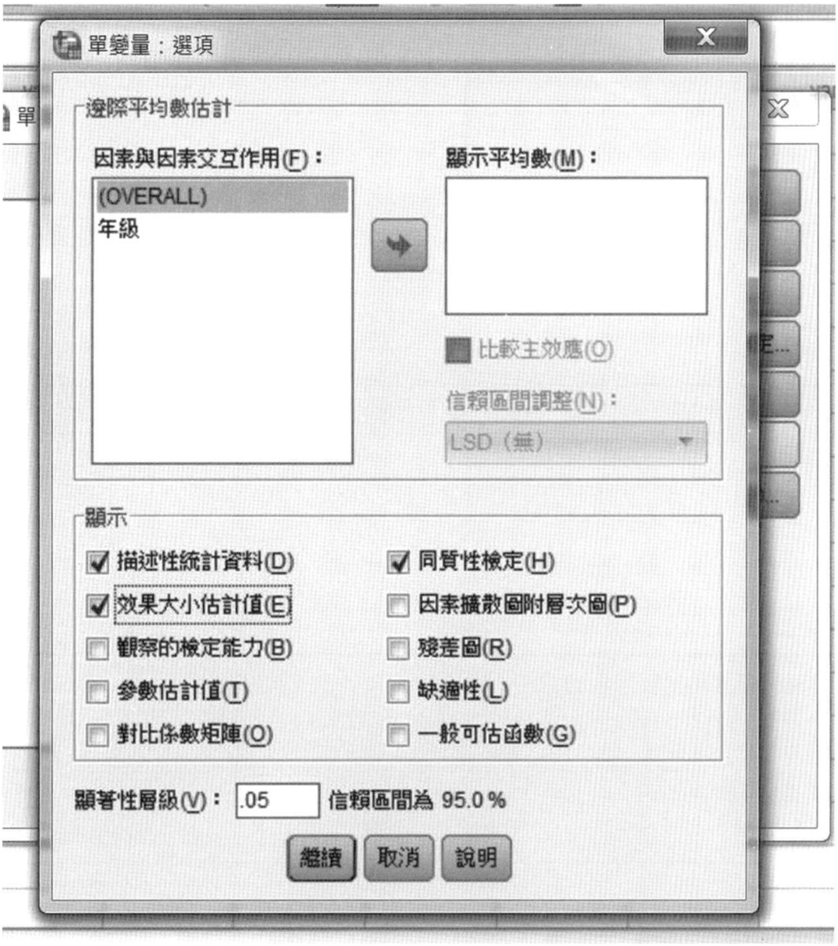

圖16-4

描述性統計資料

因變數：社團參與

年級	平均數	標準偏差	N
1	16.40	4.018	20
2	19.15	3.483	20
3	15.20	4.526	20
總計	16.92	4.299	60

①

圖16-5

Levene's錯誤共變異等式檢定[a]

因變數：社團參與

F	df1	df2	顯著性
.458	2	57	.635

②

主旨間效果檢定

因變數：社團參與

來源	第III類平方和	df	平均值平方	F	顯著性	局部Eta方形
修正的模型	164.033[a]	2	82.017	5.046	.010	.150
截距	17170.417	1	17170.417	1056.299	.000	.949
年級	164.033	2	82.017	5.046	.010	.150
錯誤	926.550	57	16.255			
總計	18261.000	60				
校正後總數	1090.583	59				

a.R平方 = .150（調整的R平方 = .121）

③　　　　④

多重比較

因變數：社團參與

⑤

	(I)年級	(J)年級	平均差異 (I-J)	標準錯誤	顯著性	95%信賴區間 下限	95%信賴區間 上限
Tukey HSD	1	2	-2.75	1.275	.088	-5.82	.32
		3	1.20	1.275	.617	-1.87	4.27
	2	1	2.75	1.275	.088	-.32	5.82
		3	3.95*	1.275	.008	.88	7.02
	3	1	-1.20	1.275	.617	-4.27	1.87
		2	-3.95*	1.275	.008	-7.02	-.88
Scheffe法	1	2	-2.75	1.275	.107	-5.95	.45
		3	1.20	1.275	.644	-2.00	4.40
	2	1	2.75	1.275	.107	-.45	5.95
		3	3.95*	1.275	.012	.75	7.15
	3	1	-1.20	1.275	.644	-4.40	2.00
		2	-3.95*	1.275	.012	-7.15	-.75

圖16-5（續）

16-3 統計報表解讀

分析結果報表（圖16-5）中的各項數值意義如下（請注意，以下的①、②……等數字，和圖16-5統計報表中的①、②……是相對應的，互相參照就可以解讀統計報表囉）：

① 【描述統計】：包含各組的樣本數（N）、平均值（Mean）、標準差（Std. Deviation，SPSS翻譯為標準偏差）。

② 【變異數同質性檢定結果】：ANOVA必須在變異數同質的前提下才能進行。若顯著性≧.05（注意，是「大於」等於.05，不是「小於」喔），就沒事兒。若顯著性<.05，表示此資料不適於進行ANOVA，此時請參考本書單元27，進行原始分數轉換，然後重新進行ANOVA。

③ 【ANOVA結果】：其中「第III類平方和」（Type III Sum of Squares）是離均差平方和（SS），「df」是自由度，「平均值平方」是均方（Mean Square），「F」是檢定值，「顯著性」是 p值。在看此報表時，主要是要看自變項（「年級」）那一橫排的數值。論文的撰寫形式是，「F（自變項df, 誤差df）= xxx，p = xxx」（「誤差」SPSS報表中翻譯為「錯誤」）。若「顯著性」< .05，表示X對Y有顯著效果；若「顯著性」≧ .05，表示X對Y無顯著效果。以圖16-5③為例，年級的「F (2, 57) = 5.04，p = .01」；因此年級對社團參與有顯著效果，亦即三個年級在社團參與上有顯著差異。

④ 【效果量】：「局部eta方形」（Partial Eta Squared），指的是SPSS提供partial eta square作為ANOVA檢定的效果量（以η_p^2符號表示）。若 $.01 \leq \eta_p^2 < .058$為小效果；$.058 \leq \eta_p^2 < .138$為中效果；$.138 \leq \eta_p^2$是大效果[注1]。

⑤ 【事後比較】：兩兩比較1、2、3年級之間之差異。若「顯著性」< .05，表示某兩組有顯著差異；若「顯著性」≧ .05，表示某兩組無顯著差異。事後檢定有非常多種方法，最常用的是Tukey HSD和Scheffe法；本範例兩種方式都跑。Scheffe法是最嚴格的事後檢定，所以如果顯著就非常威，若顯著可考慮優先報這個檢定結果；Tukey HSD屬於百搭型的，因此在大部分情況下報這種檢定結果都很安全。兩種檢定只要報告其中一種即可。以圖16-5⑤為例；Scheffe法1、2年級（p = .107），表

注1 Cohen, J. (1988). *Statistical power analysis for the behavioral sciences*. NJ:, Lawrence Erlbaum Associates

示1、2年級在社團參與上無顯著差異；2、3年級（p = .012），表示2、3年級在社團參與上有顯著差異。SPSS的事後比較中，有好幾組訊息會是重複的，例如1、2年級（p = .107）的比較和2、1年級（p = .107）的比較訊息是完全重複的，論文書寫只要呈現一次即可。請注意，若自變項只有兩組（如性別），無需進行事後比較，因爲此時 ANOVA顯著就表示一定是這兩組之間有差異。只有三組以上才必須進行事後比較。

16-4　論文中的表格呈現

在論文中，若需要用表格的方式來呈現單因子ANOVA結果，則可以依據表格範例16-1，對照圖16-5填入相關數據（表格範例可於本書網頁下載，相關下載請見本書封底說明）。請注意，在對照圖16-5時，你只需要看自變項（「年級」）、「錯誤」（即誤差項）和「校正後的總數」（**corrected total**）這三行，校正的模型（corrected model）、截距（intercept）和總計（total）這三行的數值可以忽略。

表格範例16-1

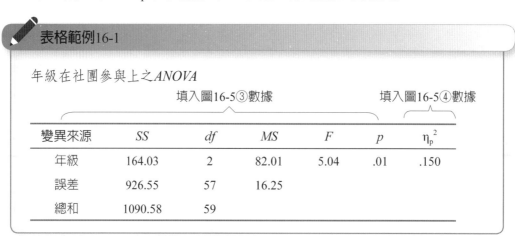

年級在社團參與上之*ANOVA*

變異來源	*SS*	*df*	*MS*	*F*	*p*	η_p^2
年級	164.03	2	82.01	5.04	.01	.150
誤差	926.55	57	16.25			
總和	1090.58	59				

填入圖16-5③數據　　填入圖16-5④數據

16-5　分析結果的撰寫

依據圖16-5的統計報表，可以用書寫範例16-1的格式來撰寫論文。以下書寫範例中，標楷體的部分是論文中應該要書寫的內容，【】內的敘述，是對書寫方式的說明。

書寫範例16-1[注2]

　　以單因子獨立樣本ANOVA分析年級對社團參與之效果，結果如表xxx。結果發現：不同年級在社團參與上有顯著差異【或是「沒有顯著差異」，視分析結果而定】，$F(2, 57) = 5.04$，$p = .01$，$\eta_p^2 = .150$。【對照並填入圖16-5③④的數值】【若是不顯著，寫到此即可】。Scheffe事後比較顯示【或「Tukey HSD」，視你選擇報告那一種檢定而定，只要報告一種；自變項組別超過兩組以上才需要呈現事後比較】：一年級（$M = 16.40, SD = 4.01$）與二年級（$M = 19.15, SD = 3.48$）沒有顯著差異（$p = .10$）、一年級與三年級（$M = 15.20, SD = 4.52$）沒有顯著差異（$p = .64$）、二年級顯著大於三年級（$p = .012$）【對照並填入圖16-5①的描述統計及⑤的「顯著性」】【若顯著須依圖16-5①的描述統計說明方向，大於或小於】【各組描述統計只需要填註一次，兩兩比較的結果也只要呈現一次。見「單元16-3：說明⑤，p.207」】。

注2　關於呈現統計數據時的注意事項，請參考「★你不想知道的統計知識(1)★」（p.389）。

Unit 17

單因子變異數分析（ANOVA）：相依樣本

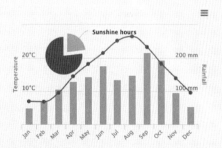

※請參考本書封底之說明，下載本單元中所使用的統計範例檔及工具檔。

17-1　單因子相依樣本ANOVA概述

使用時機	因子（factor）指的是自變項，單因子就是只有一個自變項。而所謂單因子相依樣本ANOVA，就是有一個X，這個X是間斷變數，且是相依樣本設計，要分析X對某個連續變項Y的效果。（關於何謂相依樣本，見「★你不想知道的統計知識(9)★」，p.395。關於ANOVA和t檢定之關係，見「★你不想知道的統計知識(32)★」，p.406。關於使用時機請參見表0-2，p.7。）
單因子相依樣本ANOVA的例子	1.「用藥前、用藥一個月後、用藥一年後，病人的狀況是否有改善？」（三個時間點的分數來自同一群人） 2.「期中考和期末考成績是否有差異？」（期中和期末成績來自於同一群人）

17-2　SPSS操作

　　以下操作將以考驗：男人對伴侶在「婚前耐心、婚後一月耐心、和婚後三年耐心（三組分數），是否有差異」為例。如同我們在單元12中提過的，男人是不可靠的，各位女性讀者要小心；所以我們最好做個統計檢定來確認這件事。

 Step 1　　單因子相依樣本ANOVA

　　點選【分析 / Analyze】→【一般線性模型 / General Linear Model】→【重複測量 / Repeated Measures】。（如圖17-1）

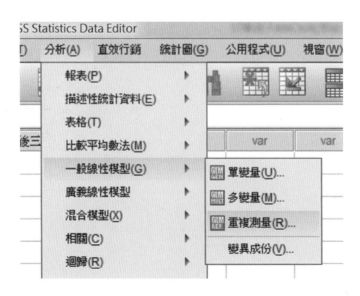

圖17-1

Step 2　　單因子相依樣本ANOVA

1. 在【層級個數／Number of Levels】欄位中，輸入你有幾組分數要比較（在本範例中是「3」組）。

2. 點擊【新增／Add】。（如圖17-2）

3. 點擊【定義／Define】。

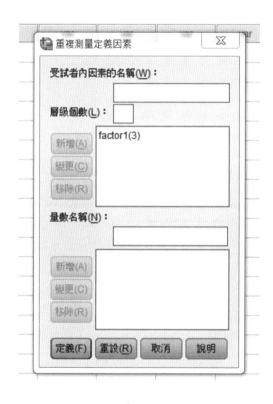

圖17-2

 Step 3　　單因子相依樣本ANOVA

1. 將所有變項放入【受試者內變數／Within Subjects Variables】欄位中。（如圖17-3）

2. 點擊【選項／Options】。

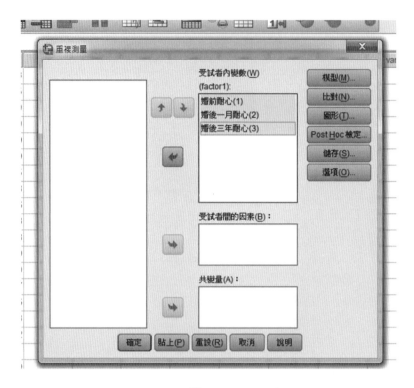

圖17-3

 Step 4　　單因子相依樣本ANOVA

1. 勾選【描述性統計資料／Descriptives】、【同質性檢定／Homogeneity】、【效果大小估計值／Estimates of Effect Size】。（如圖17-4）

2. 點擊【繼續／Continue】，畫面將返回圖17-3。

3. 如果你是執行共變數分析，請將共變項放入【共變量／Covariate(s)】欄位（執行ANOVA者請不要理會這段話）。

4. 點擊【確定／OK】即完成分析。分析結果如圖17-5。

圖17-4

描述性統計資料

	平均數	標準偏差	N
婚前耐心	22.07	7.168	30
婚後一月耐心	21.07	6.741	30
婚後三年耐心	19.17	7.927	30

①

圖17-5

Mauchly的球形檢定[a]

測量：MEASURE_1

②

主旨內效果	Mauchly's W	大約卡方	df	顯著性	Epsilon[b]		
					Greenhouse-Geisser	Huynh-Feldt	下限
factor 1	.955	1.301	2	.522	.957	1.000	.500

主旨內效果檢定

測量：MEASURE_1

④

來源		第III類平方和	df	平均值平方	F	顯著性	局部Eta方形
factor 1	假設的球形	130.200	2	65.100	4.358	.017	.131
	Greenhouse-Geisser	130.200	1.913	68.056	4.358	.019	.131
	Huynh-Feldt	130.200	2.000	65.100	4.358	.017	.131
	下限	130.200	1.000	130.200	4.358	.046	.131
Error (factor)	假設的球形	866.467	58	14.939			
	Greenhouse-Geisser	866.467	55.481	15.617			
	Huynh-Feldt	866.467	58.000	14.939			
	下限	866.467	29.000	29.878			

③

圖17-5（續）

17-3 統計報表解讀

　　分析結果報表（圖17-5）中的各項數值意義如下（請注意，以下的①、②……等數字，和圖17-5統計報表中的①、②……是相對應的，互相參照就可以解讀統計報表囉）：

① 【描述統計】：包含各組的樣本數（N）、平均值（Mean）、標準差（Std. Deviation，SPSS翻譯為標準偏差）。

② 【同質性檢定】：ANOVA必須在變異數同質的前提下才能進行。若沒有檢定值（只看到「.」），或顯著性≧.05，就沒事。若顯著性<.05，表示此資料不適於進行ANOVA，此時請參考本書單元27（p.381），進行原始分數轉換，然後重新進行ANOVA。（相依樣本變異數同質性之進一步說明，見「★你不想知道的統計知識(34)★」，p.407。）

③【ANOVA結果】：涉及相依樣本的ANOVA有很多表格，請特別注意，你要看的是「主旨內效果檢定」（Tests of Within Subjects Effects）那個表格，不是「主旨內對照檢定」（Tests of Within Subjects Contrasts）或「多變數檢定」（Multivariate Tests）（這些表格很像，不要弄錯了）。在看此報表時，有很多行數值，都只需要看「假設的球形」（Sphericity Assumed）那一行數據就可以了。其中「第III類平方和」（Type III Sum of Squares）是離均差平方和（SS），「df」是自由度，「平均值平方」是均方（Mean Square），「F」是檢定值，「顯著性」是 p值。在看此報表時，有「factor1」和「Error（factor1）」兩大區塊，都只需要看該區塊的第一行數據就可以了。其中「factor1」指的是自變項（如結婚時間）的效果，「Error（factor1）」是誤差。論文的撰寫形式是：「F（factor1的df, 誤差df）= xxx，p = xxx」。若「顯著性」< .05，表示自變項有顯著效果；若「顯著性」≧ .05，表示自變項無顯著效果。以圖17-5③為例，結婚時間的「$F_{(2, 58)} = 4.35$，p = .017」；因此結婚時間對伴侶耐心程度有顯著效果，亦即隨著結婚時間不同，對伴侶的耐心也有不同。

④【效果量】：「局部eta方形」（Partial Eta Squared），指的是SPSS提供partial eta square作為ANOVA檢定的效果量 (以η_p^2符號表示)。若 $.01 \leq \eta_p^2 < .058$為小效果；$.058 \leq \eta_p^2 < .138$為中效果；$.138 \leq \eta_p^2$是大效果[註1]。

⑤【事後比較】：關於事後比較的意義，請見「★你不想知道的統計知識(33)★」（p.407）。請注意，只有③的「顯著性」< .05，且自變項有三組以上時，才要進行事後比較。若「顯著性」≧.05，無需做事後比較；自變項只有兩組（如前、後測），也無需進行事後比較，因為，此時 ANOVA顯著就表示一定是這兩組之間有差異。只有三組以上且ANOVA顯著，才必須進行事後比較。由於SPSS相依ANOVA並未提供Tukey HSD和Scheffe法的事後檢定。若需要請使用本書Excel 17-1，進行事後比較（Excel請至本書的網頁下載，相關下載請見本書封底說明）。使用Excel 17-1時要特別注意，你需要將誤差自由度填到Excel中，不過，設計Excel17-1時，預定處理的誤差自由度上限是1000，如果高於1000，請填入1000。通常這不太會影響到顯著水準判定，當然你也可以自行查表（很難在書上找到這樣的表就是了）。此外，我們處理的組數上限是8，超過8組（誰叫你做這

註1　Cohen, J. (1988). *Statistical power analysis for the behavioral sciences*. NJ:, Lawrence Erlbaum Associates.

麼多組！？），請自求多福。Scheffe法是最嚴格的事後檢定，所以如果顯著就非常威，若顯著可考慮優先報這個檢定結果；Tukey HSD屬於百搭型的，因此在大部分情況下報這種檢定結果都很安全。兩種檢定只要報告其中一種即可。

17-4 論文中的表格呈現

在論文中，若需要用表格的方式來呈現單因子ANOVA結果，則可以依據表格範例17-1，對照圖17-5填入相關數據（表格範例可於本書網頁下載，相關下載請見本書封底說明）。請注意，在對照圖17-5時，你只需要看「**factor1**」和「**Error（factor1）**」兩大區塊中的第一行數據就可以了。

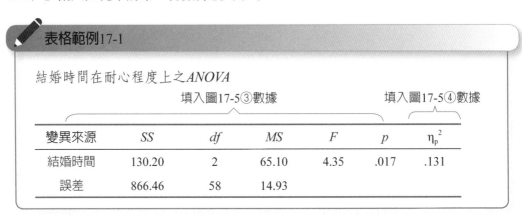

表格範例17-1

結婚時間在耐心程度上之*ANOVA*

填入圖17-5③數據　　　　　　　　　填入圖17-5④數據

變異來源	SS	df	MS	F	p	η_p^2
結婚時間	130.20	2	65.10	4.35	.017	.131
誤差	866.46	58	14.93			

17-5 分析結果的撰寫

依據圖17-5的統計報表，可以用書寫範例17-1的格式來撰寫論文。以下書寫範例中，標楷體的部分是論文中應該要書寫的內容，【】內的敘述，是對書寫方式的說明。

書寫範例17-1[注2]

　　以單因子相依樣本ANOVA分析結婚時間對伴侶耐心程度之效果，結果如表xxx。結果發現：不同結婚時間在伴侶耐心程度上有顯著差異【或是「沒有顯著差異」，視分析結果而定】，$F_{(2, 58)} = 4.35$，$p = .017$，$\eta_p^2 = .131$。【對照並填入圖17-5③④的數值】【若是不顯著，寫到此即可】。Scheffe事後比較顯示【或「Tukey HSD」，視你選擇報告那一種事後檢定而定，只要報告一種；自變項組別超過兩組以上才需要呈現事後比較】：「婚前耐心」（$M = 22.07, SD = 7.16$）與「婚後一月耐心」（$M = 21.07, SD = 6.74$）沒有顯著差異，「婚後一月耐心」與「婚後三年耐心」（$M = 19.17, SD = 7.92$）沒有顯著差異，但「婚前耐心」顯著大於「婚後三年耐心」（$p < .05$）【對照並填入圖17-5①的描述統計及Excel 17-1的p值】【若顯著須依圖17-5①的描述統計說明方向，大於或小於】【各組描述統計只需要填註一次，兩兩比較的結果也只要呈現一次。亦見「單元17-3：說明⑤，p.217」】。

注2　關於呈現統計數據時的注意事項，請參考「★你不想知道的統計知識(1)★」（p.389）。

Unit **18**

二因子變異數分析（ANOVA）：獨立樣本

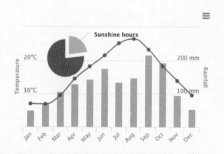

※請參考本書封底之說明，下載本單元中所使用的統計範例檔及工具檔。

18-1 二因子獨立樣本ANOVA概述

使用時機	因子（factor）指的是自變項，二因子就是有兩個自變項。而所謂二因子獨立樣本ANOVA，就是有兩個自變項A、B，它們都是間斷變數，且都是獨立樣本，要分析A、B對某個連續變項Y的效果。（關於何謂獨立樣本，見「★你不想知道的統計知識(9)★」，p.395。關於ANOVA和t檢定之關係，見「★你不想知道的統計知識(32)★」，p.406。關於使用時機請參見表0-2，p.7。）
交互作用	通常當有兩個以上的自變項A, B時，統計檢定會很在意A, B對Y的「交互作用」（interaction）。有關交互作用的意義，請見「★你不想知道的統計知識(19)★」（p.399）。由於交互作用是二因子ANOVA的重頭戲，請務必理解交互作用的意義。
二因子獨立樣本ANOVA的例子	「年級（A）對社團參與（Y）的效果，要視性別（B）而定。」又如「居住地區對候選人的支持程度，要視黨別而定」、「員工加班與否對績效的影響程度，要視工作型態而定」、「學生科系對論文品質的影響程度，要視有沒有買《傻瓜也會跑統計》而定」。

18-2 SPSS操作

以下操作將以考驗：「高中年級（A）對社團參與（Y）的效果，要視性別（B）而定」為例。其中性別女生為1、男生為2。

Step 1 二因子獨立樣本ANOVA

點選【分析 / Analyze】→【一般線性模型 / General Linear Model】→【單變量 / Univariate】。（如圖18-1）

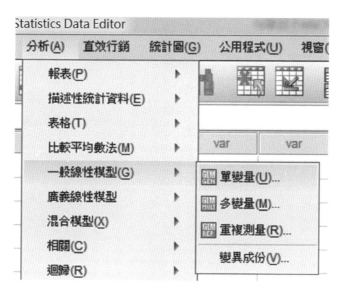

圖18-1

Step 2　二因子獨立樣本ANOVA

1. 將依變項（社團參與）放入【因變數／Dependent Variable】欄位中。

2. 將自變項（年級、性別）放入【固定因素／Fixed Factor(s)】欄位中（關於固定、隨機效果模式，見「★你不想知道的統計知識(37)★」，p.410）。（如圖18-2）

3. 如果你是執行共變數分析，請將共變項放入【共變量／Covariate (s)】欄位（執行ANOVA者請不要理會這段話）。

圖18-2

Step 3　二因子獨立樣本ANOVA

1. 若任一自變項包含三組以上（如有3個年級），才要執行此步驟，否則請直接前往（Step 4）。

2. 點擊【Post Hoc檢定】。

3. 將有三組以上的自變項（如「年級」）放入【事後檢定 / Post Hoc Tests for】欄位中。

4. 勾選【Scheffe法】、【Tukey法】。（如圖18-3）

5. 點擊【繼續 / Continue】，畫面將返回圖18-2。

　（關於事後比較、事前比較，請參考「★你不想知道的統計知識(33)★」，p.407。）

單變量：觀察值平均數的 Post Hoc 多重比較

因素(F)：

A年級
B性別

事後檢定(P)：

A年級

假設相同變異數

- ☐ LSD(L)
- ☐ Bonferroni 法(B)
- ☐ Sidak 檢定(I)
- ☑ Scheffe 法(C)
- ☐ R-E-G-W-F
- ☐ R-E-G-W-Q

- ☐ S-N-K
- ☑ Tukey 法
- ☐ Tukey's-b
- ☐ Duncan
- ☐ Hochberg's GT2 檢定
- ☐ Gabriel 檢定

- ☐ Waller-Duncan 檢定
  型 I/型 II 錯誤比例： 100
- ☐ Dunnett 檢定
  控制類別(Y)： 最後一個

檢定
◉ 雙邊檢定(2) ◯ < 控制(O) ◯ > 控制(N)

未假設相同變異數

- ☐ Tamhane's T2 檢定(M) ☐ 杜納 (Dunnett) T3 檢定(3) ☐ Games-Howell 檢定(A) ☐ Dunnett's C 檢定(U)

繼續 取消 說明

圖18-3

Step 4　二因子獨立樣本ANOVA

1. 點擊【選項】。

2. 勾選【描述性統計資料 / Descriptives】、【同質性檢定 / Homogeneity】、【效果大小估計值 / Estimates of Effect Size】。（如圖18-4）

3. 點擊【繼續 / Continue】，畫面將返回圖18-2。

4. 點擊【圖形 / Plots】。

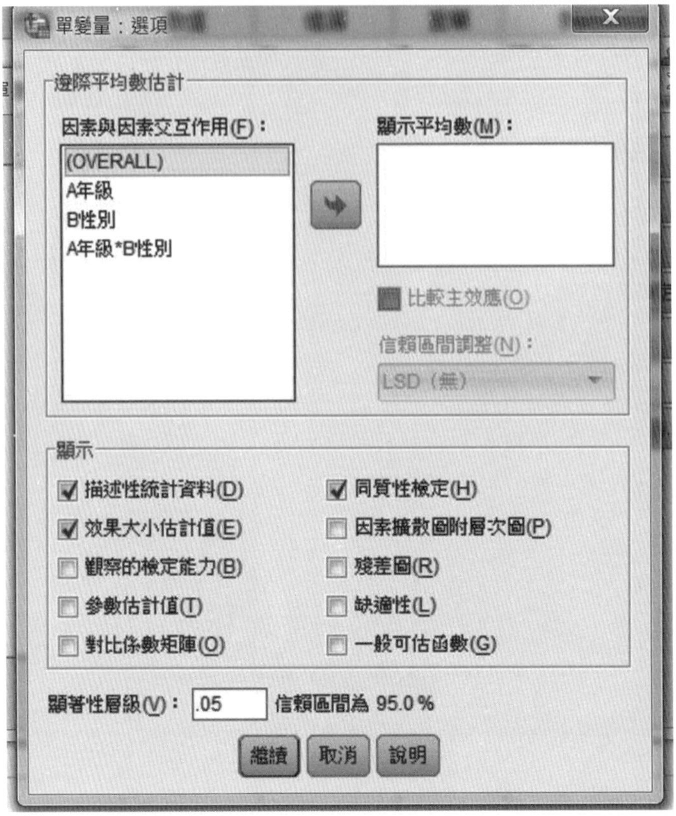

圖18-4

Step 5　二因子獨立樣本ANOVA

1. 將「年級」放入【個別線 / Separate Lines】、「性別」放入【水平軸 / Horizontal Axis】。（注意，年級 / 性別哪一個放【個別線】、哪一個放【水平軸】並不一定，你可以彼此對調畫圖，請選擇對你而言最好解釋的圖。）

2. 點擊【新增 / Add】。（如圖18-5）

3. 點擊【繼續 / Continue】，畫面將返回圖18-2。

4. 點擊【確定 / OK】即完成分析。分析結果如圖18-6。

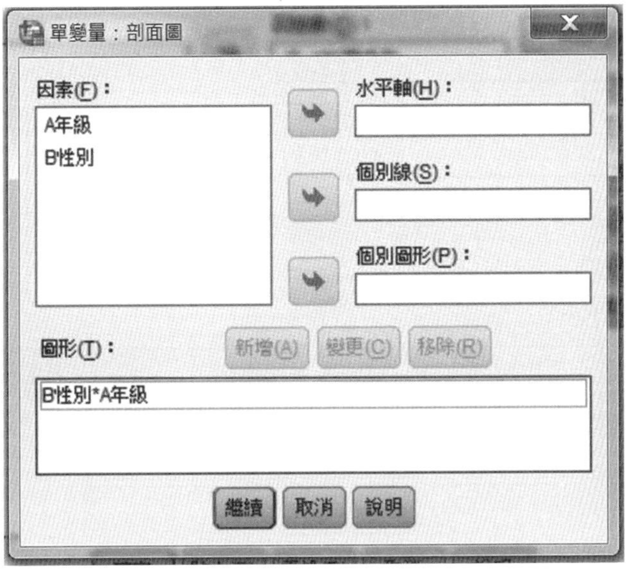

圖18-5

描述性統計資料

因變數：Y社團參與

A年級	B性別	平均數	標準偏差	N
1	1	14.77	4.199	30
1	2	12.73	4.242	30
1	總計	13.75	4.309	60
2	1	15.13	3.803	30
2	2	16.70	3.843	30
2	總計	15.92	3.872	60
3	1	14.27	3.331	30
3	2	15.23	4.108	30
3	總計	14.75	3.740	60
總計	1	14.72	3.769	90
總計	2	14.89	4.346	90
總計	總計	14.81	4.057	180

A1｜B1
（一年級女生數值；
以此類推）

A1｜B總計
（一年級不分性別數
值；以此類推）

A總計｜B1
（女生不分年級數
值；以此類推）

A總計｜B總計
（所有人不分性別年
級的數值）

①

圖18-6

Levene's錯誤共變異等式檢定[a]
因變數：Y社團參與

F	df1	df2	顯著性
.930	5	174	.463

②

主旨間效果檢定

因變數：Y社團參與

來源	第III類平方和	df	平均值平方	F	顯著性	局部Eta方形
修正的模型	253.961[a]	5	50.792	3.283	.007	.089
截距	39456.804	1	39456.806	2550.107	.000	.936
A年級	141.111	2	70.556	4.560	.012	.050
B性別	1.250	1	1.250	.081	.777	.000
A年級*B性別	111.600	2	55.800	3.606	.029	.040
錯誤	2692.233	174	15.473			
總計	42403.000	180				
校正後總數	2946.194	179				

效果（A年級、B性別、A年級*B性別）　誤差（錯誤、總計、校正後總數）

③　　④

多重比較

因變數：Y社團參與

	(I)A年級	(J)A年級	平均差異(I-J)	標準錯誤	顯著性	95%信賴區間 下限	95%信賴區間 上限
Tukey HSD	1	2	-2.17*	.718	.008	-3.86	-.47
		3	-1.00	.718	.347	-2.70	.70
	2	1	2.17*	.718	.008	.47	3.86
		3	1.17	.718	.238	-.53	2.86
	3	1	1.00	.718	.347	-.70	2.70
		2	-1.17	.718	.238	-2.86	.53
Scheffe法	1	2	-2.17*	.718	.012	-3.94	-.39
		3	-1.00	.718	.381	-2.77	.77
	2	1	2.17*	.718	.012	.39	3.94
		3	1.17	.718	.270	-.61	2.94
	3	1	1.00	.718	.381	-.77	2.77
		2	-1.17	.718	.270	-2.94	.61

⑤

圖18-6（續）

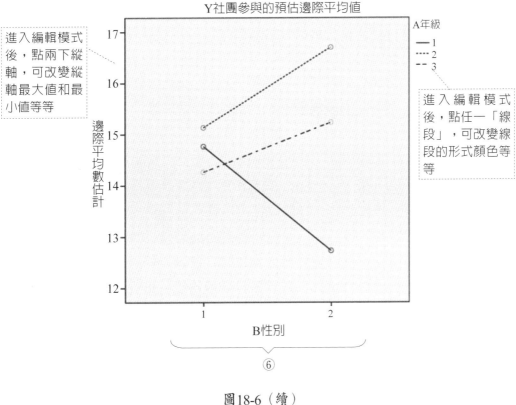

進入編輯模式後，點兩下縱軸，可改變縱軸最大值和最小值等等

進入編輯模式後，點任一「線段」，可改變線段的形式顏色等等

圖18-6（續）

統計報表解讀

分析結果報表（圖18-6）中的各項數值意義如下（請注意，以下的①、②……等數字，和圖18-6統計報表中的①、②……是相對應的，互相參照就可以解讀統計報表囉）：

①【描述統計】：包含各組的樣本數（N）、平均值（Mean）、標準差（Std. Deviation，SPSS翻譯為標準偏差）。解讀這個描述統計表時，**請注意我們標註灰底的那些數據**，SPSS報表省略了這些灰底的數據（即各變項的組別編號），這常常造成解讀資料的困難。在解讀描述統計時，我們建議你手動把這些編號寫上去，這樣在解讀描述統計時你會比較輕鬆，也不容易犯錯。

②【變異數同質性檢定結果】：ANOVA必須在變異數同質的前提下才能進行。若顯著性≧.05（注意，是「大於」等於.05，不是「小於」喔），就沒事兒。若顯著性

<.05，表示此資料不適於進行ANOVA，此時請參考本書單元27，進行原始分數轉換，然後重新進行ANOVA。

③【ANOVA結果】：

(1)最左邊的縱行標示各個效果項和誤差項，主要是要看自變項（「年級」、「性別」、「年級*性別」）及誤差項（SPSS報表中翻譯爲「錯誤」），那些橫排的數值。

(2)每一橫排都包含下列數值：其中「第III類平方和」（Type III Sum of Squares）是離均差平方和（SS），「df」是自由度，「平均值平方」是均方（Mean Square），「F」是檢定值，「顯著性」是 p值。若「顯著性」< .05，表示X對Y有顯著效果；若「顯著性」≧ .05，表示X對Y無顯著效果。

(3)論文的撰寫形式是：「F（自變項df, 誤差df）= xxx，p = xxx」，以圖18-6③爲例，年級的「F (2, 174) = 4.56，p = .012」（2是自變項df，174是誤差df）。「年級*性別」的交互作用「F (2, 174) = 3.60，p = .029」；因此年級和性別對社團參與有顯著「交互作用」效果。

④【效果量】：「局部eta方形」（Partial Eta Squaredf），指的是SPSS提供partial eta squared作爲ANOVA檢定的效果量（以η_p^2符號表示）。若 .01≦η_p^2< .058爲小效果；.058 ≦η_p^2< .138爲中效果；.138≦η_p^2是大效果[注]。

⑤【事後比較】：兩兩比較1、2、3年級之間的差異。若「顯著性」< .05，表示某兩組有顯著差異；若「顯著性」≧ .05，表示某兩組無顯著差異。事後檢定有非常多種方法，最常用的是Tukey HSD和Scheffe法；本範例兩種方式都跑。Scheffe法是最嚴格的事後檢定，所以如果顯著就非常威，若顯著可考慮優先報告這個檢定結果；Tukey HSD屬於百搭型的，因此在大部分情況下，報告這種檢定結果都很安全。兩種檢定只要報告其中一種即可。以圖18-6⑤爲例；Tukey HSD中，1、2年級（p = .008），表示1、2年級在社團參與上有顯著差異；2、3年級（p = .238），表示2、3年級在社團參與上沒有顯著差異。SPSS的事後比較中，有好幾組訊息會是重複的，例如1、2年級（p = .008）的比較和2、1年級（p = .008）的比較訊息是完全重複的，論文書寫只要呈現一次即可。請注意，若自變項只有兩組（如性別），無需進行事後比較，因爲此時 ANOVA顯著就表示一定是這兩組之間有差

注　Cohen, J. (1988). *Statistical power analysis for the behavioral sciences.* NJ: Lawrence Erlbaum Associates.

異，所以你在圖18-6⑤中只會看到「年級」的事後比較，不會有「性別」的事後比較。只有三組以上才必須進行事後比較。

⑥【交互作用圖】：請特別注意兩件事：**(1)**只有③的**A*B**交互作用顯著，才需要在論文中呈現交互作用圖；否則不論圖看起來如何厲害，都不需要在論文中呈現它。**(2)** SPSS的交互作用圖一定要做進一步編輯，才能放入論文中，不能直接剪貼。在SPSS結果檔中對圖快速點兩下，會進入編輯模式，然後你可以改變座標軸的單位，或是線段的形式（見圖18-6⑥旁邊的說明）。其中，線段形式是一定要編輯的；以本範例來說，由於SPSS是以線的顏色來表示1、2、3年級，但你的論文應該不會印彩色的，在黑白的情況下，讀者不太容易看出哪條線分別代表1、2、3年級的，因此要調整線段的形式（如實線、虛線），讀者才能看懂圖（雖然有時你寧可讀者，也就是你的指導教授和口委不要看懂）。圖18-6⑥的交互作用圖，就是經過編輯的。

18-4 單純主效果檢定

如果你的二因子交互作用不顯著，那麼你可以跳過這個子單元。若是二因子交互作用顯著，必須進行單純主效果（simple main effect）的檢定；此時，請參考單元25之說明及做法（p.361）。

18-5 論文中的表格呈現

在論文中，若需要用表格的方式來呈現二因子ANOVA結果，則可以依據表格範例18-1、18-2、18-3，對照圖18-6填入相關數據（表格範例可於本書網頁下載，相關下載請見本書封底說明）。包含：

(1) 表格範例18-1為描述統計。

(2) 表格範例18-2為ANOVA的檢定結果。請注意，在對照圖18-6③填註數值時，你只需要看自變項（「年級」、「性別」、「年級*性別」）、「錯誤」（即誤差項）和「校正後的總數」（**corrected total**）這幾行，修正的模型（corrected model）、截距（intercept）和總計（total）這三行的數值可以忽略。

(3) 表格範例18-3是單純主效果檢定結果，只有交互作用顯著，才需要呈現這個

表格。表中各單純效果的SS, df, MS, F請填入Excel 18-1的分析結果（Excel請至本書的網頁下載，相關下載請見本書封底說明），而表中「誤差」那一行，也是填入Excel 18-1中標註的誤差項（我們幫你標出來了，很好找滴）。

表格範例 18-1

各細格描述統計

	填入圖18-6①數據				
年級	女生B1		男生B2	
	n	M (SD)	n	M (SD)
一年級A1	30	14.77 (4.19)	30	12.73 (4.24)
二年級A2	30	15.13 (3.80)	30	16.70 (3.84)
三年級A3	30	14.27 (3.33)	30	15.23 (4.10)

表格範例 18-2

年級、性別在社團參與上之ANOVA

	填入圖18-6③數據				填入圖18-6④數據
變異來源	SS	df	MS	F	p	η_p^2
A年級	141.11	2	70.55	4.56	.012	.050
B性別	1.25	1	1.25	0.08	.77	<.001
A*B	111.60	2	55.80	3.60	.029	.040
誤差	2692.23	174	15.47			
總和	2946.19	179				

表格範例18-3

年級、性別在社團參與上之單純主效果分析

填入Excel 18-1之結果

變異來源	SS	df	MS	F	p	η_p^2
年級（A）						
at 女生（B1）	11.19	2	5.60	0.36	.69	.004
at 男生（B2）	241.71	2	120.86	7.81	.001	.082
性別（B）						
at 1年級（A1）	62.42	1	62.42	4.03	.04	.023
at 2年級（A2）	36.97	1	36.97	2.39	.12	.014
at 3年級（A3）	13.82	1	13.82	0.89	.34	.005
誤差	2692.23	174	15.47			

18-6　分析結果的撰寫

在論文中，二因子ANOVA的結果可能會需要書寫以下內容：

(0) 二因子ANOVA統計的概述。

(1) 主效果：

　(1-1) 主效果分析。

　(1-2) 事後比較（若主效果顯著，且該變項下包含三組以上）。

(2) 二因子交互作用：

　(2-1) 二因子交互作用分析。

　(2-2) 單純主效果（若二因子交互作用顯著）。

書寫時請務必注意以下事項：

一、在書寫時的順序，「依序」是(0), (1-1), (1-2), (2-1), (2-2)。也就是依上面所條列的內容，由上而下的順序書寫。

二、請特別注意，你並不需要每一個效果都寫，請依照你論文中所關注的問題（如果你不清楚，應該和指導教授討論），選取你需要書寫的部分，然後

搭配以下書寫範例，組合出你所需的二因子ANOVA分析結果。

三、書寫範例中的A, B, Y，請依據你的研究內容填入適切的變項及組別名稱。

四、在論文中書寫各種效果時，可能會需要填寫描述統計數值（平均值、標準差），而如前所述，由於SPSS描述報表省略了組別編號資料，常造成解讀不易，我們建議你如圖18-6①所示，手動將SPSS省略的編號（灰底處）填上，然後依據下列法則找到你所需要的描述統計（所需Excel請至本書的網頁下載，相關下載請見本書封底說明）：

（一）**需要呈現那些描述統計？**請使用Excel 18-1，當各種單純主效果顯著之後，往右對照，你會看到在每個單純效果下，你需要呈現的描述統計（沒錯，我們就是這麼窩心）。

（二）**如何找到應該呈現的數值？**請使用Excel 18-2，就可以找到你該呈現的數值是多少了（是的，買這本書非常值得）。當然，如果你有自信，能直接從SPSS報表中找到對應數值，那麼你可以完全不使用Excel 18-2。

（三）Excel 18-1和Excel 18-2都要求你必須輸入各細格（cells）的平均值、標準差和樣本數。在輸入這些數值時，請對照圖18-6①，找那些「橫行沒有標示『總計』（total）」的數值就對了，那就是Excel 18-1和Excel 18-2所需要的各細格數值。

五、關於呈現統計數據時的注意事項，請參考「★你不想知道的統計知識(1)★」（p.389）。

六、部分統計學家認為當高階效果顯著時，不應該解釋低階效果，關於這一點，如果你不想知道，趕緊跳過。若你想瞭解，詳見「★你不想知道的統計知識(36)★」（p.410）。

以下書寫範例中，標楷體的部分是論文中應該要書寫的內容，【】內的敘述，是對書寫方式的說明。

(0)【對二因子統計的概述書寫】（一開始一定要寫）

以二因子獨立樣本ANOVA分析A、B對Y之效果，結果如表xxx【論文中附上表格範例18-2】，各細格描述統計如表xxx【論文中附上表格範例18-1】。結果發現：

(1-1)【主效果分析】（論文關注主效果才要寫；以A為例）

> 　　A對Y有顯著效果【或是「沒有顯著效果」，視分析結果而定】，$F(2, 174) =$ 4.56，$p = .012$，$\eta_p^2 = .050$。【對照並填入圖18-6③④的數值】【若不顯著，以下可以不用寫。若顯著且A有三組，請接著寫範例(1-2)。若顯著且A只有兩組，則接著寫出描述統計及方向，如下】A1（$M = 13.75$, $SD = 4.31$）顯著地小於A2（$M = 15.92$, $SD = 3.87$）【填入Excel 18-2，主效果的描述統計值】。

(1-2)【事後比較】（若關注的主效果顯著，且該變項下包含三組以上，才要寫；以A為例）。

> 　　Scheffe事後比較顯示【或「Tukey HSD」，視你選擇報告哪一種檢定而定，只要報告一種】：A1（$M = 13.75$, $SD = 4.31$）顯著地小於A2（$M = 15.92$, $SD = 3.87$）（$p = .012$）、A1與A3（$M = 14.75$, $SD = 3.74$）沒有顯著差異（$p = .38$）、A2與A3亦無顯著差異（$p = .27$）【填入Excel 18-2，主效果的描述統計值】【填入圖18-6⑤的「顯著性」】【若顯著須說明方向，大於或小於】【各組描述統計只需要填註一次，兩兩比較的結果也只要呈現一次。亦見「單元18-3：說明⑤，p.230」】。

(2-1)【二因子交互作用分析】（若關注二因子交互作用才要寫）

> 　　「A*B」在Y上有顯著交互作用（interaction）效果【或是「沒有顯著交互作用效果」，視分析結果而定」】，$F(2, 174) = 3.60$，$p = .029$，$\eta_p^2 = .040$【對照並填入圖18-6③④的數值】【若交互作用不顯著，寫到這裡即結束】【若交互作用顯著請接著寫範例(2-2)】。

(2-2)【單純主效果分析】（若關注的二因子交互作用顯著才要寫）

> 　　交互作用圖如圖xxx【論文中附上交互作用圖，見單元18-3⑥之說明，p.231】。進一步進行單純主效果（simple main effect）檢定，結果如表xxx【論文中附上表格範例18-3】。【開始寫單純主要效果】【開始寫A at B1】，對B1來說，A沒有顯著單純主效果【或是「有顯著單純主效果」，視分析結果而

定」】，$F_{(2, 174)} = .036$，$p = .70$，$\eta_p^2 = .004$【填入「Excel 18-1」的檢定值】。

【開始寫A at B2】對B2來說，A有顯著單純主效果【或是「沒有顯著單純主效果」，視分析結果而定」】，$F_{(2, 174)} = 7.81$，$p = .001$，$\eta_p^2 = .082$【填入「Excel 18-1」的檢定值】；A2B2（$M = 16.70$，$SD = 3.84$）大於A3B2（$M = 15.23$，$SD = 4.10$）大於A1B2（$M = 12.73$，$SD = 4.24$）【若顯著，「Excel 18-1」的紫色區域會指示你該呈現哪些描述統計，然後從「Excel 18-2」中找到相對應的描述統計值，然後描述方向（大於、小於）。若不顯著可以不必寫描述統計】對A1來說，B沒有顯著單純主效果……【以下開始寫 B at A1, B at A2, B at A3，寫法均同前】【若三組單純主效果都不顯著，也可以簡單寫「B在A1、A2、A3的單純主效果均不顯著。」即可，不必一一去寫】。

Unit **19**

二因子變異數分析（ANOVA）：相依樣本

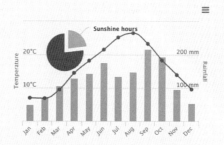

※請參考本書封底之說明，下載本單元中所使用的統計範例檔及工具檔。

19-1 二因子相依樣本ANOVA概述

使用時機	因子（factor）指的是自變項，二因子就是有兩個自變項。而所謂二因子相依樣本ANOVA，就是有兩個自變項A, B，而A, B都是間斷變數，且是相依樣本設計，要分析A, B對某個連續變項Y的效果。（關於何謂相依樣本，見「★你不想知道的統計知識(9)★」，p.395。關於ANOVA和t檢定之關係，見「★你不想知道的統計知識(32)★」，p.406。關於使用時機請參見表0-2，p.7。）
交互作用	通常當有兩個以上的自變項A, B時，統計檢定會很在意A, B對Y的「交互作用」（interaction）。有關交互作用的意義，請見「★你不想知道的統計知識(19)★」（p.399）。由於交互作用是二因子ANOVA的重頭戲，請務必理解交互作用的意義。
二因子相依樣本ANOVA的例子	1.「餐別（3種：早餐、午餐或晚餐）和食物類型（2種：高熱量、低熱量）對嗜睡程度的影響」（3×2種組合的分數來自同一群人，亦即，每個人都經歷過六種情境）。 2.「燈的顏色（2種：紅燈 vs. 綠燈）和呈現時間（2種：長 vs. 短）對反應時間的影響」（2×2種組合的分數來自同一群人）。

19-2 相依樣本的資料結構

　　相依樣本的資料結構比較特別，理解這個結構對多因子的相依樣本ANOVA分析很重要。

　　一般來說，在SPSS的資料檔中，一個橫列代表一筆資料，一個縱行代表一個變項。舉例來說，如果資料有100列、5縱行，通常表示有100人、5個變項。儘管通常一個縱行代表一個研究變項；但是相依樣本卻是一個縱行代表「一個變項下的某一組」〔稱之為水準（level）〕。舉例來說，我們想知道人們在不同科目：英文、數學、自然成績的差異。此時自變項是「科目」，下面有英文、數學、自然三組分數（三個水準）。由於成績是來自於同一個人，所以是相依樣本。在SPSS中，資料結構如圖19-1。你可以看到每一縱行代表自變項下的其中一組分數。相對來說，「科目」這個自變項被分散在三個縱行中。

	姓名	英文	數學	自然
1	鄭中平	88.00	87.00	76.00
2	顏志龍	78.00	74.00	88.00
3	金城武	75.00	74.00	91.00
4	林志玲	83.00	81.00	86.00
5	劉德華	94.00	80.00	76.00

科目

圖19-1

相依樣本的這種資料結構在多因子以上的ANOVA會顯得更複雜。例如，我們想知道人們在不同的「考試時間」（期中、期末）的不同「科目」（英文、數學、自然）成績上的差異。此時自變項有兩個，「考試時間」（變項A：二水準）和「科目」（變項B：三水準）。總共會組合成2×3六種成績（期中英文、期中數學……等等）。由於六種成績是來自於同一個人，所以是相依樣本。在SPSS中，資料結構如圖19-2。你可以看到每一縱行代表2×3六種成績中的其中一組分數，而排在同一橫列，讓我們知道這些分數來自同一人。相對來說，「科目」、「考試時間」這兩個自變項被分散在六個縱行中，而且兩個自變項是交織混合在一起的。如果用A1B1之類的符號來解讀會更清晰（見圖19-2最下）。

姓名	期中英文	期中數學	期中自然	期末英文	期末數學	期末自然
1 鄭中平	92.00	87.00	85.00	92.00	94.00	82.00
2 顏志龍	83.00	95.00	83.00	79.00	79.00	87.00
3 金城武	84.00	73.00	74.00	93.00	95.00	78.00
4 林志玲	76.00	81.00	70.00	75.00	72.00	72.00
5 劉德華	84.00	75.00	79.00	88.00	86.00	90.00
	A1B1	A1B2	A1B3	A2B1	A2B2	A2B3

圖19-2

19-3　SPSS操作

以下操作將以考驗：「不同『考試時間』（期中、期末）、不同『科目』（英文、數學、自然）在成績上的差異。」來示範SPSS的操作。如果你是「空降」到這個子單元的，我們建議你務必閱讀「單元19-2：相依樣本的資料結構」。此外，由於多因子相依樣本的資料結構比較複雜，**我們強烈建議你變項名稱一律以符號形式（如「A1B1」）去命名，不要用原來的名稱**（如「期中英文」）命名，這對程式操作、後續分析、解讀資料會很有利。以本範例來說，第一個自變項「考試時間」命名為A，其下有A1（期中）和A2（期末）兩個水準；第二個自變項「科目」命名為B，其下有B1（英文）、B2（數學）、B3（自然）三個水準。於是你在SPSS中的2×3六個欄位資料會如圖19-3。請注意，就SPSS的操作來說，資料結構最好是**優先將A的同一水準放在鄰近欄位**，也就是六組分數要採 $[A1_{B1}, A1_{B2}, A1_{B3}]$ $[A2_{B1}, A2_{B2}, A2_{B3}]$ 由左至右的順序，不要採 $[_{A1}B1, _{A2}B1]$$[_{A1}B2, _{A2}B2]$$[_{A1}B3, _{A2}B3]$ 的順序。

	A1B1	A1B2	A1B3	A2B1	A2B2	A2B3	var
1	14	9	10	8	19	11	
2	19	26	19	19	17	19	
3	11	12	9	13	8	16	
4	20	10	15	7	24	12	
5	3	4	6	0	-2	3	

圖19-3

Step 1　二因子相依樣本ANOVA

點選【分析 / Analyze】→【一般線性模型 / General Linear Model】→【重複測量 / Repeated Measures】。（如圖19-4）

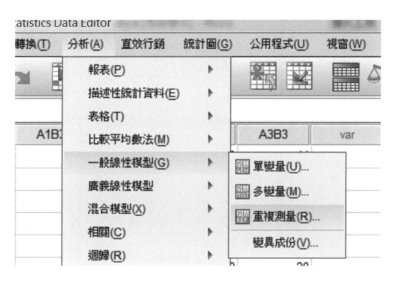

圖19-4

Step 2 **二因子相依樣本ANOVA**

1. 在【受試者內因素的名稱／Within Subject Factor Name】欄位中輸入「A」。
   【層級個數／Number of Levels】欄位中輸入A的組數（在本範例中是「2」組）。點擊【新增／Add】。

2. 在【受試者內因素的名稱／Within Subject Factor Name】欄位中輸入「B」。
   【層級個數／Number of Levels】欄位中輸入B的組數（在本範例中是「3」組）。點擊【新增／Add】。（如圖19-5）

3. 點擊【定義／Define】。

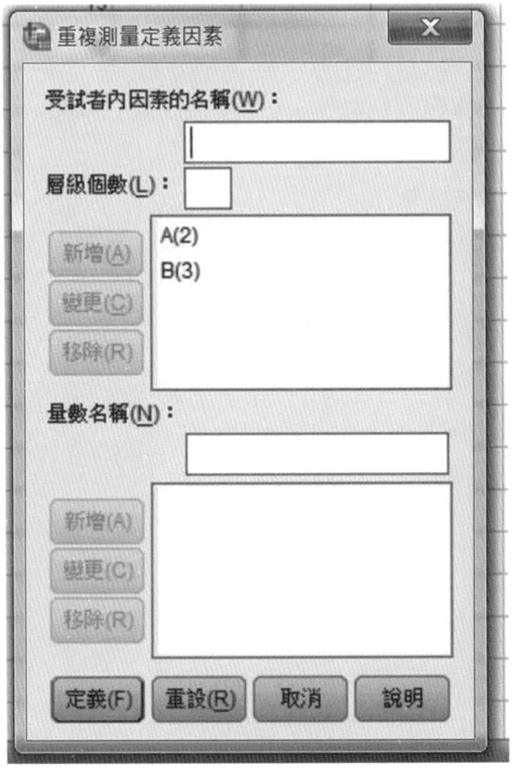

圖19-5

Step 3　二因子相依樣本ANOVA

1. 將所有變數放入【受試者內變數／Within Subjects Variables】欄位中。
2. 檢查變數放置是否正確：A後面的數字要對應到括弧中的第一個數字、B後面的數字要對應到括弧中的第二個數字，例如A1B2(1,2)。（如圖19-6）
3. 如果你是執行共變數分析，請將共變項放入【共變量／Covariate(s)】欄位（執行ANOVA者請不要理會這段話）。

圖19-6

Step 4 　二因子相依樣本ANOVA

1. 點擊【選項 / Options】。

2. 勾選【描述性統計資料 / Descriptives】、【同質性檢定 / Homogeneity】、【效果大小估計值 / Estimates of Effect Size】。（如圖19-7）

3. 點擊【繼續 / Continue】，畫面將返回圖19-6。

4. 點擊【圖形 / Plots】。

圖19-7

Step 5　　二因子相依樣本ANOVA

1. 將A放入【水平軸／Horizontal Axis】、B放入【個別線／Separate Lines】。
   （注意，A、B哪一個放【水平軸】、哪一個放【個別線】並不一定，你可以
   彼此對調畫圖，請選擇對你而言最好解釋的圖。）

2. 點擊【新增／Add】。（如圖19-8）

3. 點擊【繼續／Continue】，畫面將返回圖19-6。

4. 點擊【確定／OK】即完成分析。分析結果如圖19-9。

圖19-8

描述性統計資料

	平均數	標準偏差	N
A1B1	14.00	5.651	30
A1B2	15.10	6.071	30
A1B3	12.47	6.252	30
A2B1	11.10	6.166	30
A2B2	15.83	7.106	30
A2B3	14.33	6.960	30

①

②

Mauchly的球形檢定[a]

測量：MEASURE_1

主旨內效果	Mauchly's W	大約卡方	df	顯著性	Epsilon[b]		
					Greenhouse-Geisser	Huynh-Feldr	下限
A	1.000	.000	0	.	1.000	1.000	1.000
B	.909	2.663	2	.264	.917	.976	.500
A*B	.997	.172	2	.918	.994	1.000	.500

圖19-9

③　　　　　　　　　④

主旨內效果檢定

測量：MEASURE_1

來源		第III類平方和	df	平均值平方	F	顯著性	局部Eta方形
A	假設的球形	.450	1	.450	.034	.854	.001
	Greenhouse-Geisser	.450	1.000	.450	.034	.854	.001
	Huynh-Feldt	.450	1.000	.450	.034	.854	.001
	下限	.450	1.000	.450	.034	.854	.001
Error (A)	假設的球形	379.383	29	13.082			
	Greenhouse-Geisser	379.383	29.000	13.082			
	Huynh-Feldt	379.383	29.000	13.082			
	下限	379.383	29.000	13.082			
B	假設的球形	270.011	2	135.006	6.239	.004	.177
	Greenhouse-Geisser	270.011	1.834	147.253	6.239	.005	.177
	Huynh-Feldt	270.011	1.951	138.376	6.239	.004	.177
	下限	270.011	1.000	270.011	6.239	.018	.177
Error (B)	假設的球形	1254.989	58	21.638			
	Greenhouse-Geisser	1254.989	53.176	23.601			
	Huynh-Feldt	1254.989	56.587	22.178			
	下限	1254.989	29.000	43.275			
A*B	假設的球形	186.033	2	93.017	4.597	.014	.137
	Greenhouse-Geisser	186.033	1.988	93.586	4.597	.014	.137
	Huynh-Feldt	186.033	2.000	93.017	4.597	.014	.137
	下限	186.033	1.000	186.033	4.597	.041	.137
Error(A*B)	假設的球形	1173.633	58	20.235			
	Greenhouse-Geisser	1173.633	57.647	20.359			
	Huynh-Feldt	1173.633	58.000	20.235			
	下限	1173.633	29.000	40.470			

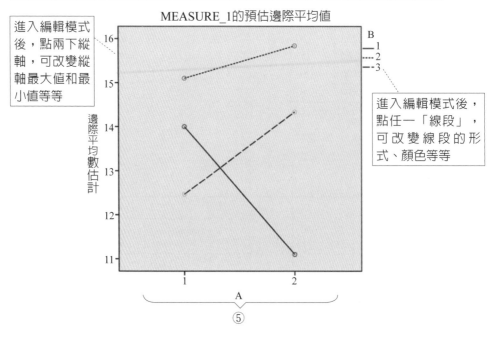

MEASURE_1的預估邊際平均值

進入編輯模式後，點兩下縱軸，可改變縱軸最大值和最小值等等

進入編輯模式後，點任一「線段」，可改變線段的形式、顏色等等

⑤

圖19-9（續）

19-4 統計報表解讀

　　分析結果報表（圖19-9）中的各項數值意義如下（請注意，以下的①、②……等數字，和圖19-9統計報表中的①、②……是相對應的，互相參照就可以解讀統計報表囉）：

① 【單純效果描述統計】：包含各細格的樣本數（N）、平均值（Mean）、標準差（Std. Deviation，SPSS翻譯為標準偏差）。

② 【同質性檢定】：ANOVA必須在變異數同質的前提下才能進行。若沒有檢定值（只看到「.」），或顯著性≧.05，就沒事。若顯著性< .05，表示此資料不適於進行ANOVA，此時請參考本書單元27，進行原始分數轉換，然後重新進行ANOVA。（相依樣本變異數同質性之進一步說明，見「★你不想知道的統計知識（34）★」，p.407）。

③ 【ANOVA結果】：

(1)涉及相依樣本的ANOVA有很多表格，請特別注意，你要看的是「主旨內效果檢定」（Tests of Within Subjects Effects）那個表格，不是「主旨內對照檢定」（Tests of Within Subjects Contrasts）或「多變數檢定」（Multivariate Tests）（這些表格很像，不要弄錯了）。

(2)最左邊的縱行標示著各個效果項和誤差項。A的那區塊是A的效果，Error(A)是A的誤差項，B的那區塊是B的效果，Error (B)是B的誤差項，A*B的那區塊是A*B的效果，Error (A*B)是A*B的誤差項。也就是A、B、A*B有它們各自的誤差項。

(3)每個區塊有很多行數值，都只需要看「假設的球形」（Sphericity Assumed）那一行數據就可以了。其中「第III類平方和」（Type III Sum of Squares）是離均差平方和（SS），「df」是自由度，「平均值平方」是均方（Mean Square），「F」是檢定值，「顯著性」是 p值。若「顯著性」< .05，表示自變項有顯著效果；若「顯著性」≧ .05，表示自變項無顯著效果。

(4)論文的撰寫形式是，「F（效果的df, 誤差df）= xxx，p = xxx」。以圖19-9③為例，「考試時間 (A)」的「F (1, 29) = 0.03, p = .85」〔1是自變項A的df，29是誤差Error (A) 的df〕。

④ 【效果量】：「局部eta方形」（Partial Eta Squared），指的是SPSS提供partial eta squared作為ANOVA檢定的效果量（以η_p^2符號表示）。若 .01≦η_p^2< .058為小效

果；$.058 \leqq \eta_p^2 < .138$ 為中效果；$.138 \leqq \eta_p^2$ 是大效果[注]。

⑤【交互作用圖】：請特別注意兩件事 (1)只有③的**A*B交互作用顯著**才需要在論文中呈現交互作用圖；否則不論圖看起來如何屬害，都不需要在論文中呈現它。**(2) SPSS的交互作用圖一定要做進一步編輯才能放入論文中，不能直接剪貼。**在SPSS結果檔中對圖快速點兩下，會進入編輯模式，然後你可以改變座標軸的單位，或是線段的形式（見圖19-9⑤旁邊的說明）。其中，線段形式是一定要編輯的；以本範例來說，由於SPSS是以線的顏色來表示B1, B2, B3，但你的論文應該不會印彩色的，在黑白的情況讀者不太容易看出哪條線分別代表B1, B2, B3，因此要調整線段的形式（如實線、虛線），讀者才能看懂圖（雖然有時你寧可讀者，也就是你的指導教授和口委，不要看懂）。圖19-9⑤的交互作用圖，就是經過編輯的。

⑥【事後比較（報表上沒有）】：關於事後比較的意義，請見「★你不想知道的統計知識(33)★」（p.407）。請注意，只有③之主效果（A或B）的「顯著性」 < .05，且自變項有三組以上時，才要進行事後比較。若「顯著性」≧.05，無需做事後比較；自變項只有兩組，也無需進行事後比較，因為此時 ANOVA顯著就表示一定是這兩組之間有差異。只有三組以上且ANOVA顯著，才必須進行事後比較。因此，在本範例中，若A（只有兩組）顯著，也不用進行事後比較，但B（有三組）若顯著，必須進行事後比較。由於SPSS相依ANOVA並未提供Tukey HSD和Scheffe法的事後檢定，若需要請使用本書Excel 19-1，進行事後比較（Excel請至本書的網頁下載，相關下載請見本書封底說明）。使用Excel 19-1時要特別注意，你需要將誤差自由度填到Excel中，不過，設計Excel19-1時，預定處理的誤差自由度上限是1000，如果高於1000，請填入1000。通常這不太會影響到顯著水準判定，當然你也可以自行查表（很難在書上找到這樣的表就是了）。此外，我們處理的組數上限是8。Scheffe法是最嚴格的事後檢定，所以如果顯著就非常威，若顯著可考慮優先報告這個檢定結果；Tukey HSD屬於百搭型的，因此在大部分情況下報告這種檢定結果都很安全。兩種檢定只要報告其中一種即可。

[注] Cohen, J. (1988). *Statistical power analysis for the behavioral sciences*. NJ:, Lawrence Erlbaum Associates.

19-5 單純主效果檢定

如果你的二因子交互作用不顯著，那麼你可以跳過這個子單元。若是二因子交互作用顯著，必須進行單純主效果（simple main effect）的檢定；此時，請參考單元25之說明及做法（p.361）。

19-6 論文中的表格呈現

在論文中，若需要用表格的方式來呈現二因子ANOVA結果，則可以依據表格範例19-1、19-2、19-3，對照圖19-9填入相關數據（表格範例可於本書網頁下載，相關下載請見本書封底說明）。包含：

(1) 表格範例19-1為描述統計。

(2) 表格範例19-2為ANOVA的檢定結果。

(3) 表格範例19-3是單純主效果檢定結果，只有交互作用顯著才需要呈現這個表格。表中各單純效果的SS, df, MS, F請填入Excel 19-2的分析結果（Excel請至本書的網頁下載，相關下載請見本書封底說明），而表中「誤差」那兩行則是填入Excel 19-2中，分析結果的兩個誤差項（我們幫你標示在Excel19-2中了，很好找）。

📝 **表格範例 19-1**

各細格描述統計（*N = 30*）

填入圖19-9①數據

年級	期中考A1	期末考A2
	M (SD)	*M (SD)*
英文B1	14.00 (5.65)	11.10 (6.16)
數學B2	15.10 (6.07)	15.83 (7.10)
自然B3	12.47 (6.25)	14.33 (6.96)

表格範例19-2

考試時間×科目之*ANOVA*

填入圖19-9③數據　　　　　　填入圖19-9④數據

變異來源	SS	df	MS	F	p	η_p^2
考試時間（A）	0.45	1	0.45	0.03	.85	.001
誤差（A）	379.38	29	13.08			
科目（B）	270.01	2	135.00	6.23	.004	.177
誤差（B）	1254.98	58	21.63			
A*B	186.03	2	93.01	4.59	.014	.137
誤差（A*B）	1173.63	58	20.23			

表格範例19-3

考試時間×科目之單純主效果

填入Excel 19-2之結果

變異來源	SS	df	MS	F	p	η_p^2
考試時間（A）						
at 英文（B1）	126.15	1	126.15	7.07	.009	.075
at 數學（B2）	7.99	1	7.99	0.45	.50	.005
at 自然（B3）	51.89	1	51.89	2.91	.09	.032
誤差	1553.01	87	17.85			
科目（B）						
at 期中考（A1）	104.68	2	52.34	2.50	.08	.041
at 期末考（A2）	350.56	2	175.28	8.37	< .001	.126
誤差	2428.63	116	20.94			

19-7 分析結果的撰寫

在論文中，二因子ANOVA的結果可能會需要書寫以下內容：

(0) 二因子ANOVA統計的概述。

(1) 主效果：

　　(1-1) 主效果分析。

　　(1-2) 事後比較（若主效果顯著，且該變項下包含三組以上）。

(2) 二因子交互作用：

　　(2-1) 二因子交互作用分析。

　　(2-2) 單純主效果（若二因子交互作用顯著）。

書寫時請務必注意以下事項：

一、在書寫時的順序「依序」是(0), (1-1), (1-2), (2-1), (2-2)。也就是依上面所條列的內容，由上而下的順序書寫。

二、請特別注意，你並不需要每一個效果都寫，請依照你論文中所關注的問題（如果你不清楚，應該和指導教授討論），選取你需要書寫的部分，然後搭配以下書寫範例，組合出你所需的二因子ANOVA分析結果。

三、書寫範例中的A, B, Y，請依據你的研究內容填入適切的變項及組別名稱。

四、在論文中書寫各種效果時，可能會需要填寫描述統計數值（平均值、標準差），請依據下列法則找到你所需要的描述統計（Excel請至本書的網頁下載，相關下載請見本書封底說明）：

　　（一）**需要呈現那些描述統計？**請使用Excel 19-2，當各種單純主效果顯著之後，往右對照，你會看到在每個單純效果下，你需要呈現的描述統計（沒錯，我們就是這麼窩心）。

　　（二）**如何找到應該呈現的數值？**請使用Excel 19-3，就可以找到你該呈現的數值是多少了（是的，買這本書非常值得）。

　　（三）Excel 19-2和Excel 19-3都要求你必須輸入各細格（cells）的平均值、標準差和樣本數。在輸入這些數值時，請對照圖19-9①輸入。

五、關於呈現統計數據時的注意事項，請參考「★你不想知道的統計知識(1)★」（p.389）。

六、部分統計學家認為當高階效果顯著時，不應該解釋低階效果，關於這一點，如果你不想知道，趕緊跳過。若你想瞭解，詳見「★你不想知道的統

計知識(36)★」（p.410）。

以下書寫範例中，標楷體的部分是論文中應該要書寫的內容，【】內的敘述，是對書寫方式的說明。

(0)【對二因子統計的概述書寫】（一開始一定要寫）

以二因子相依樣本ANOVA分析A、B對Y之效果，結果如表xxx【論文中附上表格範例19-2】，各細格描述統計如表xxx【論文中附上表格範例19-1】。結果發現：

(1-1)【主效果分析】（論文關注主效果才要寫；以B為例）

B對Y有顯著效果【或是「沒有顯著效果」，視分析結果而定】，$F(2, 58) = 6.23$，$p = .004$，$\eta_p^2 = .177$。【對照並填入圖19-9③④的數值】【若不顯著，以下可以不用寫。若顯著且B有三組，請接著寫範例（1-2）。若顯著且B只有兩組，則接著寫出描述統計及方向，如下：】B1（$M = 12.55, SD = 6.04$）顯著小於B2（$M = 15.47, SD = 6.56$)【填入Excel 19-3，主效果的描述統計值】。

(1-2)【事後比較】（若關注的主效果顯著，且該變項下包含三組以上，才要寫；以B為例）。

Scheffe事後比較顯示【或「Tukey HSD」，視你選擇報告那一種檢定而定，只要報告一種】：B1（$M = 12.55, SD = 6.04$）顯著小於B2（$M = 15.47, SD = 6.56$）（$p < .01$）、B1與B3（$M = 13.40, SD = 6.63$）沒有顯著差異、B2與B3亦無顯著差異【填入Excel 19-3，主效果的描述統計值】【填入Excel 19-1的事後比較分析的p值】【若顯著須說明方向，大於或小於】【各組描述統計只需要填註一次。亦見「單元19-4：說明⑥，p.248」】。

(2-1)【二因子交互作用分析】（若關注二因子交互作用才要寫）

「A*B」在Y上有顯著交互作用（interaction）效果【或是「沒有顯著交互作用效果」，視分析結果而定】，$F(2, 58) = 4.59$，$p = .014$，$\eta_p^2 = .137$【對照並填入圖19-9③④的數值】【若交互作用不顯著，寫到這裡即結束】【若交互作用顯著請接著寫範例(2-2)】。

(2-2)【單純主效果分析】（若關注的二因子交互作用顯著才要寫）

交互作用圖如圖xxx【論文中附上交互作用圖，見單元19-4⑤之說明，p.248】。進一步進行單純主效果（simple main effect）檢定，結果如表xxx【論文中附上表格範例19-3】。【開始寫單純主要效果】【開始寫A at B1】，對B1來說，A有顯著單純主效果【或是「沒有顯著單純主效果」，視分析結果而定」】，F (1, 87) =7.07，p = .009，η_p^2= .250【填入「Excel 19-2」的檢定值】；A1B1（M =14.00，SD = 5.65）大於A2B1（M = 11.10, SD = 6.16）【若顯著，「Excel 19-2」的紫色區域會指示你該呈現哪些描述統計，然後從「Excel 19-3」中找到相對應的描述統計值，然後描述方向（大於、小於）。若不顯著可以不必寫描述統計】。【開始寫A at B2】對B2來說，A沒有顯著單純主效果【或是「有顯著單純主效果」，視分析結果而定」】，F (1, 87) = 0.45，p = .50，η_p^2 = .021。【填入「Excel 19-2」的檢定值】【開始寫A at B3，書寫方式均同前】……【以下開始寫B at A1, B at A2，寫法均同前】【若兩組單純主效果都不顯著，也可以簡單寫「B在A1、A2的單純主效果均不顯著」即可，不必一一去寫】。

Unit 20

二因子變異數分析
（ANOVA）：混合設計

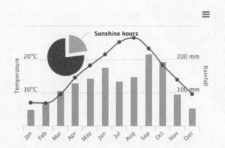

※請參考本書封底之説明，下載本單元中所使用的統計範例檔及工具檔。

20-1 二因子混合設計ANOVA概述

使用時機	因子（factor）指的是自變項，二因子就是有兩個自變項。而所謂二因子混合設計ANOVA，就是有兩個自變項A, B，它們都是間斷變數，且其中一個是獨立樣本、一個是相依樣本，要分析A, B對某個連續變項Y的效果。（關於何謂獨立／相依樣本，見「★你不想知道的統計知識(9)★」，p.395。關於ANOVA和t檢定之關係，見「★你不想知道的統計知識(32)★」，p.406。關於使用時機請參見表0-2，p.7。）
交互作用	通常當有兩個以上的自變項A, B時，統計檢定會很在意A, B對Y的「交互作用」（interaction）。有關交互作用的意義，請見「★你不想知道的統計知識(19)★」（p.399）。由於交互作用是二因子ANOVA的重頭戲，請務必理解交互作用的意義。
二因子混合設計ANOVA的例子	「讀書方法（A）對成績（Y）的效果，要視科目（B）而定。」在這個例子中，讀書方法是獨立樣本變項（每個人只用一種讀書方法），科目則是相依樣本變項（每個人有多個科目的成績）。不同科目應該搭配不同讀書方法，才有好效果。 在RPG遊戲中，「角色職業（魔法師或弓箭手，變項A）對攻擊力（Y）的影響，視武器類型（魔杖或弓箭，變項B）」而定。在這例子中，角色職業是獨立樣本變項（每個人只有一種角色職業），武器類型是相依樣本變項（每個人可以使用各種武器）。

20-2 SPSS操作

以下操作將以考驗：「高中年級（A）對成績（Y）的效果，要視科目（B）而定」為例。由於多因子ANOVA涉及相依樣本的資料結構比較複雜，**我們強烈建議你變項名稱一律以符號形式（如A、B）去命名，不要用原來的名稱（如英文、數學）命名**，這對程式操作、後續分析、解讀資料會很有利。以本範例來說，第一個自變項「年級」為獨立樣本變項，命名為A；第二個自變項「科目」為相依樣本變項，命名為B，其下有B1（英文）、B2（數學）二個水準。每個人只有一個年級，但有兩個科目成績，因此其資料結構如圖20-1。請注意，**務必把相依設計的變項設定成B**，**才能使用以下操作程序及報表解讀**。

	A	B1	B2	var
	1	20	8	
	2	19	23	
	3	13	19	
	1	11	17	
	2	11	19	

圖20-1

Step 1　二因子混合設計ANOVA

點選【分析／Analyze】→【一般線性模型／General Linear Model】→【重複測量／Repeated Measures】。（如圖20-2）

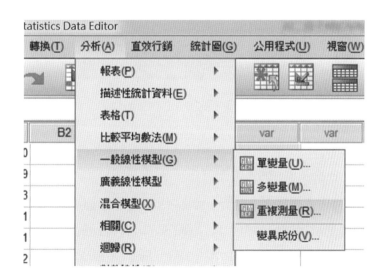

圖20-2

Step 2　二因子混合設計ANOVA

1. 在【受試者內因素的名稱／Within Subject Factor Name】欄位中輸入「B」

（相依樣本的自變項）。【層級個數／Number of Levels】欄位中輸入B的組數（在本範例中是「2」組）。點擊【新增／Add】。（如圖20-3）

2. 點擊【定義／Define】。

圖20-3

Step 3　二因子混合設計ANOVA

1. 將B1、B2放入【受試者內變數／Within Subjects Variables】欄位中。

2. 將A放入【受試者間的因素／Between Subjects Factor(s)】欄位中。（關於固定、隨機效果模式，見「★你不想知道的統計知識(37)★」，p.410）（如圖20-4）

3. 如果你是執行共變數分析，請將共變項放入【共變量／Covariate(s)】欄位（執行ANOVA者請不要理會這段話）。

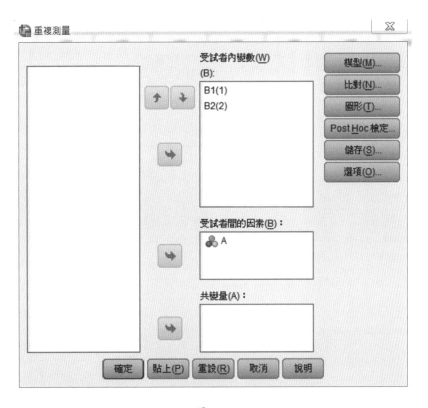

圖20-4

Step 4　二因子混合設計ANOVA

1. 若獨立樣本的自變項包含三組以上（如有3個年級）才要執行此步驟，否則請直接前往（Step 5）。

2. 點擊【Post Hoc檢定】。

3. 將獨立樣本的自變項（如A）放入【事後檢定／Post Hoc Tests for】欄位中。

4. 勾選【Scheffe法】、【Tukey法】。（如圖20-5）

5. 點擊【繼續／Continue】，畫面將返回圖20-4。

（關於事後比較、事前比較，請參考「★你不想知道的統計知識(33)★」，p.407。）

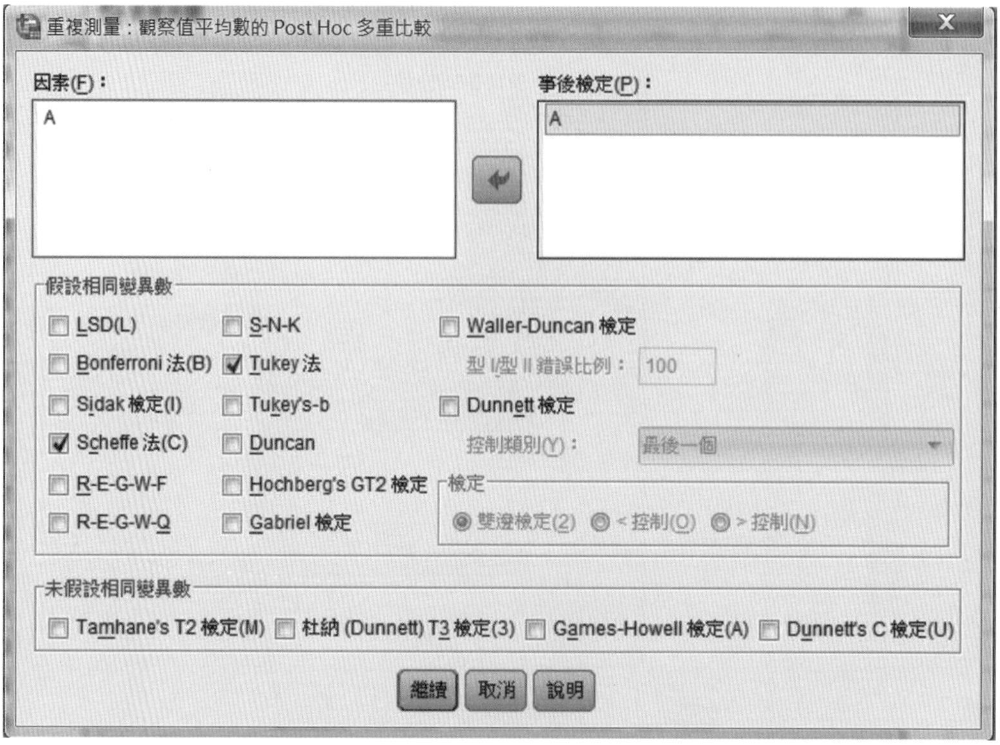

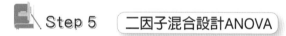

圖20-5

Step 5　二因子混合設計ANOVA

1. 點擊【選項／Options】。
2. 勾選【描述性統計資料／Descriptives】、【同質性檢定／Homogeneity】、【效果大小估計值／Estimates of Effect Size】。（如圖20-6）
3. 點擊【繼續／Continue】，畫面將返回圖20-4。
4. 點擊【圖形／Plots】。

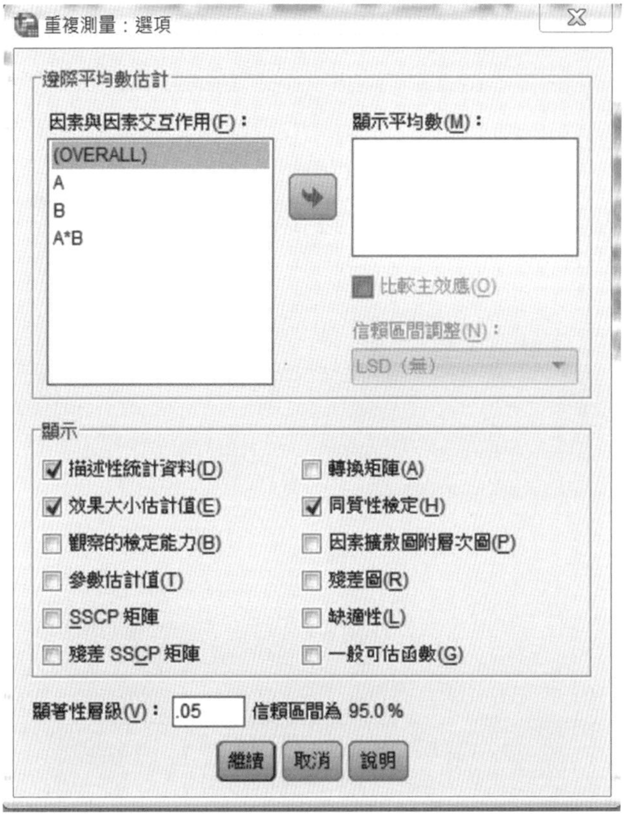

圖20-6

Step 6　二因子混合設計ANOVA

1. 將A放入【個別線 / Separate Lines】、B放入【水平軸 / Horizontal Axis】。
   （注意，A、B哪一個放【個別線】、哪一個放【水平軸】並不一定，你可以彼此對調畫圖，請選擇對你而言最好解釋的圖。）
2. 點擊【新增 / Add】。（如圖20-7）
3. 點擊【繼續 / Continue】，畫面將返回圖20-4。
4. 點擊【確定 / OK】即完成分析。分析結果如圖20-8。

圖20-7

描述性統計資料

	A	平均數	標準偏差	N
B1	1	14.67	5.695	30
B1	2	14.57	5.969	30
B1	3	14.47	7.422	30
B1	總計	14.57	6.335	90
B2	1	10.30	4.617	30
B2	2	18.53	5.290	30
B2	3	15.70	5.207	30
B2	總計	14.84	6.058	90

A1B1, A2B1, A3B1數值

不考慮A時，B1的總數值

A1B2, A2B2, A3B2數值

不考慮A時，B2總數值

①

Box's共變異數矩陣等式檢定[a]

Box's M共變異等式檢定	8.478
F	1.366
df1	6
df2	188642.769
顯著性	.224

②

圖20-8

Mauchly的球形檢定[a]

測量：MEASURE_1

主旨內效果	Mauchly's W	大約卡方	df	顯著性	Epsilon[b]		
					Greenhouse-Geisser	Huynh-Feldr	下限
B	1.000	.000	0	.	1.000	1.000	1.000

③

主旨內效果檢定

④　　　⑤

測量：MEASURE_1

來源		第III類平方和	df	平均值平方	F	顯著性	局部Eta方形
B	假設的球形	3.472	1	3.472	.249	.619	.003
	Greenhouse-Geisser	3.472	1.000	3.472	.249	.619	.003
	Huynh-Feldt	3.472	1.000	3.472	.249	.619	.003
	下限	3.472	1.000	3.472	.249	.619	.003
A*B	假設的球形	541.378	2	270.689	19.388	.000	.308
	Greenhouse-Geisser	541.378	2.000	270.689	19.388	.000	.308
	Huynh-Feldt	541.378	2.000	270.689	19.388	.000	.308
	下限	541.378	2.000	270.689	19.388	.000	.308
Error(A*B)	假設的球形	1214.650	87	13.961			
	Greenhouse-Geisser	1214.650	87.000	13.961			
	Huynh-Feldt	1214.650	87.000	13.961			
	下限	1214.650	87.000	13.961			

Levene's錯誤共變異等式檢定[a]

	F	df1	df2	顯著性
B1	.330	2	87	.720
B2	.756	2	87	.473

⑥

主旨間效果檢定

測量：MEASURE_1
轉換的變數：平均

來源	第III類平方和	df	平均值平方	F	顯著性	局部Eta方形
截距	38925.606	1	38925.606	740.562	.000	.895
A	508.978	2	254.489	4.842	.010	1.00
錯誤	4572.917	87	52.562			

⑦　　　⑧

圖20-8（續）

多重比較

測量：MEASURE_1

⑨

	(I)A	(J)A	平均差異(I-J)	標準錯誤	顯著性	95%信賴區間 下限	上限
Tukey HSD	1	2	-4.07*	1.324	.008	-7.22	.91
		3	-2.60	1.324	.127	-5.76	.56
	2	1	4.07*	1.324	.008	.91	7.22
		3	1.47	1.324	.512	-1.69	4.62
	3	1	2.60	1.324	.127	-.56	5.76
		2	-1.47	1.324	.512	-4.62	1.69
Scheffe法	1	2	-4.07*	1.324	.011	-7.36	-.77
		3	-2.60	1.324	.151	-5.90	.70
	2	1	4.07*	1.324	.011	.77	7.36
		3	1.47	1.324	.544	-1.83	4.76
	3	1	2.60	1.324	.151	-.70	5.90
		2	-1.47	1.324	.544	-4.76	1.83

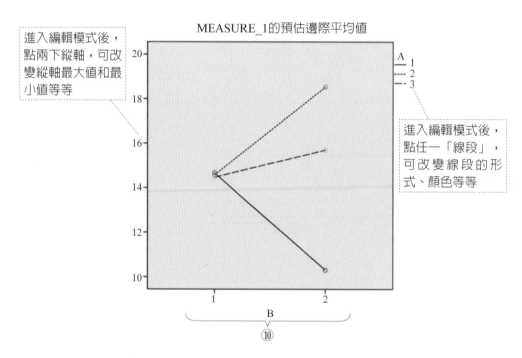

圖20-8（續）

264

20-3 統計報表解讀

分析結果報表（圖20-8）中的各項數值意義如下（請注意，以下的①、②……等數字，和圖20-8統計報表中的①、②……是相對應的，互相參照就可以解讀統計報表囉）：

① 【各細格及描述統計】：包含各組的樣本數（N）、平均值（Mean）、標準差（Std. Deviation，SPSS翻譯成標準偏差）。解讀這個描述統計表時，請注意我們標註灰底的那些數據，SPSS報表省略了這些灰底的數據（即各變項的組別編號），這常常造成解讀資料的困難。在解讀描述統計時，我們建議你手動把這些編號寫上去，這樣在解讀描述統計時你會比較輕鬆，也不容易犯錯。

② 【混合設計同質性檢定】：ANOVA必須在變異數同質的前提下才能進行。若顯著性≧.05就沒事。若顯著性 < .05，表示此資料不適於進行ANOVA，此時請參考本書單元27（p.381），進行原始分數轉換，然後重新進行ANOVA（關於「混合設計同質性檢定」，請參考「★你不想知道的統計知識(38)★」，p.411）。

③ 【相依樣本變項 (B) 的同質性檢定】：若沒有檢定值（只看到「.」），或顯著性≧.05，就沒事。若顯著性 < .05，表示此資料不適於進行ANOVA，此時請參考本書單元27（p.381），進行原始分數轉換，然後重新進行ANOVA（相依樣本變異數同質性之進一步說明，見「★你不想知道的統計知識(34)★」，p.407）。

④ 【相依樣本變項 (B) 及交互作用 (A*B) 的ANOVA結果】：

(1) 涉及相依樣本的ANOVA有很多表格；請特別注意，你要看的是「主旨內效果檢定」（Tests of Within Subjects Effects）那個表格，不是「主旨內對照檢定」（Tests of Within Subjects Contrasts）或「多變數檢定」（Multivariate Tests）（這些表格很像，不要弄錯了）。

(2) 最左邊的縱行標示著各個效果項和誤差項；B的那區塊是B的效果，A*B的那區塊是A*B的效果（有時SPSS報表呈現B*A；不管呈現B*A或A*B，兩者是同一件事），Error (A*B)是 B 和 B*A 的誤差項。

(3) 每個區塊有很多行數值，都只需要看「假設的球形」（Sphericity Assumed）那一行數據就可以了。其中「第III類平方和」（Type III Sum of Squares）是離均差平方和(SS)，「df」是自由度，「平均值平方」是均方（Mean Square），「F」是檢定值，「顯著性」是 p值。若「顯著性」< .05，表示自變項有顯著效果；若「顯著性」≧ .05，表示自變項無顯著效果。

(4)論文的撰寫形式是，「F（效果的df, 誤差df）= xxx，p = xxx」。以圖20-8④爲
　　例，B的「F (1, 87) = 0.24，p = .61」（1是自變項B的df，87是誤差Error (B)的
　　df）。A*B的「F (2, 87) = 19.38，p < .001」。

⑤ 【和相依樣本變項(B)有關的效果量】：「局部eta方形」（Partial Eta Squared），
　　指的是SPSS提供partial eta squared作爲ANOVA檢定的效果量（以η_p^2符號表示）。
　　若 $.01 \leq \eta_p^2 < .058$爲小效果；$.058 \leq \eta_p^2 < .138$爲中效果；$.138 \leq \eta_p^2$是大效果[註]。

⑥ 【獨立樣本變項(A)的同質性檢定】：若顯著性≧.05，就沒事。若「任一個」顯著
　　性 < .05，表示此資料不適於進行ANOVA，此時請參考本書單元27，進行原始分數
　　轉換，然後重新進行ANOVA。

⑦ 【獨立樣本變項(A)的ANOVA結果】：其中「A」是A 的效果、「錯誤」是A的誤
　　差。其意義及解讀方式同④。

⑧ 【獨立樣本變項(A)的效果量】：其意義及解讀方式同⑤。

⑨ 【獨立樣本變項(A)的事後比較】：兩兩比較1、2、3年級之間的差異。關於事後
　　比較的意義，請見「★你不想知道的統計知識(33)★」（p.407）。若「顯著性」<
　　.05，表示某兩組有顯著差異；若「顯著性」≧ .05，表示某兩組無顯著差異。事後
　　檢定有非常多種方法，最常用的是Tukey HSD和Scheffe法；本範例兩種方式都跑。
　　Scheffe法是最嚴格的事後檢定，所以如果顯著就非常威，若顯著可考慮優先報告
　　這個檢定結果；Tukey HSD屬於百搭型的，因此在大部分情況下報告這種檢定結果
　　都很安全。兩種檢定只要報告其中一種即可。以圖20-8⑨爲例；Tukey法A1、A2 (
　　p = .008)，表示1、2年級在成績上有顯著差異；A2、A3 (p = .512)，表示2、3年級
　　在成績上沒有顯著差異。SPSS的事後比較中，有好幾組訊息會是重複的，例如1、
　　2年級 (p = .008) 的比較和2、1年級 (p = .008) 的比較訊息是完全重複的，論文書
　　寫只要呈現一次即可。請注意，若自變項只有兩組（如性別），無需進行事後比
　　較，因爲此時 ANOVA顯著就表示一定是這兩組之間有差異。只有三組以上才必須
　　進行事後比較。

⑩ 【交互作用圖】：請特別注意兩件事：(1)只有④的**B*A交互作用顯著**，才需要在
　　論文中呈現交互作用圖；否則不論圖看起來如何屬害，都不需要在論文中呈現
　　它。**(2) SPSS的交互作用圖一定要做進一步編輯才能放入論文中，不能直接剪貼**。
　　在SPSS結果檔中對圖快速點兩下，會進入編輯模式，然後你可以改變座標軸的

註　Cohen, J. (1988). *Statistical power analysis for the behavioral sciences*. NJ:, Lawrence Erlbaum Associates.

單位，或是線段的形式（見圖20-8⑩旁邊說明）。其中，線段形式是一定要編輯的；以本範例來說，由於SPSS是以線的顏色來表示1, 2, 3年級，但你的論文應該不會印彩色的，在黑白的情況下，讀者不太容易看出哪條線分別代表1, 2, 3年級，因此要調整線段的形式（如實線、虛線），讀者才能看懂圖（雖然有時你寧可讀者，也就是你的指導教授和口委不要看懂）。圖20-8⑩的交互作用圖，就是經過編輯的。

⑪【相依樣本變項(B)的事後比較（報表上沒有）】：由於SPSS相依ANOVA並未提供Tukey HSD和Scheffe法的事後檢定。若需要請使用本書Excel 20-1，進行事後比較（Excel請至本書的網頁下載，相關下載請見本書封底說明）。使用Excel 20-1時要特別注意，你需要將誤差自由度填到Excel中，不過，設計Excel 20-1時，預定處理的誤差自由度上限是1000，如果高於1000，請填入1000。通常這不太會影響到顯著水準判定，當然你也可以自行查表（很難在書上找到這樣的表就是了）。此外，我們處理的組數上限是8。

20-4 單純主效果檢定

如果你的二因子交互作用不顯著，那麼你可以跳過這個子單元。若是二因子交互作用顯著，必須進行單純主效果（simple main effect）的檢定；此時，請參考單元25之說明及做法（p.361）。

20-5 論文中的表格呈現

在論文中，若需要用表格的方式來呈現二因子ANOVA結果，則可以依據表格範例20-1、20-2、20-3，對照圖20-8填入相關數據（表格範例可於本書網頁下載，相關下載請見本書封底說明）。包含：

(1) 表格範例20-1為描述統計。

(2) 表格範例20-2為ANOVA的檢定結果。

(3) 表格範例20-3是單純主效果檢定結果，只有交互作用顯著才需要呈現這個表格。表中各單純效果的SS, df, MS, F請填入Excel 20-2的分析結果（Excel請至本書的網頁下載，相關下載請見本書封底說明），而表中「誤差」那兩行則是填入Excel 20-2中，分析結果的兩個誤差項（我們幫你標示在Excel 20-2中了，很好找）。

表格範例 20-1

各細格描述統計

年級	n	英文B1 M (SD)	數學B2 M (SD)
一年級A1	30	14.67 (5.69)	10.30 (4.61)
二年級A2	30	14.57 (5.96)	18.53 (5.29)
三年級A3	30	14.47 (7.42)	15.70 (5.20)

填入圖20-8①數據，或Excel 20-3的各細格描述統計

表格範例20-2

年級、科目在成績上之*ANOVA*

變異來源	SS	df	MS	F	p	η_p^2
A年級	508.97	2	254.48	4.84	.01	.100
誤差（組間）	4572.91	87	52.56			
B科目	3.47	1	3.47	0.24	.61	.003
A*B	541.37	2	270.68	19.38	<.001	.308
誤差（組內）	1214.65	87	13.96			

填入圖20-8⑦⑧數據

填入圖20-8④⑤數據

表格範例20-3

年級、科目在成績上之單純主效果分析

填入Excel 20-2之結果

變異來源	SS	df	MS	F	p	η_p^2
年級（A）						
at 英文（B1）	0.60	2	0.30	0.01	.99	<.001
at 數學（B2）	1049.01	2	524.51	15.77	<.001	.153
誤差	5787.50	174	33.26			

變異來源	SS	df	MS	F	p	η_p^2
科目(B)						
at 1年級（A1）	286.45	1	286.45	20.52	<.001	.190
at 2年級（A2）	235.22	1	235.22	16.85	<.001	.162
at 3年級（A3）	22.69	1	22.69	1.63	.20	.018
誤差	1214.60	87	13.96			

20-6 分析結果的撰寫

在論文中，二因子ANOVA的結果可能會需要書寫以下內容：

(0) 二因子ANOVA統計的概述。

(1) 主效果：

    (1-1) 主效果分析。

    (1-2) 事後比較（若主效果顯著，且該變項下包含三組以上）。

(2) 二因子交互作用：

    (2-1) 二因子交互作用分析。

    (2-2) 單純主效果（若二因子交互作用顯著）。

書寫時請務必注意以下事項：

一、在書寫時的順序，「依序」是(0), (1-1), (1-2), (2-1), (2-2)。也就是依上面所條列的內容，由上而下的順序書寫。

二、請特別注意，你並不需要每一個效果都寫，請依照你論文中所關注的問題（如果你不清楚，應該和指導教授討論），選取你需要書寫的部分，然後搭配以下書寫範例，組合出你所需的二因子ANOVA分析結果。

三、書寫範例中的A, B, Y，請依據你的研究內容填入適切的變項及組別名稱。

四、在論文中書寫各種效果時，可能會需要填寫描述統計數值（平均值、標準差），而如前所述，由於SPSS描述報表省略了組別編號資料，常造成解讀不易，我們建議你如圖20-8①所示，手動將SPSS省略的編號（灰底處）填上，然後依據下列法則找到你所需要的描述統計（所需Excel請至本書的網頁下載，相關下載請見本書封底說明）：

    （一）需要呈現那些描述統計？請使用Excel 20-2，當各種單純主效果顯著之後，往右對照，你會看到在每個單純效果下，你需要呈現的描述

統計（沒錯，我們就是這麼窩心）。

（二）如何找到應該呈現的數值？請使用Excel 20-3，就可以找到你該呈現的數值是多少了（是的，買這本書非常值得）。

（三）Excel 20-2和Excel 20-3都要求你必須輸入各細格（cells）的平均值、標準差和樣本數。在輸入這些數值時，請對照圖20-8①，找那些「橫行沒有標示『總計』（total）」的數值就對了，那就是Excel 20-2和Excel 20-3所需要的各細格數值。

五、關於呈現統計數據時的注意事項，請參考「★你不想知道的統計知識(1)★」（p.389）。

六、部分統計學家認為當高階效果顯著時，不應該解釋低階效果，關於這一點，如果你不想知道，趕緊跳過。若你想瞭解，詳見「★你不想知道的統計知識(36)★」（p.410）。

以下書寫範例中，標楷體的部分是論文中應該要書寫的內容，【】內的敘述，是對書寫方式的說明。

(0)【對二因子統計的概述書寫】（一開始一定要寫）

> 以二因子混合設計ANOVA分析A、B對Y之效果，其中A為獨立樣本變項，B為相依樣本變項，結果如表xxx【論文中附上表格範例20-2】，各細格描述統計如表xxx【論文中附上表格範例20-1】。結果發現：

(1-1)【主效果分析】（論文關注主效果才要寫；以A為例）

> A對Y有顯著效果【或是「沒有顯著效果」，視分析結果而定】，$F(2, 87) = 4.84$，$p = .010$，$\eta_p^2 = .100$。【若為獨立樣本變項填入圖20-8⑦⑧的檢定值】【若為相依樣本變項填入圖20-8④⑤的檢定值】【若不顯著，以下可以不用寫。若顯著且A有三組，請接著寫範例(1-2)。若顯著且A只有兩組，則接著寫出描述統計及方向，如下：】A1（$M = 12.48, SD = 5.59$）顯著小於A2（$M = 16.55, SD = 5.94$）【填入Excel 20-3，主效果的描述統計值】。

(1-2)【事後比較】（若關注的主效果顯著，且該變項下包含三組以上，才要寫；以A為例）。

Tukey HSD事後比較顯示【或「Scheffe」，視你選擇報告那一種檢定而定，只要報告一種】：A1（$M = 12.48, SD = 5.59$）顯著小於A2（$M = 16.55, SD = 5.94$）（$p = .008$）、A1與A3（$M = 15.08, SD = 6.39$）沒有顯著差異（$p = .12$）、A2與A3亦無顯著差異（$p = .51$）【填入Excel 20-3，主效果的描述統計值】【若是獨立樣本變項：填入圖20-8⑨的「顯著性」（見「單元20-3：說明⑨」，p.266）】【若是相依樣本變項：填入Excel 20-1的p值（見「單元20-3：說明⑪」，p.267）】【若顯著須說明方向，大於或小於】【各組描述統計只需要填註一次，兩兩比較的結果也只要呈現一次】。

(2-1)【二因子交互作用分析】（若關注二因子交互作用才要寫）

「A*B」在Y上有顯著交互作用（interaction）效果【或是「沒有顯著交互作用效果」，視分析結果而定】，$F (2, 87) = 19.38$，$p < .001$，$\eta_p^2 = .308$【填入圖20-8④⑤的檢定值】【若交互作用顯著請接著寫範例(12-2)】。

(2-2)【單純主效果分析】（若關注的二因子交互作用顯著才要寫）

交互作用圖如圖xxx【論文中附上交互作用圖，見單元20-3⑩之說明，p.266】。進一步進行單純主效果（simple main effect）檢定，結果如表xxx【論文中附上表格範例20-3】。【開始寫單純主要效果】【開始寫A at B1】，對B1來說，A沒有顯著單純主效果【或是「有顯著單純主效果」，視分析結果而定】，$F (2, 174) = 0.01$，$p = .99$，$\eta_p^2 < .001$【填入「Excel 20-2」的檢定值】。【開始寫A at B2】對B2來說，A有顯著單純主效果【或是「沒有顯著單純主效果」，視分析結果而定】，$F (2, 174) = 15.77$，$p < .001$，$\eta_p^2 = .187$【填入「Excel 20-2」的檢定值】：A2B2 （$M = 18.53, SD = 5.29$)大於A3B2（$M = 15.70 , SD = 5.20$）大於A1B2（$M = 10.30, SD = 4.62$）【若顯著，「Excel 20-2」的紫色區域會指示你該呈現哪些描述統計，然後從「Excel 20-3」中找到相對應的描述統計值，然後描述方向（大於、小於）。若不顯著可以不必寫描述統計】對A1來說，B沒有顯著單純主效果……【以下開始寫 B at A1, B at A2, B at A3，寫法均同前。】【若三組單純主效果都不顯著，也可以簡單寫「B在A1、A2、A3的單純主效果均不顯著」即可，不必一一去寫】。

Unit 21

三因子變異數分析（ANOVA）：獨立樣本

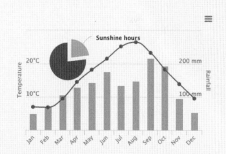

※請參考本書封底之説明，下載本單元中所使用的統計範例檔及工具檔。

21-1 三因子獨立樣本ANOVA概述

使用時機	因子（factor）指的是自變項，三因子就是有三個自變項。而所謂三因子獨立樣本ANOVA，就是有三個自變項A, B, C，它們都是間斷變數，且都是獨立樣本，要分析A, B, C對某個連續變項Y的效果。（關於何謂獨立樣本見「★你不想知道的統計知識(9)★」，p.395。關於ANOVA和t檢定之關係，見「★你不想知道的統計知識(32)★」，p.406。關於使用時機請參見表0-2，p.7。）
交互作用	通常當有兩個以上的自變項時，統計檢定會很在意多個自變項對依變項的「交互作用」（interaction）。有關交互作用的意義，請見「★你不想知道的統計知識(19)★」（p.399）。由於交互作用是三因子ANOVA的重頭戲（包括3個二因子交互作用項與1個三因子交互作用項），請務必理解交互作用的意義。
三因子獨立樣本ANOVA的例子	「『性別』（A）對『社團參與』（Y）的效果，要視『住校與否』（B）和『年級』（C）而定。」又如，「『員工加班與否』對績效的影響程度，要視『職務』和『工作型態』而定。」「『有無重大壓力事件』對憂鬱的影響，視『有無社會支持』以及『是否獨居』而定」。

21-2 SPSS操作

以下操作將以檢定：「『性別』（A）對社團參與（Y）的效果，要視『住校與否』（B）和『年級』（C）而定。」爲例。其中「性別」1＝女生、2＝男生；「住校與否」1＝未住校、2＝住校；年級1, 2, 3分別爲一、二、三年級。

Step 1　三因子獨立樣本ANOVA

點選【分析／Analyze】→【一般線性模型／General Linear Model】→【單變量／Univariate】。（如圖21-1）

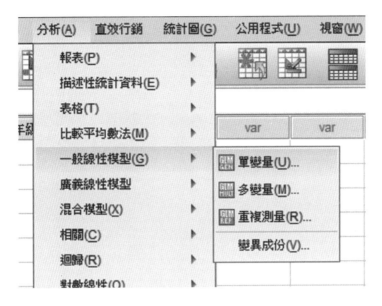

圖21-1

Step 2 　三因子獨立樣本ANOVA

1. 將依變項（社團參與）放入【因變數／Dependent Variable】欄位中。

2. 將自變項（性別、住校與否、年級）放入【固定因素／Fixed Factor(s)】欄
   位中（關於固定、隨機效果模式，見「★你不想知道的統計知識(37)★」，
   p.410）。（如圖21-2）

3. 如果你是執行共變數分析，請將共變項放入【共變量／Covariate(s)】欄位
   （執行ANOVA者請不要理會這段話）。

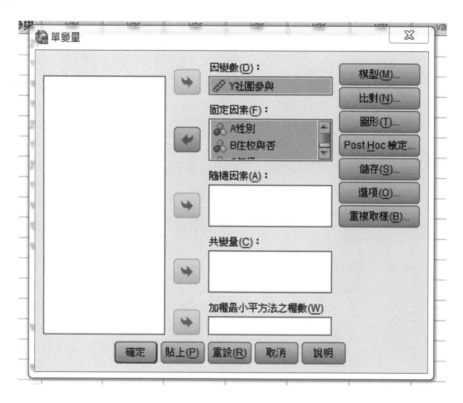

圖21-2

Step 3 　三因子獨立樣本ANOVA

1. 若任一自變項包含三組以上（如有3個年級）才要執行此步驟，否則請直接前往（Step 4）。

2. 點擊【Post Hoc檢定】。

3. 將有三組以上的自變項（如「年級」）放入【事後檢定 / Post Hoc Tests for】欄位中。

4. 勾選【Scheffe法】、【Tukey法】。（如圖21-3）

5. 點擊【繼續 / Continue】，畫面將返回圖21-2。

（關於事後比較、事前比較，請參考「★你不想知道的統計知識★(33)」，p.407。）

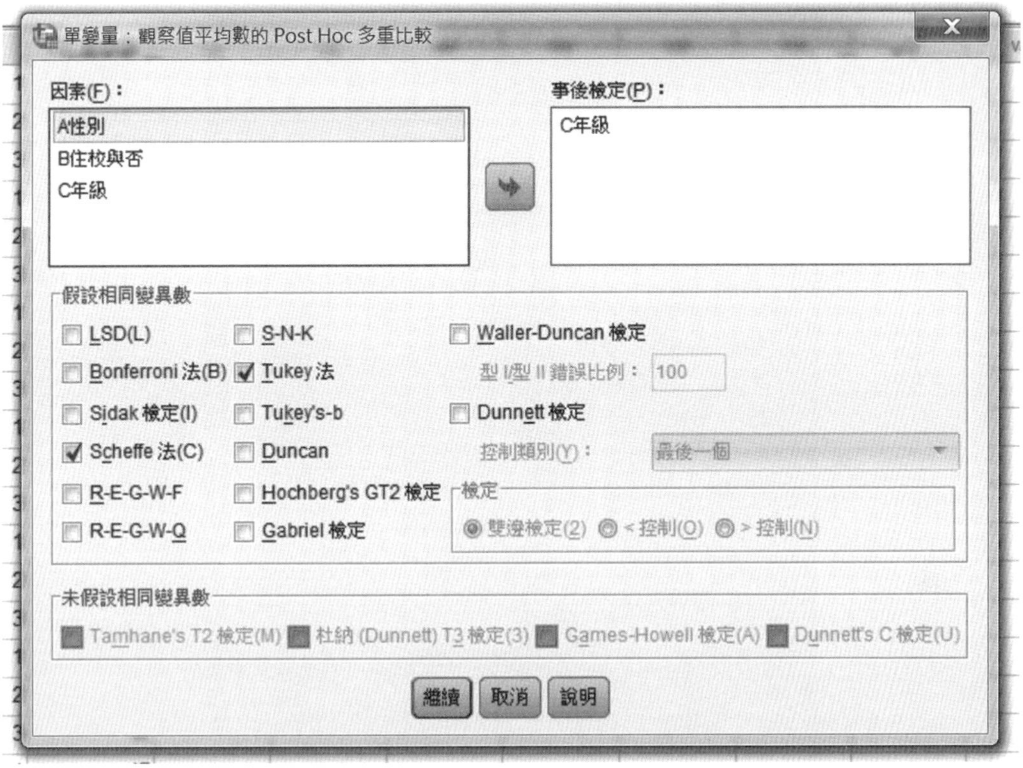

圖21-3

Step 4　　三因子獨立樣本ANOVA

1. 點擊【選項 / Options】。
2. 勾選【描述性統計資料 / Descriptives】、【同質性檢定 / Homogeneity】、【效果大小估計值 / Estimates of Effect Size】。（如圖21-4）
3. 點擊【繼續 / Continue】，畫面將返回圖21-2。
4. 點擊【圖形 / Plots】。

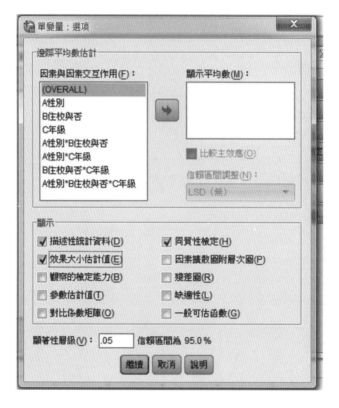

圖21-4

📖 Step 5　三因子獨立樣本ANOVA

1. 將「年級」放入【個別線 / Separate Lines】、「性別」放入【水平軸 / Horizontal Axis】、「住校與否」放入【個別圖形 / Separate Plots】。（注意，年級 / 性別 / 住校與否，哪一個放【個別線】、【水平軸】或【個別圖形】並不一定，你可以彼此對調畫圖，請選擇對你而言最好解釋的圖。）

2. 點擊【新增 / Add】。（如圖21-5）

3. 點擊【繼續 / Continue】，畫面將返回圖21-2。

4. 點擊【確定 / OK】即完成分析。分析結果如圖21-6。

　　（此一步驟繪製的是三因子交互作用圖，若你需要繪製二因子交互作用圖，在1.時不要將任何變項放入【個別圖形 / Separate Plots】。）

圖21-5

描述性統計資料

因變數：Y社團參與

①

A1|B1|C1
（一年級未住校女生數值；以此類推）

A性別	B住校與否	C年級	平均數	標準偏差	N
1	1	1	14.53	5.316	30
1	1	2	11.20	4.106	30
1	1	3	18.00	4.068	30
1	1	總計	14.58	5.281	90
1	2	1	13.53	3.711	30
1	2	2	19.13	4.392	30
1	2	3	12.13	4.470	30
1	2	總計	14.93	5.151	90
1	總計	1	14.03	4.573	60
1	總計	2	15.17	5.811	60
1	總計	3	15.07	5.168	60
1	總計	總計	14.76	5.205	180

A1|B1|C總計
（不分年級，未住校女生數值；以此類推）

A1|B總計|C1
（不分住校與否，一年級女生數值；以此類推）

A1|B總計|C總計
（不分住校與否不分年級，女生數值；以此類推）

（中間略）

圖21-6

A總計|B1|C1
（不分性別，未住校
一年級數值；以此類
推）

A總計|B1|C總計
（不分性別不分年
級，未住校者數值；
以此類推）

A總計|B總計|C1
（不分性別不分住校
與否，一年級數值；
以此類推）

A總計|B總計|C總計
（不分性別不分住校
與否不分年級，所有
人數值）

總計	1	1	14.73	4.599	60
總計	1	2	13.60	4.763	60
總計	1	3	16.50	4.508	60
總計	1	總計	14.94	4.752	180
總計	2	1	13.30	4.184	60
總計	2	2	18.83	4.076	60
總計	2	3	14.07	4.892	60
總計	2	總計	15.40	5.016	180
總計	總計	1	14.02	4.436	120
總計	總計	2	16.22	5.137	120
總計	總計	3	15.28	4.841	120
總計	總計	總計	15.17	4.884	360

Levene's錯誤共變異等式檢定[a]

因變數：Y社團參與

F	df1	df2	顯著性
1.229	11	348	.266

②

主旨間效果檢定

因變數：Y社團參與

來源	第III類平方和	df	平均值平方	F	顯著性	局部Eta方形
修正的模型	2069.456[a]	11	188.132	10.082	.000	.242
截距	82870.678	1	82870.678	4440.959	.000	.927
A性別	62.500	1	62.500	3.349	.068	.010
B住校與否	18.678	1	18.678	1.001	.318	.003
C年級	292.622	2	146.311	7.841	.000	.043
A性別*B住校與否	.900	1	.900	.048	.826	.000
A性別*C年級	75.467	2	37.733	2.022	.134	.011
B住校與否*C年級	1042.222	2	521.111	27.926	.000	.138
A性別*B住校與否*C年級	577.067	2	288.533	15.462	.000	.082
錯誤	6493.867	348	18.661			
總計	91434.000	360				
校正後總數	8563.322	359				

效果

誤差

③   ④

圖21-6（續）

多重比較

因變數：Y社團參與

	(I)C年級	(J)C年級	平均差異 (I-J)	標準錯誤	顯著性	95%信賴區間	
						下限	上限
Tukey HSD	1	2	-2.20*	.558	.000	-3.51	-.89
		3	-1.27	.558	.061	-2.58	.05
	2	1	2.20*	.558	.000	.89	3.51
		3	.93	.558	.217	-.38	2.25
	3	1	1.27	.558	.061	-.05	2.58
		2	-.93	.558	.217	-2.25	.38
Scheffe法	1	2	-2.20*	.558	.000	-3.57	-.83
		3	-1.27	.558	.077	-2.64	.10
	2	1	2.20*	.558	.000	.83	3.57
		3	.93	.558	.248	-.44	2.30
	3	1	1.27	.558	.077	-.10	2.64
		2	-.93	.558	.248	-2.30	.44

⑤

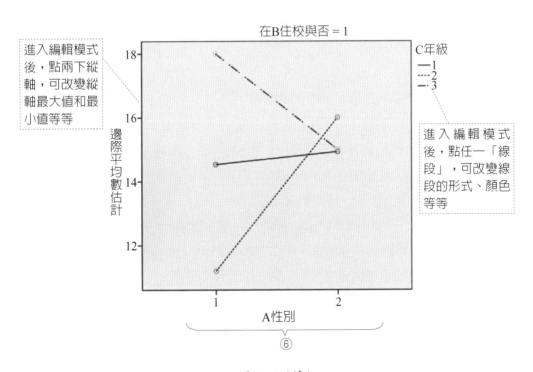

進入編輯模式後，點兩下縱軸，可改變縱軸最大值和最小值等等

在B住校與否 = 1

C年級
— 1
---- 2
—-— 3

進入編輯模式後，點任一「線段」，可改變線段的形式、顏色等等

邊際平均數估計

A性別

⑥

圖21-6（續）

21-3 統計報表解讀

　　分析結果報表（圖21-6）中的各項數值意義如下（請注意，以下的①、②⋯⋯等數字，和圖21-6統計報表中的①、②⋯⋯是相對應的，互相參照就可以解讀統計報表囉）：

① 【描述統計】：包含各組的樣本數（N）、平均值（Mean）、標準差（Std. Deviation，SPSS翻譯為標準偏差）。解讀這個描述統計表時，請注意我們標註灰底的那**些數據**，SPSS報表省略了這些灰底的數據（即各變項的組別編號），這常常造成解讀資料的困難。在解讀描述統計時，我們建議你手動把這些編號寫上去，這樣在解讀描述統計時你會比較輕鬆，也不容易犯錯。

② 【變異數同質性檢定結果】：ANOVA必須在變異數同質的前提下才能進行。若顯著性≧.05（注意，是「大於」等於.05，不是「小於」喔），就沒事兒。若顯著性<.05，表示此資料不適於進行ANOVA，此時請參考本書單元27，進行原始分數轉換，然後重新進行ANOVA。

③ 【ANOVA結果】：

(1)最左邊的縱行標示各個效果項和誤差項，主要是要看各自變項（「性別」、「住校與否」、「年級」「性別*住校與否」、「性別*年級」、「住校與否*年級」、「性別*住校與否*年級」）和誤差項（SPSS報表中翻譯為「錯誤」），那些橫排的數值。

(2)每一橫排都包含下列數值：其中「第III類平方和」（Type III Sum of Squares）是離均差平方和（SS），「df」是自由度，「平均值平方」是均方（Mean Square），「F」是檢定值，「顯著性」是 p值。若「顯著性」< .05，表示X對Y有顯著效果；若「顯著性」≧ .05，表示X對Y無顯著效果。

(3)論文的撰寫形式是，「F（自變項df, 誤差df）= xxx，p = xxx」。以圖21-6③為例，性別的「F (1, 348) = 3.34，p = .068」（1是自變項df，348是誤差df）。「性別*住校與否*年級」的交互作用「F (2, 348) = 15.46，p < .001」；因此性別、住校與否、年級對社團參與有顯著的三因子交互作用效果。

④ 【效果量】：「局部eta方形」（Partial Eta Squared），指的是SPSS提供partial eta squared作為ANOVA檢定的效果量（以η_p^2符號表示）。若 $.01 \leq \eta_p^2 < .058$為小效果；$.058 \leq \eta_p^2 < .138$為中效果；$.138 \leq \eta_p^2$是大效果[注]。

注　Cohen, J. (1988). *Statistical power analysis for the behavioral sciences*. NJ:, Lawrence Erlbaum Associates.

⑤【事後比較】：兩兩比較1、2、3年級之間的差異。若「顯著性」< .05，表示某兩組有顯著差異；若「顯著性」≧ .05，表示某兩組無顯著差異。事後檢定有非常多種方法，最常用的是Tukey HSD和Scheffe法；本範例兩種方式都跑。Scheffe法是最嚴格的事後檢定，所以如果顯著就非常威，若顯著可考慮優先報告這個檢定結果；Tukey HSD屬於百搭型的，因此在大部分情況下報告這種檢定結果都很安全。兩種檢定只要報告其中一種即可。以圖21-6⑤為例；Tukey法1、2年級（p < .001），表示1、2年級在社團參與上有顯著差異；1、3年級（p = .061），表示1、3年級在社團參與上沒有顯著差異。SPSS的事後比較中，有好幾組訊息會是重複的，例如1、2年級（p < .001）的比較和2、1年級（p < .001）的比較訊息是完全重複的，論文書寫只要呈現一次即可。請注意，若自變項只有兩組（如性別、住校與否），無需進行事後比較，因為此時 ANOVA顯著就表示一定是這兩組之間有差異，所以你在圖21-6⑤中只會看到「年級」的事後比較，不會有「性別」和「住校與否」的事後比較。只有三組以上才必須進行事後比較。

⑥【三因子交互作用圖】：三因子交互作用必須用多個單純交互作用圖才能展現；為了節省篇幅，本範例只呈現一個單純交互作用圖作說明。請特別注意兩件事：**(1)只有圖21-6③的交互作用（A*B、A*C、B*C、A*B*C之中的任一個）顯著，且顯著的交互作用是你所關注的，才需要在論文中呈現交互作用圖；否則不論圖看起來如何厲害，都不需要在論文中呈現它。(2) SPSS的交互作用圖一定要做進一步編輯才能放入論文中，不能直接剪貼。**在SPSS結果檔中對圖快速點兩下，會進入編輯模式，然後你可以改變座標軸的單位，或是線段的形式（見圖21-6⑥旁邊的說明）。其中，線段形式是一定要編輯的；以本範例來說，由於SPSS是以線的顏色來表示1, 2, 3年級，但你的論文應該不會印彩色的，在黑白的情況下，讀者不太容易看出哪條線分別代表1, 2, 3年級，因此要調整線段的形式（如實線、虛線），讀者才能看懂圖。圖21-6⑥的交互作用圖，就是經過編輯的。另外，只要你呈現**兩個以上的交互作用圖，就一定要對圖「縱軸」的最大值和最小值做編輯**，因為SPSS預設的縱軸最大和最小值，在不同的圖上可能不一致，這將會導致你論文中所呈現的圖之間無法做比較。所以只要你論文中呈現兩個以上的交互作用圖，一定要對圖縱軸做編輯，使圖與圖之間的縱軸單位一致。

⑦【二因子交互作用圖（報表上沒有）】依照本單元SPSS程序所繪製的圖，是三因子交互作用圖，因此若依本範例程序跑統計，報表上是看不到二因子交互作用圖

的。若你需要繪製二因子交互作用圖，請參考「本單元（Step 5）」之做法。

21-4　各種單純效果檢定

如果你的三因子交互作用不顯著，同時也沒有任何一組你所關注的二因子交互作用顯著，那麼你可以跳過這一單元。若是三因子交互作用效果，或是你所關注的二因子交互作用顯著，必須進行單純效果的檢定；此時，請參考單元25之說明及做法（p.361）。

21-5　論文中的表格呈現

在論文中，若需要用表格的方式來呈現三因子ANOVA結果，可以依據表格範例21-1、21-2、21-3、21-4、21-5，對照圖21-6填入相關數據（表格範例可於本書網頁下載，相關下載請見本書封底說明）。包含：

(1) 表格範例21-1為描述統計。在對照圖21-6①填寫時，由於SPSS報表省略了組別編號資料，常造成解讀不易，我們建議你如圖21-6①所示，將所有SPSS省略的編號（灰底處）手動寫上，然後在表格範例21-1中，你要填入的是橫向「不包含任何一個『總計』（total）」的那些行的數值。此外，為節省篇幅，圖21-6①中省略了男生的描述統計數據，所以表格範例21-1和圖21-6①的數據無法完全對照；但是你真正做統計分析時，SPSS報表中應該可以看到各細格所有數據。

(2) 表格範例21-2為ANOVA的檢定結果。請注意，在對照圖21-6③填註數值時，你只需要看自變項（A、B、C、A*B、A*C、B*C、A*B*C）、「錯誤」（即誤差項）和「校正後的總數」（corrected total）這幾行，修正的模型（corrected model）、截距（intercept）和總計（total）這三行的數值可以忽略。

(3) 表格範例21-3是「單純主效果」檢定結果，只有你所關注的二因子交互作用顯著，才需要呈現這個表格。表中各單純效果的SS, df, MS, F請填入Excel 21-1的分析結果，而表中「誤差」那一行也是填入Excel 21-1中標註的誤差項（Excel請至本書的網頁下載，相關下載請見本書封底說明）。

(4) 表格範例21-4是單純交互作用檢定結果，只有三因子交互作用顯著才需要呈現這個表格。表中各單純效果的SS, df, MS, F請填入Excel 21-1的分析結果，而表中「誤差」那一行也是填入Excel 21-1中標註的誤差項（我們幫你標出來了，很好找滴）。

(5) 表格範例21-5是「單純單純主效果」檢定結果，只有三因子交互作用顯著且「單純交互作用顯著」，才需要呈現這個表格。表中各單純效果的SS, df, MS, F請填入Excel 21-1的分析結果，而表中「誤差」那一行也是填入Excel 21-1中標註的誤差項（Again，我們幫你標出來了，很好找滴）。

表格範例 21-1

各細格描述統計　　圖21-6①數據，或Excel 21-2的各細格描述統計

年級		女生		男生	
		n	$M\,(SD)$	n	$M\,(SD)$
未住校	1年級	30	14.53 (5.31)	30	14.93 (3.83)
	2年級	30	11.20 (4.10)	30	16.00 (4.16)
	3年級	30	18.00 (4.06)	30	15.00 (4.48)
住校	1年級	30	13.53 (3.71)	30	13.07 (4.66)
	2年級	30	19.13 (4.39)	30	18.53 (3.78)
	3年級	30	12.13 (4.47)	30	16.00 (4.57)

表格範例21-2

性別、住校與否、年級在社團參與上之*ANOVA*

圖21-6③數據　　　　圖21-6④數據

變異來源	SS	df	MS	F	p	η_p^2
A性別	62.50	1	62.5	3.34	.06	.010
B住校與否	18.67	1	18.67	1.00	.31	.003
C年級	292.62	2	146.31	7.84	<.001	.043
A*B	0.90	1	0.90	0.04	.82	<.001

變異來源	SS	df	MS	F	p	η_p^2
A*C	75.46	2	37.73	2.02	.13	.011
B*C	1042.22	2	521.11	27.92	<.001	.138
A*B*C	577.06	2	288.53	15.46	<.001	.082
誤差	6493.86	348	18.66			
總和	8563.32	359				

表格範例21-3

「住校與否×年級」在社團參與上之單純主效果分析

變異來源	填入Excel 21-1之結果					
	SS	df	MS	F	p	η_p^2
年級(C)						
at 未住校(B1)	256.31	2	128.15	6.86	<.001	.038
at 住校(B2)	1078.53	2	539.26	28.89	<.001	.142
住校與否(B)						
at 1年級(C1)	61.63	1	61.63	3.30	.07	.009
at 2年級(C2)	821.63	1	821.63	44.03	<.001	.112
at 3年級(C3)	177.63	1	177.63	9.51	.002	.026
誤差	6493.86	348	18.66			

（此表是以「B*C」顯著時的單純主效果為範例，你可以依此產生「A*B」或「B*C」顯著時的單純主效果表格，視你研究的興趣而定。）

表格範例21-4

性別、住校與否、年級在社團參與上之「單純交互作用」

填入Excel 21-1之結果

變異來源	SS	df	MS	F	p	η_p^2
住校與否×年級(B*C)						
at 女生(A1)	1469.64	2	734.82	39.38	< .001	.185
at 男生(A2)	149.64	2	74.82	4.01	0.019	.023
誤差	6493.86	348	18.66			

（此表是以「B*C at A」的單純交互作用為範例，你可以依此產生「A*B at C」、「A*C at B」的單純交互作用表格，但原則上只要呈現其中一組即可，視你研究的興趣而定。）

表格範例21-5

性別、住校與否、年級之「單純單純主效果」分析

填入Excel 21-1之結果

變異來源	SS	df	MS	F	p	η_p^2
年級(C) at 未住校 (B1)						
at 女生(A1)	693.68	2	346.84	18.58	<.001	.097
at 男生(A2)	21.42	2	10.71	0.57	.563	.003
年級(C) at 住校 (B2)						
at 女生(A1)	823.20	2	411.60	22.05	<.001	0.113
at 男生(A2)	449.06	2	224.53	12.03	<.001	0.065
誤差	6493.86	348	18.66			

（此表是以C的單純單純主效果為範例，你可以依此產生A或B的單純單純主效果表格，視你研究的興趣而定。）

21-6 分析結果的撰寫

在論文中，三因子ANOVA的結果可能會需要書寫以下內容：

(0) 三因子ANOVA統計的概述。

(1) 主效果：

　　(1-1) 主效果分析。

　　(1-2) 事後比較（若主效果顯著，且該變項下包含三組以上）。

(2) 二因子交互作用：

　　(2-1) 二因子交互作用分析。

　　(2-2) 單純主效果（若二因子交互作用顯著）。

(3) 三因子交互作用：

　　(3-1) 三因子交互作用分析。

　　(3-2) 單純交互作用（若三因子交互作用顯著）。

　　(3-3) 單純單純主效果（若單純交互作用顯著）。

書寫時請務必注意以下事項：

一、在書寫時的順序，「依序」是(0), (1-1), (1-2), (2-1), (2-2), (3-1), (3-2), (3-3)。也就是依上面所條列的內容，由上而下的順序書寫。

二、請特別注意，你並不需要每一個效果都寫，請依照你論文中所關注的問題（如果你不清楚，應該和指導教授討論），選取你需要書寫的部分，然後搭配以下書寫範例，組合出你所需的三因子ANOVA分析結果。

三、書寫範例中的A, B, C, Y，請依據你的研究內容，填入適切的變項及組別名稱。

四、在論文中書寫各種效果時，可能會需要填寫描述統計數值（平均值、標準差），而如前所述，由於SPSS描述報表省略了組別編號資料，常造成解讀不易，我們建議你如圖21-6①所示，手動將SPSS省略的編號（灰底處）填上，然後依據下列法則找到你所需要的描述統計（所需Excel請至本書的網頁下載，相關下載請見本書封底說明）：

　　（一）需要呈現那些描述統計？請使用Excel 21-1，當各種單純主效果顯著之後，往右對照，你會看到在每個單純效果下，你需要呈現的描述統計（沒錯，我們就是這麼窩心）。

　　（二）如何找到應該呈現的數值？請使用Excel 21-2，就可以找到你該呈現

的數值是多少了（是的，買這本書非常值得）。當然，如果你有自信，能直接從SPSS報表中找到對應數值，那麼你可以完全不使用Excel 21-2。

（三）Excel 21-1和Excel 21-2都要求你必須輸入各細格（cells）的平均值、標準差和樣本數。在輸入這些數值時，請對照圖21-6①，找那些「橫行沒有標示『總計』（total）」的數值就對了，那就是Excel 21-1和Excel 21-2所需要的各細格數值。

五、關於呈現統計數據時的注意事項，請參考「★你不想知道的統計知識(1)★」（p.389）。

六、部分統計學家認為當高階效果顯著時，不應該解釋低階效果，關於這一點，如果你不想知道，趕緊跳過。若你想瞭解，詳見「★你不想知道的統計知識(36)★」（p.410）。

以下書寫範例中，標楷體的部分是論文中應該要書寫的內容，【】內的敘述，是對書寫方式的說明。

(0)【對三因子統計的概述書寫】（一開始一定要寫）

以三因子獨立樣本ANOVA分析A、B、C對Y之效果，結果如表xxx【論文中附上表格範例21-2】，各細格描述統計如表xxx【論文中附上表格範例21-1】。結果發現：

(1-1)【主效果分析】（論文關注主效果才要寫；以C為例）

C對Y有顯著效果【或是「沒有顯著效果」，視分析結果而定】，$F(2, 348) = 7.84$，$p < .001$，$\eta_p^2 = .043$。【對照並填入圖21-6③④的數值】【若不顯著，以下可以不用寫。若顯著且C有三組，請接著寫範例(1-2)。若顯著且C只有兩組，則接著寫出描述統計及方向，如下：】C1（$M = 14.02, SD = 4.44$）顯著地小於C2（$M = 16.22, SD = 5.14$）【填入Excel 21-2，主效果的描述統計值】。

(1-2)【事後比較】（若關注的主效果顯著，且該變項下包含三組以上才要寫，以C爲例）。

> 　　Tukey HSD事後比較顯示【或「Scheffe」，視你選擇報告那一種檢定而定，只要報告一種】：C1（$M = 14.02, SD = 4.44$）顯著地小於C2（$M = 16.22, SD = 5.14$）（$p < .001$）、C1與C3（$M = 15.28, SD = 4.84$）無顯著差異（$p = .06$）、C2與C3無顯著差異（$p = .21$）【填入Excel 21-2，主效果的描述統計值】【填入圖21-6⑤的「顯著性」】【若顯著須說明方向，大於或小於】【各組描述統計只需要填註一次，兩兩比較的結果也只要呈現一次。亦見「單元21-3：說明⑤，p.283」】。

(2-1)【二因子交互作用分析】（論文關注二因子交互作用才要寫；以B*C爲例）

> 　　二因子交互作用分析顯示：「B*C」在Y上有顯著交互作用（interaction）效果【或是「沒有顯著交互作用效果」，視分析結果而定】，$F(2, 348) = 27.92$，$p = .001$，$\eta_p^2 = .138$【對照並填入圖21-6③④的數值】【若不顯著，二因子書寫結束】【若顯著請接著寫範例(2-2)】。

(2-2)【單純主效果分析】（若關注的二因子交互作用顯著才要寫，以B*C爲例）

> 　　「B*C」交互作用圖如圖xxx【論文中附上二因子交互作用圖，見單元21-3⑦之說明，p.283】。由於「B*C」交互作用顯著，進一步進行單純主效果（simple main effect）檢定，結果如表xxx【論文中附上表格範例21-3】。【開始寫單純主效果】【開始寫C at B1】對B1來說，C有顯著單純主效果【或是「沒有顯著單純主效果」，視分析結果而定】，$F(2, 348) = 6.86$，$p < .001$，$\eta_p^2 = .038$【填入「Excel 21-1」的檢定值】：C3B1（$M = 16.50, SD = 4.51$）大於C1B1（$M = 14.73, SD = 4.60$），大於C2B1（$M = 13.60, SD = 4.76$）【若顯著，「Excel 21-1」的紫色區域會指示你該呈現哪些描述統計，然後從「Excel 21-2」中找到相對應的描述統計值，然後描述方向（大於、小於）。若不顯著可以不必寫描述統計】。對B2來說，C有顯著單純主效果……【以下視你的研究需要，決定是否要寫 B at C1, B at C2, B at C3，寫法均同前】【若三組單純主效果都不顯著，也可以簡單寫「B在C1、C2、C3的單純主效果均不顯著」即可，不必一一去寫】。

(3-1)【三因子交互作用分析】（論文關注三因子交互作用才要寫）

> 　　三因子交互作用分析顯示：「A*B*C」在Y上有顯著交互作用（interaction）效果【或是「沒有顯著交互作用效果」，視分析結果而定】，$F(2, 348) = 15.46$，$p < .001$，$\eta_p^2 = .082$【對照並填入圖21-6③④的數值】【若不顯著寫到這裡即結束】【若顯著請接著寫(3-2)】。

(3-2)【單純交互作用分析】（三因子交互作用顯著才要寫；以「B*C at A」為例）

> 　　……交互作用圖如圖xxx【論文中附上三因子交互作用圖，見單元21-3⑥之說明，p.283】。進一步進行單純交互作用（simple interaction）檢定，結果如表xxx【論文中附上表格範例21-4】。【開始寫單純交互作用效果】【開始寫B*C at A1】對A1來說，B*C有顯著單純交互作用效果【或是「沒有顯著單純交互作用效果」，視分析結果而定】，$F(2, 348) = 39.38$，$p < .001$，$\eta_p^2 = .185$。【填入「Excel 21-1」的檢定值】【開始寫B*C at A2】對A2來說，B*C有顯著單純交互作用效果【或是「沒有顯著單純交互作用效果」，視分析結果而定】，$F(2, 348) = 4.01$，$p = .01$，$\eta_p^2 = .023$【填入「Excel 21-1」的檢定值】【每個顯著的單純交互作用，都要分別往下接著寫範例（3-3）】。

(3-3)【單純單純主效果】（單純交互作用顯著才要寫；以「C at B*A」為例）

> 　　……由於B*C有顯著單純交互作用，進一步進行單純單純主效果（simple simple main effect）檢定，結果如表xxx【論文中附上表格範例21-5】。【開始寫單純單純主效果】【開始寫C at B1A1】，對B1A1來說，C有顯著單純單純主效果【或是「沒有顯著單純單純主效果」，視分析結果而定】，$F(2, 348) = 18.58$，$p < .001$，$\eta_p^2 = .097$【填入「Excel 21-1」的檢定值】；C3B1A1（$M = 18.00$，$SD = 4.07$）大於C1B1A1（$M = 14.53$，$SD = 5.32$），大於C2B1A1（$M = 11.20$，$SD = 4.11$）【若顯著，「Excel 21-1」的紫色區域會指示你該呈現哪些描述統計，然後從「Excel 21-2」中找到相對應的描述統計值，然後描述方向（大於、小於）。若不顯著可以不必寫描述統計】。【開始寫C at B1A2】對B1A2來說，C沒有顯著單純單純主效果【或是「有顯著單純單純主效果」，視分析結果而定】，$F(2, 348) = 0.57$，$p = .56$，$\eta_p^2 = .003$……【以下開始寫 C at B2A1、C at B2A2，寫法均同前】【若多組單純單純主效果都不顯著，也可以簡單寫，例如「C在B2A1、B2A2的單純單純主效果均不顯著」即可，不必一一去寫】。

Unit **22**

三因子變異數分析（ANOVA）：相依樣本

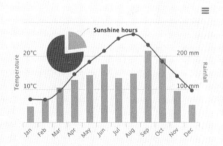

※請參考本書封底之說明，下載本單元中所使用的統計範例檔及工具檔。

22-1 三因子相依樣本ANOVA概述

使用時機	因子（factor）指的是自變項，三因子就是有三個自變項。而所謂三因子相依樣本ANOVA，就是有三個自變項A, B, C，而A, B, C都是間斷變數，且是相依樣本設計，要分析A, B, C對某個連續變項Y的效果。（關於何謂相依樣本，見「★你不想知道的統計知識(9)★」，p.395。關於ANOVA和t檢定之關係，見「★你不想知道的統計知識(32)★」，p.406。關於使用時機請參見表0-2，p.7。）
交互作用	通常當有兩個以上的自變項時，統計檢定會很在意多個自變項對依變項的「交互作用」（interaction）。有關交互作用的意義，請見「★你不想知道的統計知識(19)★」（p.399）。由於交互作用是三因子ANOVA的重頭戲（包括3個二因子交互作用項與1個三因子交互作用項），請務必理解交互作用的意義。
三因子相依樣本ANOVA的例子	「燈的顏色（3種：紅、黃、綠）、亮度（2種：亮 vs. 暗）和呈現時間（2種：長 vs. 短）對反應時間的影響。」（3×2×2種組合的分數來自同一群人，亦即每個人都要經歷12種情境。） 「科目（3科：英文、數學、自然）、考試時間（兩種：期中考、期末考）和題型（兩種：應用、選擇）對成績得分的影響。」

22-2 相依樣本的資料結構

　　相依樣本的資料結構比較特別，理解這個結構對多因子的相依樣本ANOVA分析很重要。

　　一般來說，在SPSS的資料檔中，一個橫列代表一筆資料，一個縱行代表一個變項。舉例來說，如果資料有100列、5縱行，通常表示有100人、5個變項。儘管通常一個縱行代表一個研究變項；但是相依樣本卻是一個縱行代表「一個變項下的某一組」〔稱之為水準（level）〕。例如，我們想知道人們在不同科目：英文、數學、自然成績的差異。此時自變項是「科目」，下面有英文、數學、自然三組分數（三個水準）。由於成績是來自於同一個人，所以是相依樣本。在SPSS中，資料結構如圖22-1。你可以看到每一縱行代表自變項下的其中一組分數。相對來說，「科目」這個自變項被分散在三個縱行中。

	姓名	英文	數學	自然
1	鄭中平	88.00	87.00	76.00
2	顏志龍	78.00	74.00	88.00
3	金城武	75.00	74.00	91.00
4	林志玲	83.00	81.00	86.00
5	劉德華	94.00	80.00	76.00

科目

圖22-1

　　相依樣本的這種資料結構，在多因子以上的ANOVA會顯得更複雜。例如，我們想知道人們在不同「科目」（英文、數學、自然）的不同「考試時間」（期中、期末）的不同「題型」（選擇題、應用題）上的表現差異。此時自變項有三個：「科目」（變項A：三水準）、「考試時間」（變項B：二水準）和「題型」（變項C：二水準）。總共會組合成3×2×2十二種成績（英文期中選擇題、數學期中選擇題……自然期末應用……等等）。由於十二種成績是來自於同一個人，所以是相依樣本。在SPSS中，資料結構如圖22-2。你可以看到每一縱行代表3×2×2十二種成績中的其中一組分數，而排在同一橫列，讓我們知道這些分數來自同一人。相對來說，「科目」、「考試時間」、「題型」這三個自變項被分散於十二個縱行中，而且三個自變項是交織混合在一起的。如果用A1B1C1之類的符號來解讀會更清晰（見圖22-2最下）。

姓名	英文期中選擇	英文期中應用	英文期末選擇	英文期末應用	數學期中選擇	數學期中應用	數學期末選擇	數學期末應用	自然期中選擇	自然期中應用	自然期末選擇	自然期末應用
鄭中平	78	78	69	78	67	76	59	93	85	46	64	64
顏志龍	78	87	57	74	82	45	56	49	62	47	58	97
全城武	98	73	81	79	57	68	40	95	52	56	64	90
林志玲	59	74	88	92	58	95	44	47	52	56	89	60
劉德華	95	95	62	54	83	68	91	71	72	57	96	58
	A1B1C1	A1B1C2	A1B2C1	A1B2C2	A2B1C1	A2B1C2	A2B2C1	A2B2C2	A3B1C1	A3B1C2	A3B2C1	A3B2C2

圖22-2

22-3　SPSS操作

以下操作將以考驗：「『科目』（英文、數學、自然）、『考試時間』（期中、期末）、『題型』（選擇題、應用題）對成績之效果」來示範SPSS的操作。如果你是「空降」到這個子單元的，我們建議你務必閱讀「單元22-2：相依樣本的資料結構」。此外，由於多因子相依樣本的資料結構比較複雜，**我們強烈建議你變項名稱一律以符號形式（如「A1B1C1」）去命名，不要用原來的名稱（如「英文期中選擇題」）命名**，這對程式操作、後續分析、解讀資料會很有利。以本範例來說，第一個自變項「科目」命名為A，其下有A1（英文）、A2（數學）A3（自然）三個水準。第二個自變項「考試時間」命名為B，其下有B1（期中）和B2（期末）兩個水準。第三個自變項「題型」命名為C，其下有C1（選擇題）和C2（應用題）兩個水準。於是你在SPSS中的3×2×2十二個欄位資料會如圖22-3。請注意，就SPSS的操作來說，資料結構應該優先將A的同一水準放在鄰近欄位，然後在此前提下，再**優先將B的同一水準放在鄰近欄位**。也就是十二組分別應採〔A1B1C1〕〔A1B1C2〕〔A1B2C1〕〔A1B2C2〕〔A2B1C1〕〔A2B1C2〕〔A2B2C1〕〔A2B2C2〕〔A3B1C1〕〔A3B1C2〕〔A3B2C1〕〔A3B2C2〕由左至右的順序（如果你看得頭暈，就照上述順序擺放就對了）。

A1B1C1	A1B1C2	A1B2C1	A1B2C2	A2B1C1	A2B1C2	A2B2C1	A2B2C2	A3B1C1	A3B1C2	A3B2C1	A3B2C2
23	15	19	16	10	20	19	16	30	21	18	17
2	9	2	12	6	6	15	2	12	7	6	14
20	8	6	12	9	9	19	24	14	2	9	12
8	17	17	12	6	18	14	18	12	19	16	14
18	13	10	14	12	16	16	14	19	18	16	20

圖22-3

Step 1　　三因子相依樣本ANOVA

點選【分析 / Analyze】→【一般線性模型 / General Linear Model】→【重複測量 / Repeated Measures】。（如圖22-4）

圖22-4

Step 2 三因子相依樣本ANOVA

1. 在【受試者內因素的名稱／Within Subject Factor Name】欄位中輸入「A」。
   【層級個數／Number of Levels】欄位中輸入A的組數（在本範例中是「3」組）。點擊【新增／Add】。

2. 在【受試者內因素的名稱／Within Subject Factor Name】欄位中輸入「B」。
   【層級個數／Number of Levels】欄位中輸入B的組數（在本範例中是「2」組）。點擊【新增／Add】。

3. 在【受試者內因素的名稱／Within Subject Factor Name】欄位中輸入「C」。
   【層級個數／Number of Levels】欄位中輸入C的組數（在本範例中是「2」組）。點擊【新增／Add】。（如圖22-5）

4. 點擊【定義／Define】。

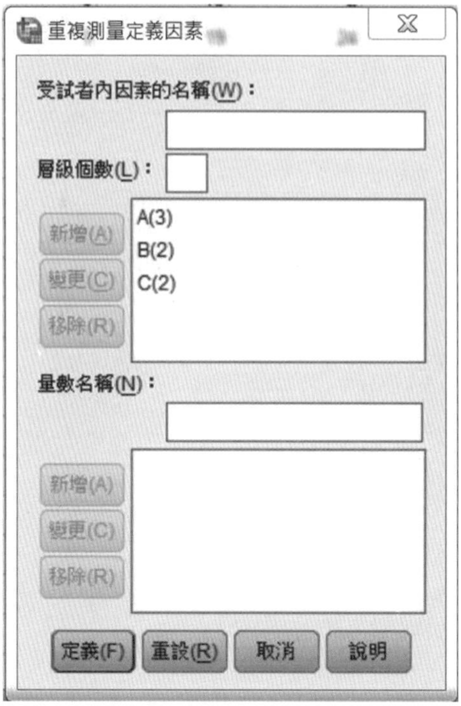

圖22-5

Step 3 　三因子相依樣本ANOVA

1. 將所有變數放入【受試者內變數／Within Subjects Variables】欄位中。

2. 檢查變數放置是否正確：A後面的數字要對應到括弧中的第一個數字、B後面的數字要對應到括弧中的第二個數字、C後面的數字要對應到括弧中的第三個數字，例如A1B2C3(1,2,3)。（如圖22-6）

3. 如果你是執行共變數分析，請將共變項放入【共變量／Covariate(s)】欄位（執行ANOVA者請不要理會這段話）。

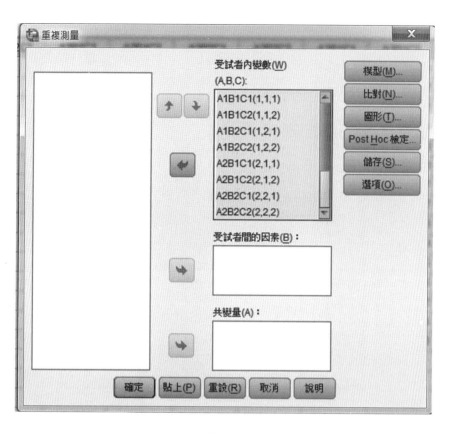

圖22-6

Step 4 　三因子相依樣本ANOVA

1. 點擊【選項／Options】。

2. 勾選【描述性統計資料／Descriptives】、【同質性檢定／Homogeneity】、
   【效果大小估計值／Estimates of Effect Size】。（如圖22-7）

3. 點擊【繼續／Continue】，畫面將返回圖22-6。

4. 點擊【圖形／Plots】。

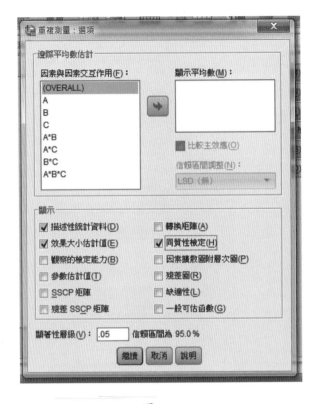

圖22-7

 Step 5 　三因子相依樣本ANOVA

1. 將A放入【個別線 / Separate Lines】、B放入【水平軸 / Horizontal Axis】、C放入【個別圖形 / Separate Plots】。（注意，A、B、C何者放【水平軸】、【個別線】或【個別圖形】並不一定，你可以彼此對調畫圖，請選擇對你而言最好解釋的圖。）

2. 點擊【新增 / Add】。（如圖22-8）

3. 點擊【繼續 / Continue】，畫面將返回圖22-6。

4. 點擊【確定 / OK】即完成分析。分析結果如圖22-9。

　　（此一步驟所繪製的是三因子交互作用圖，若你需要繪製二因子交互作用圖，在1.時不要將任何變項放入【個別圖形 / Separate Plots】。）

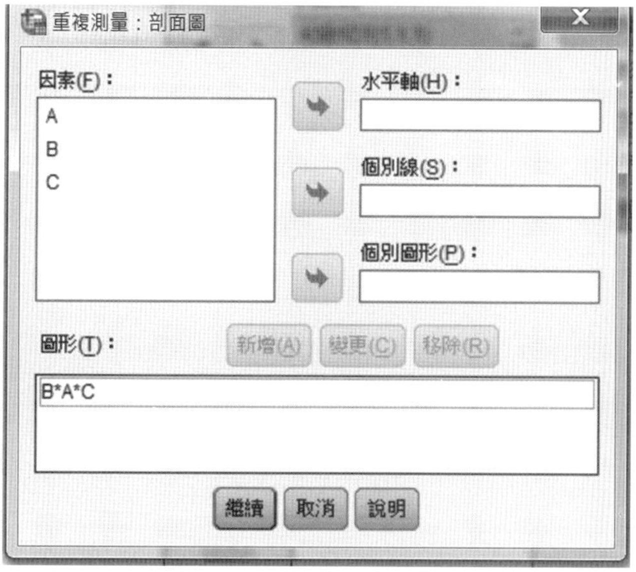

圖22-8

描述性統計資料

	平均數	標準偏差	N
A1B1C1	12.80	6.201	15
A1B1C2	13.00	5.071	15
A1B2C1	12.27	5.147	15
A1B2C2	12.20	4.491	15
A2B1C1	8.73	4.574	15
A2B1C2	12.47	6.116	15
A2B2C1	18.73	5.120	15
A2B2C2	14.73	6.307	15
A3B1C1	17.73	7.601	15
A3B1C2	13.80	6.784	15
A3B2C1	11.67	4.835	15
A3B2C2	15.40	4.626	15

①

圖22-9

Mauchly的球形檢定[a] ②

測量：MEASURE_1

主旨內效果	Mauchly's W	大約卡方	df	顯著性	Epsilon[b]		
					Greenhouse-Geisser	Huynh-Feldt	下限
A	.646	5.684	2	.058	.738	.805	.500
B	1.000	.000	0	.	1.000	1.000	1.000
C	1.000	.000	0	.	1.000	1.000	1.000
A*B	.976	.310	2	.856	.977	1.000	.500
A*C	.846	2.171	2	.338	.867	.978	.500
B*C	1.000	.000	0	.	1.000	1.000	1.000
A*B*C	.995	.060	2	.971	.995	1.000	.500

主旨內效果檢定

測量：MEASURE_1

③　④

來源		第III類平方和	df	平均值平方	F	顯著性	局部Eta方形
A	假設的球形	130.344	2	65.172	4.397	.022	.239
	Greenhouse-Geisser	130.344	1.477	88.255	4.397	.035	.239
	Huynh-Feldt	130.344	1.609	80.994	4.397	.031	.239
	下限	130.344	1.000	130.344	4.397	.055	.239
Error (A)	假設的球形	414.989	28	14.821			
	Greenhouse-Geisser	414.989	20.677	20.070			
	Huynh-Feldt	414.989	22.530	18.416			
	下限	414.989	14.000	29.642			

（B, C的效果及誤差項略）〜〜〜〜〜〜〜〜〜〜〜〜〜〜〜〜〜〜〜〜〜

A*B	假設的球形	593.478	2	296.739	17.887	.000	.561
	Greenhouse-Geisser	593.478	1.954	303.732	17.887	.000	.561
	Huynh-Feldt	593.478	2.000	296.739	17.887	.000	.561
	下限	593.478	1.000	593.478	17.887	.000	.561
Error (A*B)	假設的球形	464.522	28	16.590			
	Greenhouse-Geisser	464.522	27.355	16.981			
	Huynh-Feldt	464.522	28.000	16.590			
	下限	464.522	14.000	33.180			

（A*C, B*C的效果及誤差項略）〜〜〜〜〜〜〜〜〜〜〜〜〜〜〜〜〜〜

A*B*C	假設的球形	444.811	2	222.406	17.241	.000	.552
	Greenhouse-Geisser	444.811	1.991	223.423	17.241	.000	.552
	Huynh-Feldt	444.811	2.000	222.406	17.241	.000	.552
	下限	444.811	1.000	444.811	17.241	.000	.552
Error(A*B*C)	假設的球形	361.189	28	12.900			
	Greenhouse-Geisser	361.189	27.872	12.959			
	Huynh-Feldt	361.189	28.000	12.900			
	下限	361.189	14.000	25.799			

圖22-9（續）

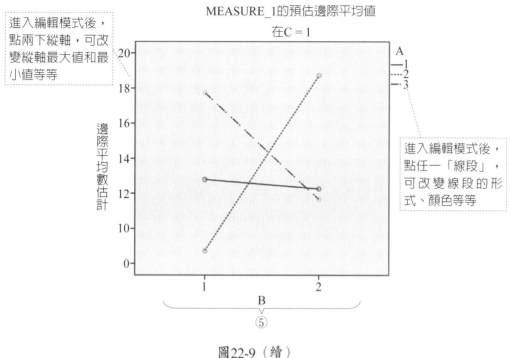

進入編輯模式後，點兩下縱軸，可改變縱軸最大值和最小值等等

進入編輯模式後，點任一「線段」，可改變線段的形式、顏色等等

MEASURE_1的預估邊際平均值

在C = 1

圖22-9（續）

22-4 統計報表解讀

分析結果報表（圖22-9）中的各項數值意義如下（請注意，以下的①、②……等數字，和圖22-9統計報表中的①、②……是相對應的，互相參照就可以解讀統計報表囉）：

① 【單純效果描述統計】：包含各細格的樣本數（N）、平均值（Mean）、標準差（Std. Deviation，SPSS翻譯為標準偏差）。

② 【同質性檢定】：ANOVA必須在變異數同質的前提下才能進行。若沒有檢定值(只看到「.」)，或顯著性≧.05，就沒事。若顯著性＜.05，表示此資料不適於進行ANOVA，此時請參考本書單元27，進行原始分數轉換，然後重新進行ANOVA。（相依樣本變異數同質性之進一步說明，見「★你不想知道的統計知識(34)★」，p.407。）

③ 【ANOVA結果】：

(1)涉及相依樣本的ANOVA有很多表格，請特別注意，你要看的是「主旨內效果

檢定」（Tests of Within Subjects Effects）那個表格，不是「主旨內對照檢定」（Tests of Within Subjects Contrasts）或「多變數檢定」（Multivariate Tests）（這些表格很像，不要弄錯了）。

(2)最左邊的縱行標示著各個效果項和誤差項。A的那區塊是A的效果，Error(A)是A的誤差項，B的那區塊是B的效果，Error(B)是B的誤差項……A*B的那區塊是A*B的效果，Error(A*B)是A*B的誤差項，以此類推。也就是A、B、C、A*B、A*C、B*C、A*B*C都有它們各自的誤差項。

(3)每個區塊有很多行數值，都只需要看「假設的球形」（Sphericity Assumed）那一行數據就可以了。其中「第III類平方和」（Type III Sum of Squares）是離均差平方和（SS），「df」是自由度，「平均值平方」是均方（Mean Square），「F」是檢定值，「顯著性」是 p值。若「顯著性」< .05，表示自變項有顯著效果；若「顯著性」≧ .05，表示自變項無顯著效果。

(4)論文的撰寫形式是，「F（效果的df, 誤差df）= xxx，p = xxx」。以圖22-9③為例，「科目 (A)」的「F (2, 28) = 4.39，p = .022」〔2是自變項A的df，28是誤差Error (A)的df〕。

④【效果量】：「局部eta方形」（Partial Eta Squared）指的是SPSS提供partial eta squared作為ANOVA檢定的效果量（以η_p^2符號表示）。若 .01≦η_p^2 < .058為小效果；.058 ≦η_p^2 <.138為中效果；.138≦η_p^2是大效果[註]。

⑤【三因子交互作用圖】：三因子交互作用必須用多個單純交互作用圖才能展現；為了節省篇幅，本範例只呈現一個單純交互作用圖作說明。請特別注意兩件事：**(1)只有圖22-9③的交互作用（A*B、A*C、B*C、A*B*C之中的任一個）顯著，且顯著的交互作用是你所關注的，才需要在論文中呈現交互作用圖；否則不論圖看起來如何厲害，都不需要在論文中呈現它。(2) SPSS的交互作用圖一定要做進一步編輯才能放入論文中，不能直接剪貼。**在SPSS結果檔中對圖快速點兩下，會進入編輯模式，然後你可以改變座標軸的單位，或是線段的形式（見圖22-9⑤旁邊的說明）。其中，線段形式是一定要編輯的；以本範例來說，由於SPSS是以線的顏色來表示1, 2, 3年級，但你的論文應該不會印彩色的，在黑白的情況下，讀者不太容易看出哪條線分別代表1, 2, 3年級，因此要調整線段的形式（如實線、虛線），

註　Cohen, J. (1988). *Statistical power analysis for the behavioral sciences. NJ:*, Lawrence Erlbaum Associates.

讀者才能看懂圖。圖22-9⑤的交互作用圖，就是經過編輯的。另外，只要你呈現兩個以上的交互作用圖，就一定要對圖「縱軸」的最大值和最小值做編輯，因為SPSS預設的縱軸最大和最小值，在不同的圖上可能不一致，這將會導致你論文中所呈現的圖之間無法做比較。所以只要你論文中呈現兩個以上的交互作用圖，一定要對圖縱軸做編輯，使圖與圖之間的縱軸單位一致。

⑥【事後比較（報表上沒有）】：關於事後比較的意義，請見「★你不想知道的統計知識(33)★」（p.407）。請注意，只有圖22-9③之主效果（A, B,或C）的「顯著性」< .05，且自變項有三組以上時，才要進行事後比較。若「顯著性」≧.05，無需做事後比較；自變項只有兩組，也無需進行事後比較，因為此時 ANOVA顯著就表示一定是這兩組之間有差異。只有三組以上且ANOVA顯著才必須進行事後比較。因此，在本範例中，若B, C（都只有兩組）顯著，也不用進行事後比較，但A（有三組）若顯著必須進行事後比較。由於SPSS相依ANOVA並未提供Tukey HSD和Scheffe法的事後檢定。若需要請使用本書Excel 22-1，進行事後比較（Excel請至本書的網頁下載，相關下載請見本書封底說明）。使用Excel 22-1時要特別注意，你需要將誤差自由度填到Excel中，不過，設計Excel 22-1時，預定處理的誤差自由度上限是1000，如果高於1000，請填入1000。通常這不太會影響到顯著水準判定，當然你也可以自行查表（很難在書上找到這樣的表就是了）。此外，我們處理的組數上限是8。Scheffe法是最嚴格的事後檢定，所以如果顯著就非常威，若顯著可考慮優先報告這個檢定結果；Tukey HSD屬於百搭型的，因此在大部分情況下報告這種檢定結果都很安全。兩種檢定只要報告其中一種即可。

⑦【二因子交互作用圖（報表上沒有）】依照本單元SPSS程序所繪製的圖，是三因子交互作用圖，因此若依本範例程序跑統計，報表上是看不到二因子交互作用圖的。若你需要繪製二因子交互作用圖，請參考「本單元（Step 5）之做法」。

22-5 各種單純效果檢定

如果你的三因子交互作用不顯著，同時也沒有任何一組你所關注的二因子交互作用顯著，那麼你可以跳過這個單元。若是三因子交互作用效果，或是你所關注的二因子交互作用顯著，必須進行單純效果的檢定；此時，請參考單元25之說明及做法（p.361）。

22-6 論文中的表格呈現

在論文中，若需要用表格的方式來呈現三因子ANOVA結果，則可以依據表格範例22-1、22-2、22-3、22-4、22-5，對照圖22-9填入相關數據（表格範例可於本書網頁下載，相關下載請見本書封底說明）。包含：

(1) 表格範例22-1為描述統計；請對照圖22-9①填寫。

(2) 表格範例22-2為ANOVA的檢定結果。請對照圖22-9③④填寫。

(3) 表格範例22-3是「單純主效果」檢定結果，只有你所關注的二因子交互作用顯著才需要呈現這個表格。表中各單純效果的SS, df, MS, F請填入Excel 22-2的分析結果，而表中「誤差」那一行也是填入Excel 22-2中標註的誤差項（Excel請至本書的網頁下載，相關下載請見本書封底說明）。

(4) 表格範例22-4是單純交互作用檢定結果，只有三因子交互作用顯著才需要呈現這個表格。表中各單純效果的SS, df, MS, F請填入Excel 22-2的分析結果，而表中「誤差」那一行也是填入Excel 22-2中標註的誤差項（我們幫你標出來了，很好找滴）。

(5) 表格範例22-5是「單純單純主效果」檢定結果，只有三因子交互作用顯著且「單純交互作用」也顯著，才需要呈現這個表格。表中各單純效果的SS, df, MS, F請填入Excel 22-2的分析結果，而表中「誤差」那一行也是填入Excel 22-2中標註的誤差項（Again，我們幫你標出來了，很好找滴）。

表格範例 22-1

各細格描述統計（$N = 15$）　　　　填入圖22-9①數據

科目		選擇題C1 $M (SD)$	應用題C2 $M (SD)$
期中 B1	英文A1	12.80 (6.20)	13.00 (5.07)
	數學A2	8.73 (4.57)	12.47 (6.11)
	自然A3	17.73 (7.60)	13.80 (6.78)
期末 B2	英文A1	12.27 (5.14)	12.20 (4.49)
	數學A2	18.73 (5.12)	14.73 (6.30)
	自然A3	11.67 (4.83)	15.40 (4.62)

表格範例22-2

科目、考試時間、題型在成績上之*ANOVA*

| | 填入圖22-9③數據 | | | | 填入圖22-9④數據 |
變異來源	SS	df	MS	F	p	η_p^2
A科目	130.34	2	65.17	4.39	.022	.239
誤差（A）	414.98	28	14.82			
B考試時間	52.27	1	52.27	2.33	.14	.143
誤差（B）	312.97	14	22.35			
C題型	0.13	1	0.13	0.01	.90	.001
誤差（C）	142.44	14	10.17			
A*B	593.47	2	296.73	17.88	< .001	.561
誤差（A*B）	464.52	28	16.59			
A*C	0.34	2	0.17	0.008	.99	.001
誤差（A*C）	604.32	28	21.58			
B*C	0.13	1	0.13	0.005	.94	< .001
誤差（B*C）	363.11	14	25.93			
A*B*C	444.81	2	222.40	17.24	< .001	.552
誤差（A*B*C）	361.18	28	12.90			

表格範例22-3

科目、考試時間、題型在成績上之單純主效果分析

| | 填入Excel 22-2之結果 | | | | | |
變異來源	SS	df	MS	F	p	η_p^2
科目(A)						
at 期中考 (B1)	402.02	2	201.01	12.79	<.001	.314
at 期末考 (B2)	321.80	2	160.90	10.24	<.001	.268
誤差	879.51	56	15.70			

考試時間 (B)					
at 英文 (A1)	6.66	1	6.66	0.36	.55	.009
at 數學 (A2)	564.26	1	564.26	30.48	<.001	.421
at 自然 (A3)	74.81	1	74.81	4.04	.05	.088
誤差	777.50	42	18.50			

（此表是以「A*B」顯著時的單純主效果為範例，你可以依此產生「A*C」或「B*C」顯著時的單純主效果表格，視你研究的興趣而定。）

 表格範例22-4

科目、考試時間、題型在成績上之「單純交互作用」

變異來源	填入Excel 22-2之結果					
	SS	df	MS	F	p	η_p^2
考試時間×題型(B*C)						
at 英文(A1)	0.26	1	0.27	0.02	.901	<.001
at 數學(A2)	224.26	1	224.27	13.00	.001	.236
at 自然(A3)	220.41	1	220.42	12.78	.001	.233
誤差	724.3	42	17.25			

（此表是以「B*C at A」的單純交互作用為範例，你可以依此產生「A*B at C」、「A*C at B」的單純交互作用表格，但原則上只要呈現其中一組即可，視你研究的興趣而定。）

表格範例22-5

科目、考試時間、題型在成績上「單純單純主效果」分析

填入Excel 22-2之結果

變異來源	SS	df	MS	F	p	η_p^2
題型（C） at 期中考（B1）						
at 英文（A1）	0.30	1	0.30	0.01	.89	< .001
at 數學（A2）	104.53	1	104.53	5.96	.01	.066
at 自然（A3）	116.03	1	116.03	6.62	.01	.073
題型（C） at 期末考（B2）						
at 英文（A1）	0.30	1	0.03	< 0.001	.96	< .001
at 數學（A2）	120.00	1	120.00	6.85	.01	.075
at 自然（A3）	104.53	1	104.53	5.96	.01	.066
誤差	1471.06	84	17.51			

（此表是以C的單純單純主效果為範例，你可以依此產生A或B的單純單純主效果表格，視你研究的興趣而定。）

22-7 分析結果的撰寫

在論文中，三因子ANOVA的結果可能會需要書寫以下內容：

(0) 三因子ANOVA統計的概述。

(1) 主效果：

(1-1) 主效果分析。

(1-2) 事後比較（若主效果顯著，且該變項下包含三組以上）。

(2) 二因子交互作用：

(2-1) 二因子交互作用分析。

(2-2) 單純主效果（若二因子交互作用顯著）。

(3) 三因子交互作用：

(3-1) 三因子交互作用分析。

(3-2) 單純交互作用（若三因子交互作用顯著）。

(3-3) 單純單純主效果（若單純交互作用顯著）。

書寫時請務必注意以下事項：

一、在書寫時的順序，「依序」是(0), (1-1), (1-2), (2-1), (2-2), (3-1), (3-2), (3-3)。也就是依上面所條列的內容，由上而下的順序書寫。

二、請特別注意，你並不需要每一個效果都寫，請依照你論文中所關注的問題（如果你不清楚，應該和指導教授討論），選取你需要書寫的部分，然後搭配以下書寫範例，組合出你所需的三因子ANOVA分析結果。

三、書寫範例中的A, B, C, Y，請依據你的研究內容，填入適切的變項及組別名稱。

四、在論文中書寫各種效果時，可能會需要填寫描述統計數值（平均值、標準差），請依據下列法則找到你所需要的描述統計（所需Excel請至本書的網頁下載，相關下載請見本書封底說明）：

（一）需要呈現那些描述統計？請使用Excel 22-2，當各種單純主效果顯著之後，往右對照，你會看到在每個單純效果下，你需要呈現的描述統計（沒錯，我們就是這麼窩心）。

（二）如何找到應該呈現的數值？請使用Excel 22-3，就可以找到你該呈現的數值是多少了（是的，買這本書非常值得）。

（三）Excel 22-2和Excel 22-3都要求你必須輸入各細格（cells）的平均值、標準差和樣本數。請對照圖22-9①輸入。

五、關於呈現統計數據時的注意事項，請參考「★你不想知道的統計知識(1)★」（p.389）。

六、部分統計學家認為當高階效果顯著時，不應該解釋低階效果，關於這一點，如果你不想知道，趕緊跳過。若你想瞭解，詳見「★你不想知道的統計知識(36)★」（p.410）。

以下書寫範例中，標楷體的部分是論文中應該要書寫的內容，【】內的敘述，是對書寫方式的說明。

(0)【對三因子統計的概述書寫】（一開始一定要寫）

以三因子獨立樣本ANOVA分析A、B、C對Y之效果，結果如表xxx【論文中附上表格範例22-2】，各細格描述統計如表xxx【論文中附上表格範例22-1】。結果發現：

(1-1)【主效果分析】（論文關注主效果才要寫；以A為例）

A對Y有顯著效果【或是「沒有顯著效果」，視分析結果而定】，$F(2, 28) = 4.39$，$p = .022$，$\eta_p^2 = .239$。【對照並填入圖22-9③④的數值】【若不顯著，以下可以不用寫。若顯著且A有三組，請接著寫範例(1-2)。若顯著且A只有兩組，則接著寫出描述統計及方向，如下】A1（$M = 12.57, SD = 5.14$）顯著地小於A3（$M = 14.65, SD = 6.35$）【填入Excel 22-3，主效果的描述統計值】。

(1-2)【事後比較】（若關注的主效果顯著，且該變項下包含三組以上才要寫，以A為例）

Tukey HSD事後比較顯示【或「Scheffe」，視你選擇報告那一種檢定而定，只要報告一種】：A1（$M = 12.57, SD = 5.14$）與A2（$M = 13.67, SD = 6.55$）無顯著差異、A1顯著地小於A3（$M = 14.65, SD = 6.35$）（$p < .05$）、A2與A3無顯著差異【填入Excel 22-3，主效果的描述統計值】【填入Excel 22-1的事後比較分析的p值】【若顯著須說明方向，大於或小於】【各組描述統計只需要填註一次。亦見「單元22-4：說明⑥，p.305」】。

(2-1)【二因子交互作用分析】（論文關注二因子交互作用才要寫；以A*B為例）

二因子交互作用分析顯示：「A*B」在Y上有顯著交互作用（interaction）效果【或是「沒有顯著交互作用效果」，視分析結果而定】，$F(2, 28) = 17.88$，$p < .001$，$\eta_p^2 = .561$【對照並填入圖22-9③④的數值】【若不顯著，二因子書寫結束】【若顯著請接著寫範例(2-2)】。

(2-2)【單純主效果分析】（若關注的二因子交互作用顯著才要寫，以A*B為例）

> 「A*B」交互作用圖如圖xxx【論文中附上二因子交互作用圖，見單元22-4⑦之說明，p.305】。由於「A*B」交互作用顯著，進一步進行單純主效果（simple main effect）檢定，結果如表xxx【論文中附上表格範例22-3】。【開始寫單純主效果】【開始寫A at B1】對B1來說，A有顯著單純主效果【或是「沒有顯著單純主效果」，視分析結果而定】，$F(2, 56) = 12.79$，$p < .001$，$\eta_p^2 = .314$【填入「Excel 22-2」的檢定值】；A3B1 ($M = 15.77, SD = 7.36$)大於A1B1 ($M = 12.90, SD = 5.57$)，大於A2B1 ($M = 10.60, SD = 5.64$)【若顯著，「Excel 22-2」的紫色區域會指示你該呈現哪些描述統計，然後從「Excel 22-3」中找到相對應的描述統計值，然後描述方向（大於、小於）。若不顯著可以不必寫描述統計】。對B2來說，A有顯著單純主效果……【以下視你的研究需要，決定是否要寫 B at A1, B at A2, B at A3，寫法均同前】【若三組單純主效果都不顯著，也可以簡單寫「B在A1、A2、A3的單純主效果均不顯著」即可，不必一一去寫】。

(3-1)【三因子交互作用分析】（論文關注三因子交互作用才要寫）

> 三因子交互作用分析顯示：「A*B*C」在Y上有顯著交互作用（interaction）效果【或是「沒有顯著交互作用效果」，視分析結果而定】，$F(2, 28) = 17.24$，$p < .001$，$\eta_p^2 = .552$【對照並填入圖22-9③④的數值】【若不顯著寫到這裡即結束】【若顯著請接著寫(3-2)】。

(3-2)【單純交互作用分析】（三因子交互作用顯著才要寫；以「A*B at C」為例）

> ……交互作用圖如圖xxx【論文中附上三因子交互作用圖，見單元22-4⑤之說明，p.304】。進一步進行單純交互作用（simple interaction）檢定，結果如表xxx【論文中附上表格範例22-4】。【開始寫單純交互作用效果】【開始寫A*B at C1】對C1來說，A*B有顯著單純交互作用效果【或是「沒有顯著交互作用效果」，視分析結果而定】，$F(2, 56) = 33.88$，$p < .001$，$\eta_p^2 = .548$【填入「Excel 22-2」的檢定值】。【開始寫A*B at C2】對C2來說，A*B沒有顯著單純交互作用

效果【或是「有顯著單純交互作用效果」，視分析結果而定】，$F_{(2, 56)} = 1.32$，$p = .27$，$\eta_p^2 = .045$【填入「Excel 22-2」的檢定值】【每個顯著的單純交互作用，都要分別往下接著寫範例(3-3)】。

(3-3)【單純單純主效果】（單純交互作用顯著才要寫；以「A at B*C」為例）

　　……由於A*B有顯著單純交互作用，進一步進行單純單純主效果（simple simple main effect）檢定，結果如表xxx【論文中附上表格範例22-5】。【開始寫單純單純主效果】【開始寫A at B1C1】，對B1C1來說，A有顯著單純單純主效果【或是「沒有顯著單純單純主效果」，視分析結果而定】，$F_{(2, 112)} = 18.50$，$p < .001$，$\eta_p^2 = .248$【填入「Excel 22-2」的檢定值】；A3B1C1（$M = 17.73$，$SD = 7.60$大於A1B1C1（$M = 12.80$，$SD = 6.20$），大於A2B1C1（$M = 8.73$，$SD = 4.57$）【若顯著，「Excel 22-2」的紫色區域會指示你該呈現哪些描述統計，然後從「Excel 22-3」中找到相對應的描述統計值，然後描述方向（大於、小於）。若不顯著可以不必寫描述統計】。【開始寫A at B1C2】對B1C2來說，A沒有顯著單純單純主效果【或是「有顯著單純單純主效果」，視分析結果而定】，$F_{(2, 112)} = 0.41$，$p = .66$，$\eta_p^2 = .007$……【以下開始寫 A at B2C1、A at B2C2，寫法均同前】【若多組單純單純主效果都不顯著，也可以簡單寫，例如「A在B2C1、B2C2的單純單純主效果均不顯著」即可，不必一一去寫】。

Unit 23

三因子變異數分析
（ANOVA）：混合設計
（2獨立1相依）

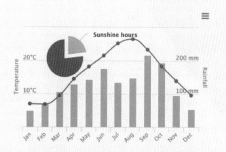

※請參考本書封底之說明，下載本單元中所使用的統計範例檔及工具檔。

23-1 三因子混合設計ANOVA概述

使用時機	因子（factor）指的是自變項，三因子就是有三個自變項。而所謂三因子混合設計ANOVA，就是有三個自變項A, B, C，它們都是間斷變數，且其中有些是獨立樣本、有些是相依樣本，要分析A, B, C對某個連續變項Y的效果。（關於何謂獨立／相依樣本，見「★你不想知道的統計知識(9)★」，p.395。關於ANOVA和t檢定之關係，見「★你不想知道的統計知識(32)★」，p.406。關於使用時機請參見表0-2，p.7。）
交互作用	通常當有兩個以上的自變項A, B時，統計檢定會很在意A, B對Y的「交互作用」（interaction）。有關交互作用的意義，請見「★你不想知道的統計知識(19)★」（p.399）。由於交互作用是三因子ANOVA的重頭戲，請務必理解交互作用的意義。
三因子混合設計（2獨立1相依）ANOVA的例子	「讀書方法（A）對成績（Y）的效果，要視年級（B）和科目（C）而定。」在這例子中，讀書方法（每個人只用一種讀書方法）和年級（每個人只有一個年級）是獨立樣本變項，科目則是相依樣本變項（每個人有多個科目的成績）。不同年級的不同科目應該搭配不同讀書方法，才有好效果。 在RPG遊戲中，「角色職業（魔法師或弓箭手，變項A）對攻擊力（Y）的影響，視角色等級（高或低，變項B）和武器類型（魔杖或弓箭，變項C）」而定。在這個例子中，角色職業和等級是獨立樣本變項（每個人只有一種角色職業和等級），武器類型是相依樣本變項（每個人可以使用各種武器）。

23-2 SPSS操作

　　以下操作將以考驗：「高中年級（A）和性別（B）對成績（Y）的效果，要視科目（C）而定」爲例。由於多因子ANOVA涉及相依樣本的資料結構比較複雜，我們強烈建議你變項名稱一律以符號形式（如A, B）去命名，不要用原來的名稱（如英文、數學）命名，這對程式操作、後續分析、解讀資料會很有利。以本範例來說，第一個自變項「年級」爲獨立樣本變項，命名爲A；第二個自變項「性別」爲獨立樣本變項，命名爲B；第三個自變項「科目」爲相依樣本變項，命名爲C，其下有C1（英文）、C2（數學）二個水準。每個人只有一個年級、一種性別，但有兩個科目成績，因此其資料結構如圖23-1。請注意，務必把相依設計的變項設定成C，才能使用以下操作及報表解讀。

	A	B	C1	C2	var
	1	1	13	21	
	1	2	6	10	
	2	1	13	14	
	2	2	21	23	

圖23-1

Step 1　三因子混合設計ANOVA

點選【分析／Analyze】→【一般線性模型／General Linear Model】→【重複測量／Repeated Measures】。（如圖23-2）

圖23-2

Step 2　三因子混合設計ANOVA

1. 在【受試者內因素的名稱／Within Subject Factor Name】欄位中輸入「C」（相依樣本的自變項）。【層級個數／Number of Levels】欄位中輸入C的組數（在本範例中是「2」組）。點擊【新增／Add】。（如圖23-3）

2. 點擊【定義 / Define】。

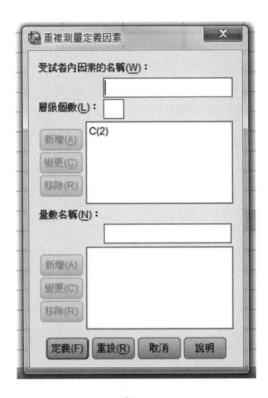

圖23-3

Step 3　三因子混合設計ANOVA

1. 將C1、C2放入【受試者內變數 / Within Subjects Variables】欄位中。

2. 將A, B放入【受試者間的因素 / Between Subjects Factor(s)】欄位中。（關於固定、隨機效果模式，見「★你不想知道的統計知識(37)★」，p.410。）（如圖23-4）

3. 如果你是執行共變數分析，請將共變項放入【共變量 / Covariate(s)】欄位（執行ANOVA者請不要理會這段話）。

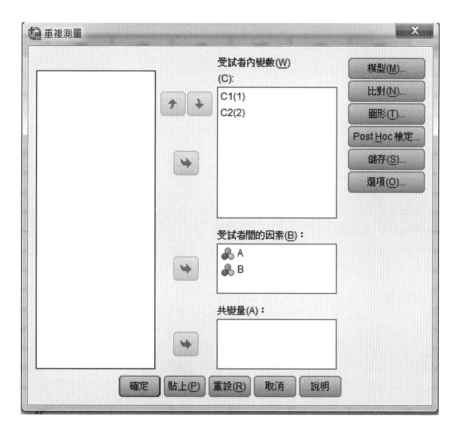

圖23-4

Step 4　三因子混合設計ANOVA

1. 若獨立樣本的自變項包含三組以上（如有3個年級）才要執行此步驟，否則請直接前往（Step 5）。

2. 點擊【Post Hoc檢定】。

3. 將獨立樣本的自變項（如A）放入【事後檢定 / Post Hoc Tests for】欄位中。

4. 勾選【Scheffe法】、【Tukey法】。（如圖23-5）

5. 點擊【繼續 / Continue】，畫面將返回圖23-4。

（關於事後比較、事前比較，請參考「★你不想知道的統計知識(33)★」，p.407。）

圖23-5

Step 5　三因子混合設計ANOVA

1. 點擊【選項 / Options】。

2. 勾選【描述性統計資料 / Descriptives】、【同質性檢定 / Homogeneity】、【效果大小估計值 / Estimates of Effect Size】。（如圖23-6）

3. 點擊【繼續 / Continue】，畫面將返回圖23-4。

4. 點擊【圖形 / Plots】。

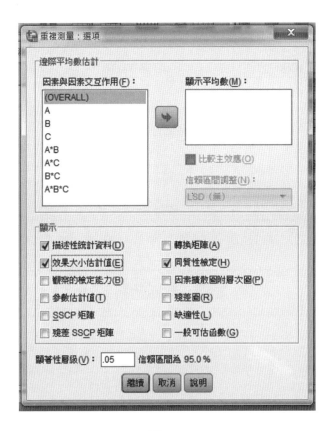

圖23-6

Step 6　三因子混合設計ANOVA

1. 將A放入【個別線 / Separate Lines】、B放入【水平軸 / Horizontal Axis】、C放入【個別圖形 / Separate Plots】。（注意，A、B、C何者放【水平軸】、【個別線】或【個別圖形】並不一定，你可以彼此對調畫圖，請選擇對你而言最好解釋的圖。）

2. 點擊【新增 / Add】。（如圖23-7）

4. 點擊【繼續 / Continue】，畫面將返回圖23-4。

5. 點擊【確定 / OK】即完成分析。分析結果如圖23-8。

（此一步驟所繪製的是三因子交互作用圖，若你需要繪製二因子交互作用圖，在1.時不要將任何變項放入【個別圖形 / Separate Plots】。）

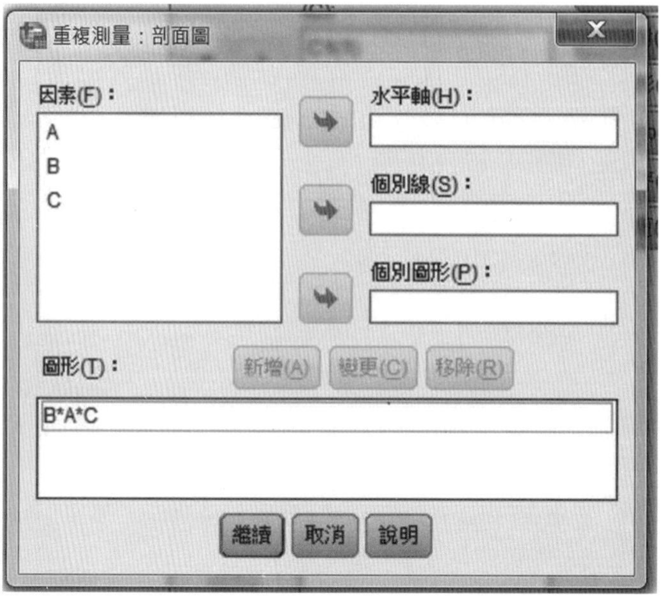

圖23-7

描述性統計資料

	A	B	平均數	標準偏差	N
C1	1	1	20.000	7.588	15
C1	A1	2	15.67	6.532	15
C1	A1	總計	17.83	7.297	30
C1	2	1	18.20	6.549	15
C1	A2	2	25.73	5.725	15
C1	A2	總計	21.97	7.156	30
C1	3	1	22.07	4.773	15
C1	A3	2	15.53	4.824	15
C1	A3	總計	18.80	5.768	30
C1	總計	1	20.09	6.463	45
C1	A總計	2	18.98	7.399	45
C1	A總計	總計	19.53	6.930	90
C2	1	1	19.00	5.644	15
C2	A1	2	14.53	5.436	15
C2	A1	總計	16.77	5.900	30

A1B1C1數值以此類推

不考慮B時，A1C1總數值以此類推

不考慮A時，B1C1總數值以此類推

不考慮A和B時，C1總數值以此類推

(以下略)

①

圖23-8

Box's共變異數矩陣等式檢定[a]

Box's M共變異等式檢定	13.617
F	.853
df1	15
df2	38594.288
顯著性	.618

② ......

Mauchly的球形檢定[a]

測量：MEASURE_1

主旨內效果	Mauchly's W	大約卡方	df	顯著性	Epsilon[b]		
					Greenhouse-Geisser	Huynh-Feldt	下限
C	1.000	.000	0	.	1.000	1.000	1.000

③

主旨內效果檢定

測量：MEASURE_1

④　　⑤

來源		第III類平方和	df	平均值平方	F	顯著性	局部Eta方形
C	假設的球形	5.339	1	5.339	.351	.555	.004
	Greenhouse-Geisser	5.339	1.000	5.339	.351	.555	.004
	Huynh-Feldt	5.339	1.000	5.339	.351	.555	.004
	下限	5.339	1.000	5.339	.351	.555	.004
C*A	假設的球形	11.944	2	5.972	.393	.676	.009
	Greenhouse-Geisser	11.944	2.000	5.972	.393	.676	.009
	Huynh-Feldt	11.944	2.000	5.972	.393	.676	.009
	下限	11.944	2.000	5.972	.393	.676	.009
C*B	假設的球形	.050	1	.050	.003	.954	.000
	Greenhouse-Geisser	.050	1.000	.050	.003	.954	.000
	Huynh-Feldt	.050	1.000	.050	.003	.954	.000
	下限	.050	1.000	.050	.003	.954	.000
C*A*B	假設的球形	715.433	2	357.711	23.535	.000	.359
	Greenhouse-Geisser	715.433	2.000	357.711	23.535	.000	.359
	Huynh-Feldt	715.433	2.000	357.711	23.535	.000	.359
	下限	715.433	2.000	357.711	23.535	.000	.359
Error(C)	假設的球形	1276.733	84	15.199			
	Greenhouse-Geisser	1276.733	84.000	15.199			
	Huynh-Feldt	1276.733	84.000	15.199			
	下限	1276.733	84.000	15.199			

圖23-8（續）

Levene's錯誤共變異等式檢定[a]

	F	df1	df2	顯著性
C1	1.058	5	84	.390
C2	.738	5	84	.597

⑥

主旨間效果檢定

測量：MEASURE_1
轉換的變數：平均

來源	第III類平方和	df	平均值平方	F	顯著性	局部Eta方形
截距	67473.472	1	67473.472	1232.464	.000	.936
A	699.211	2	349.606	6.386	.003	.132
B	58.939	1	58.939	1.077	.302	.013
A*B	377.144	2	188.572	3.444	.036	.076
錯誤	4598.733	84	54.747			

⑦   ⑧

多重比較   ⑨

測量：MEASURE_1

	(I)A	(J)A	平均差異(I-J)	標準錯誤	顯著性	95%信賴區間 下限	95%信賴區間 上限
Tukey HSD	1	2	-4.72*	1.351	.002	-7.94	-1.49
		3	-1.47	1.351	.526	-4.69	1.76
	2	1	4.72*	1.351	.002	1.49	7.94
		3	3.25*	1.351	.048	.03	6.47
	3	1	1.47	1.351	.526	-1.76	4.69
		2	-3.25*	1.351	.048	-6.47	-.03
Scheffe法	1	2	-4.72*	1.351	.003	-8.08	-1.35
		3	-1.47	1.351	.557	-4.83	1.90
	2	1	4.72*	1.351	.003	1.35	8.08
		3	3.25	1.351	.061	-.12	6.62
	3	1	1.47	1.351	.557	-1.90	4.83
		2	-3.25	1.351	.061	-6.62	.12

圖23-8（續）

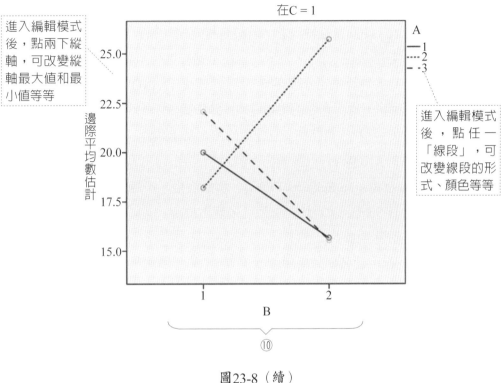

圖23-8（續）

23-3 統計報表解讀

　　分析結果報表（圖23-8）中的各項數值意義如下（請注意，以下的①、②……等數字，和圖23-8統計報表中的①、②……是相對應的，互相參照就可以解讀統計報表囉）：

① 【各細格及描述統計】：包含各組的樣本數（N）、平均值（Mean）、標準差（Std. Deviation，SPSS翻譯為標準偏差）。解讀這個描述統計表時，**請注意我們標註灰底的那些數據**，SPSS報表省略了這些灰底的數據（即各變項的組別編號），這常常造成解讀資料的困難。在解讀描述統計時，我們建議你手動把這些編號寫上去，這樣在解讀描述統計時你會比較輕鬆，也不容易犯錯。

② 【混合設計同質性檢定】：ANOVA必須在變異數同質的前提下才能進行。若顯著性≧.05，就沒事兒。若顯著性＜.05，表示此資料不適於進行ANOVA，此時請參考本書單元27，進行原始分數轉換，然後重新進行ANOVA（關於「混合設計同質

性檢定」，請參考「★你不想知道的統計知識(38)★」，p.411）。

③【相依樣本變項 (C) 的同質性檢定】：若沒有檢定值（只看到「.」），或顯著性≧.05，就沒事。若顯著性 < .05，表示此資料不適於進行ANOVA，此時請參考本書單元27（p.381），進行原始分數轉換，然後重新進行ANOVA（相依樣本變異數同質性之進一步說明，見「★你不想知道的統計知識(34)★」，p.407）。

④【相依樣本變項 (C) 及和它有關的交互作用的ANOVA結果】：

(1)涉及相依樣本的ANOVA有很多表格；請特別注意，你要看的是「主旨內效果檢定」（Tests of Within Subjects Effects）那個表格，不是「主旨內對照檢定」（Tests of Within Subjects Contrasts）或「多變數檢定」（Multivariate Tests）（這些表格很像，不要弄錯了）。

(2) 最左邊的縱行標示著各個效果項和誤差項。C的那區塊是C的效果， C*A的那區塊是C*A的效果（本書的範例中SPSS報表呈現C*A；但不管SPSS呈現C*A或A*C，兩者是同一件事），以此類推。Error (C)是所有和C有關（包含C、A*C、B*C、A*B*C）的誤差項。

(3)每個區塊有很多行數值，都只需要看「假設的球形」（Sphericity Assumed）那一行數據就可以了。其中「第III類平方和」（Type III Sum of Squares）是離均差平方和（SS），「df」是自由度，「平均值平方」是均方（Mean Square），「F」是檢定值，「顯著性」是 p值。若「顯著性」< .05，表示自變項有顯著效果；若「顯著性」≧ .05，表示自變項無顯著效果。

(4)論文的撰寫形式是，「F（效果的df, 誤差df） = xxx, p = xxx」。以圖23-8④為例，C的「F (1, 84) = 0.35, p = .55」（1是自變項df，84是誤差df）。

⑤【和相依樣本變項(C)有關的效果量】：「局部eta方形」（Partial Eta Squared），指的是SPSS提供partial eta squared作為ANOVA檢定的效果量（以η_p^2符號表示）。若 $.01 \leq \eta_p^2 < .058$為小效果；$.058 \leq \eta_p^2 < .138$為中效果；$.138 \leq \eta_p^2$是大效果[註]。

⑥【獨立樣本變項(A, B)的同質性檢定】：若顯著性≧.05，就沒事。若「任一個」顯著性 < .05，表示此資料不適於進行ANOVA，此時請參考本書單元27，進行原始分數轉換，然後重新進行ANOVA。

⑦【獨立樣本變項(A, B)的ANOVA結果】：其中「A」是A 的效果、「錯誤」是A的

註　Cohen, J. (1988). *Statistical power analysis for the behavioral sciences*. NJ:, Lawrence Erlbaum Associates.

誤差項，以此類推。其意義及解讀方式同圖23-8④。

⑧【和獨立樣本變項(A, B)有關的效果量】：其意義及解讀方式同圖23-8⑤。

⑨【獨立樣本變項(A)的事後比較】：兩兩比較1、2、3年級之間的差異。關於事後比較的意義，請見「★你不想知道的統計知識(33)★」（p.407）。若「顯著性」＜.05，表示某兩組有顯著差異；若「顯著性」≧.05，表示某兩組無顯著差異。事後檢定有非常多種方法，最常用的是Tukey HSD和Scheffe法；本範例兩種方式都跑。Scheffe法是最嚴格的事後檢定，所以如果顯著就非常威，若顯著可考慮優先報告這個檢定結果；Tukey HSD屬於百搭型的，因此在大部分情況下報告這種檢定結果都很安全。兩種檢定只要報告其中一種即可。以圖23-8⑨爲例；Tukey法A1、A2（p = .002），表示1、2年級在成績上有顯著差異；A1、A3（p = .526），表示1、3年級在成績上沒有顯著差異。SPSS的事後比較中，有好幾組訊息會是重複的，例如1、2年級（p = .002）的比較和2、1年級（p = .002）的比較訊息是完全重複的，論文書寫只要呈現一次即可。請注意，若自變項只有兩組（如性別），無需進行事後比較，因爲此時 ANOVA顯著就表示一定是這兩組之間有差異。只有三組以上才必須進行事後比較。

⑩【交互作用圖】：三因子交互作用必須用多個單純交互作用圖才能展現；爲了節省篇幅，本範例只呈現一個單純交互作用圖做說明。請特別注意兩件事：**(1)只有圖23-8④或⑦的交互作用（A*B、A*C、B*C、A*B*C之中的任一個）顯著，且顯著的交互作用是你所關注的，才需要在論文中呈現交互作用圖；否則不論圖看起來如何厲害，都不需要在論文中呈現它。(2) SPSS的交互作用圖一定要做進一步編輯才能放入論文中，不能直接剪貼。**在SPSS結果檔中對圖快速點兩下，會進入編輯模式，然後你可以改變座標軸的單位，或是線段的形式（見圖23-8⑩旁邊的說明）。其中，線段形式是一定要編輯的；以本範例來說，由於SPSS是以線的顏色來表示1, 2, 3年級，但你的論文應該不會印彩色的，在黑白的情況下，讀者不太容易看出哪條線分別代表1, 2, 3年級，因此要調整線段的形式（如實線、虛線），讀者才能看懂圖。圖23-8⑩的交互作用圖，就是經過編輯的。另外，只要你呈現**兩個以上的交互作用圖，就一定要對圖「縱軸」的最大值和最小值做編輯**，因爲SPSS預設的縱軸最大和最小值，在不同的圖上可能不一致，這將會導致你論文中所呈現的圖之間無法做比較。所以只要你論文中呈現兩個以上的交互作用圖，一定要對圖縱軸做編輯，使圖與圖之間的縱軸單位一致。

⑪【相依樣本變項(C)的事後比較（報表上沒有）】：由於SPSS相依ANOVA並未提供Tukey HSD和Scheffe法的事後檢定。若需要請使用本書Excel 23-1，進行事後比較（Excel請至本書的網頁下載，相關下載請見本書封底說明）。使用Excel 23-1時要特別注意，你需要將誤差自由度填到Excel中，不過，設計Excel 23-1時，預定處理的誤差自由度上限是1000，如果高於1000，請填入1000。通常這不太會影響到顯著水準判定，當然你也可以自行查表（很難在書上找到這樣的表就是了）。此外，我們處理的組數上限是8。

⑫【二因子交互作用圖（報表上沒有）】依照本單元SPSS程序所繪製的圖，是三因子交互作用圖，因此若依本範例程序跑統計，報表上是看不到二因子交互作用圖的。若你需要繪製二因子交互作用圖，請參考「本單元（Step 6）之做法」。

23-4 各種單純效果檢定

如果你的三因子交互作用不顯著，同時也沒有任何一組你所關注的二因子交互作用顯著，那麼你可以跳過這個單元。若是三因子交互作用效果，或是你所關注的二因子交互作用顯著，必須進行單純效果的檢定；此時，請參考單元25之說明及做法（p.361）。

23-5 論文中的表格呈現

在論文中，若需要用表格的方式來呈現三因子ANOVA結果，則可以依據表格範例23-1、23-2、23-3、23-4、23-5，對照圖23-8填入相關數據（表格範例可於本書網頁下載，相關下載請見本書封底說明）。包含：

(1) 表格範例23-1為描述統計；請對照圖23-8①填寫。由於SPSS報表省略了組別編號資料，常造成解讀不易，我們建議你如圖23-8①所示，將所有SPSS省略的編號（灰底處）手動寫上，然後在表格範例23-1中，你要填入的是**橫向**「不包含任何一個『總計』（**total**）」的那些行的數值。

(2) 表格範例23-2為ANOVA的檢定結果。請對照圖23-8④⑤、⑦⑧填註數值。

(3) 表格範例23-3是「單純主效果」檢定結果，只有你所關注的二因子交互作用顯著才需要呈現這個表格。表中各單純效果的SS, df, MS, F請填入Excel 23-2的分析結果，而表中「誤差」那一行也是填入Excel 23-2中標註的誤差項（Excel請至本書的網頁下載，相關下載請見本書封底說明）。

(4) 表格範例23-4是單純交互作用檢定結果，只有三因子交互作用顯著才需要呈現這個表格。表中各單純效果的SS, df, MS, F請填入Excel 23-2的分析結果，而表中「誤差」那一行也是填入Excel 23-2中標註的誤差項（我們幫你標出來了，很好找滴）。

(5) 表格範例23-5是「單純單純主效果」檢定結果，只有三因子交互作用顯著且「單純交互作用」也顯著，才需要呈現這個表格。表中各單純效果的SS, df, MS, F請填入Excel 23-2的分析結果，而表中「誤差」那一行也是填入Excel 23-2中標註的誤差項（Again，我們幫你標出來了，很好找滴）。

表格範例 23-1

各細格描述統計　　　填入圖23-8①數據，或Excel 23-3的各細格描述統計

年級		n	英文C1 $M\ (SD)$	數學C2 $M\ (SD)$
一年級A1	男生B1	15	20.00 (7.58)	19.00 (5.64)
	女生B2	15	15.67 (6.53)	14.53 (5.43)
二年級A2	男生B1	15	18.20 (6.54)	23.20 (7.00)
	女生B2	15	25.73 (5.72)	20.93 (5.76)
三年級A3	男生B1	15	22.07 (4.77)	17.13 (4.92)
	女生B2	15	15.53 (4.82)	20.33 (5.46)

表格範例23-2

年級、性別、科目在成績上之*ANOVA*

變異來源	SS	df	MS	F	p	η_p^2
A年級	699.21	2	349.60	6.38	.003	.132
B性別	58.93	1	58.93	1.07	.30	.013
A*B	377.14	2	188.57	3.44	.036	.076
誤差（組間）	4598.73	84	54.74			

填入圖23-8⑦⑧數據

變異來源	SS	df	MS	F	p	η_p^2
C科目	5.33	1	5.33	0.35	.55	.004
A*C	11.94	2	5.97	0.39	.67	.009
B*C	0.05	1	0.05	0.00	.95	<.001
A*B*C	715.43	2	357.71	23.53	<.001	.359
誤差（組內）	1276.73	84	15.19			

填入
圖23-8④⑤
數據

表格範例23-3

「年級×性別」在成績上之單純主效果分析

	填入Excel 23-2之結果					
變異來源	SS	df	MS	F	p	η_p^2
年級（A）						
at 女生（B1）	26.60	2	13.30	0.24	.78	.006
at 男生（B2）	1049.76	2	524.88	9.59	<.001	.186
誤差	4598.73	84	54.75			
性別 （B）						
at 一年級（A1）	290.40	1	290.40	5.30	.024	.059
at 二年級（A2）	104.02	1	104.01	1.90	.172	.022
at 三年級（A3）	41.67	1	41.667	0.76	.385	.009
誤差	4598.73	84	54.75			

（此表是以「A*B」顯著時的單純主效果為範例，你可以依此產生「A*C」或「B*C」顯著時的單純主效果表格，視你研究的興趣而定。）

表格範例23-4

年級、性別、科目在成績上之「單純交互作用」

填入Excel 23-2之結果

變異來源	SS	df	MS	F	p	η_p^2
性別 ×科目（B*C）						
at 一年級（A1）	0.06	1	0.06	<.001	.94	<.001
at 二年級（A2）	360.15	1	360.15	23.69	<.001	.22
at 三年級（A3）	355.26	1	355.26	23.37	<.001	.217
誤差	1276.73	84	15.19			

（此表是以「B*C at A」的單純交互作用為範例，你可以依此產生「A*B at C」、「A*C at B」的單純交互作用表格，但原則上只要呈現其中一組即可，視你研究的興趣而定。）

表格範例23-5

年級、性別、科目在成績上之「單純單純主效果」分析

填入Excel 23-2之結果

變異來源	SS	df	MS	F	p	η_p^2
科目（C） at 女生 （B1）						
at 一年級（A1）	7.50	1	7.50	0.49	.48	.006
at 二年級（A2）	187.50	1	187.50	12.34	<.001	.128
at 三年級（A3）	182.53	1	182.53	12.01	<.001	.125
科目（C） at 男生 （B2）						
at 一年級（A1）	9.63	1	9.63	0.63	.43	.007
at 二年級（A2）	172.80	1	172.80	11.37	<.001	.119
at 三年級（A3）	172.80	1	172.80	11.37	<.001	.119
誤差	1276.73	84	15.19			

（此表是以C的單純單純主效果為範例，你可以依此產生A或B的單純單純主效果表格，視你研究的興趣而定。）

23-6 分析結果的撰寫

在論文中，三因子ANOVA的結果可能會需要書寫以下內容：

(0) 三因子ANOVA統計的概述。

(1) 主效果：

　　(1-1) 主效果分析。

　　(1-2) 事後比較（若主效果顯著，且該變項下包含三組以上）。

(2) 二因子交互作用：

　　(2-1) 二因子交互作用分析。

　　(2-2) 單純主效果（若二因子交互作用顯著）。

(3) 三因子交互作用：

　　(3-1) 三因子交互作用分析。

　　(3-2) 單純交互作用（若三因子交互作用顯著）。

　　(3-3) 單純單純主效果（若單純交互作用顯著）。

書寫時請務必注意以下事項：

一、在書寫時的順序，「依序」是(0), (1-1), (1-2), (2-1), (2-2), (3-1), (3-2), (3-3)。也就是依上面所條列的內容，由上而下的順序書寫。

二、請特別注意，你並不需要每一個效果都寫，請依照你論文中所關注的問題（如果你不清楚，應該和指導教授討論），選取你需要書寫的部分，然後搭配以下書寫範例，組合出你所需的三因子ANOVA分析結果。

三、書寫範例中的A, B, C, Y，請依據你的研究內容，填入適切的變項及組別名稱。

四、在論文中書寫各種效果時，可能會需要填寫描述統計數值（平均值、標準差），請依據下列法則找到你所需要的描述統計（所需Excel請至本書的網頁下載，相關下載請見本書封底說明）：

　　（一）需要呈現那些描述統計？請使用Excel 23-2，當各種單純主效果顯著之後，往右對照，你會看到在每個單純效果下，你需要呈現的描述統計（沒錯，我們就是這麼窩心）。

　　（二）如何找到應該呈現的數值？請使用Excel 23-3，就可以找到你該呈現的數值是多少了（是的，買這本書非常值得）。

　　（三）Excel 23-2和Excel 23-3都要求你必須輸入各細格（cells）的平均值、標準差和樣本數。請對照圖23-8①輸入。

五、關於呈現統計數據時的注意事項，請參考「★你不想知道的統計知識
(1)★」（p.389）。

六、部分統計學家認為當高階效果顯著時，不應該解釋低階效果，關於這一
點，如果你不想知道，趕緊跳過。若你想瞭解，詳見「★你不想知道的統
計知識(36)★」（p.410）。

以下書寫範例中，標楷體的部分是論文中應該要書寫的內容，【】內的敘述，
是對書寫方式的說明。

(0)【對三因子統計的概述書寫】（一開始一定要寫）

以三因子混合設計ANOVA分析A、B、C對Y之效果，其中A、B為獨立組設
計、C為相依組設計，結果如表xxx【論文中附上表格範例23-2】，各細格描述統
計如表xxx【論文中附上表格範例23-1】。結果發現：

(1-1)【主效果分析】（論文關注主效果才要寫；以A為例）

A對Y有顯著效果【或是「沒有顯著效果」，視分析結果而定】，$F(2, 84) =$
6.36，$p = .003$，$\eta_p^2 = .132$。【若為獨立樣本變項填入圖23-8⑦⑧的檢定值】【若
為相依樣本變項填入圖23-8④⑤的檢定值】【若不顯著，以下可以不用寫。若顯
著且A有三組，請接著寫範例(1-2)。若顯著且A只有兩組，則接著寫出描述統計及
方向，如下：】A1（$M = 17.30, SD = 6.60$）顯著地小於A2（$M = 22.02, SD = 6.73$）
【填入Excel 23-3，主效果的描述統計值】。

(1-2)【事後比較】（若關注的主效果顯著，且該變項下包含三組以上，才要
寫，以A為例）

Tukey HSD事後比較顯示【或「Scheffe」，視你選擇報告那一種檢定而定，只
要報告一種】：A1（$M = 17.30, SD = 6.60$）顯著地小於A2（$M = 22.02, SD = 6.73$）
（$p = .002$）、A2顯著地大於A3（$M = 18.77, SD = 5.52$）（$p = .048$）、A1與A3無
顯著差異（$p = .52$）【填入Excel 23-3，主效果的描述統計值】【若是獨立樣本變
項：填入圖23-8⑨的「顯著性」（見「單元23-3：說明⑨」，p.327）】【若是相
依樣本變項：填入Excel 23-1的p值（見「單元23-3：說明⑪」，p.328」】【若顯
著須說明方向，大於或小於】【各組描述統計只需要填註一次，兩兩比較的結果
也只要呈現一次】。

(2-1)【二因子交互作用分析】（論文關注二因子交互作用才要寫；以A*B為例）

二因子交互作用分析顯示：「A*B」在Y上有顯著交互作用（interaction）效果【或是「沒有顯著交互作用效果」，視分析結果而定】，$F(2, 84) = 3.44$，$p = .036$，$\eta_p^2 = .076$【若交互作用的兩個自變項均為獨立樣本變項填入圖23-8⑦⑧的檢定值】【若交互作用的兩個自變項至少有一個為相依樣本變項填入圖23-8④⑤的檢定值】【若不顯著，二因子書寫結束】【若顯著請接著寫範例(2-2)】。

(2-2)【單純主效果分析】（若關注的二因子交互作用顯著才要寫，以A*B為例）

「A*B」交互作用圖如圖xxx【論文中附上二因子交互作用圖，見單元23-3⑫之說明，p.328】。由於「A*B」交互作用顯著，進一步進行單純主效果（simple main effect）檢定，結果如表xxx【論文中附上表格範例23-3】。【開始寫單純主效果】【開始寫A at B1】對B1來說，A沒有顯著單純主效果【或是「有顯著單純主效果」，視分析結果而定】，$F(2, 84) = 0.24$，$p = .78$，$\eta_p^2 = .006$【填入「Excel 23-2」的檢定值】【若顯著，「Excel 23-2」的紫色區域會指示你該呈現哪些描述統計，然後從「Excel 23-3」中找到相對應的描述統計值，然後描述方向（大於、小於）。若不顯著可以不必寫描述統計】。【開始寫A at B2】對B2來說，A有顯著單純主效果，$F(2, 84) = 9.59$，$p < .001$，$\eta_p^2 = .186$；A2B2（$M = 23.33$，$SD = 6.15$）大於A3B2（$M = 17.93$，$SD = 5.62$）大於A1B2（$M = 15.10$，$SD = 5.93$）。【以下視你的研究需要，決定是否要寫 B at A1, B at A2, B at A3，寫法均同前。】【若三組單純主效果都不顯著，也可以簡單寫「B在A1、A2、A3的單純主效果均不顯著」即可，不必一一去寫】。

(3-1)【三因子交互作用分析】（論文關注三因子交互作用才要寫）

三因子交互作用分析顯示：「A*B*C」在Y上有顯著交互作用（interaction）效果【或是「沒有顯著交互作用效果」，視分析結果而定】，$F(2, 84) = 23.53$，$p < .001$，$\eta_p^2 = .359$【填入圖23-8④⑤的檢定值】【若不顯著寫到這裡即結束】【若顯著請接著寫(3-2)】。

(3-2)【單純交互作用分析】（三因子交互作用顯著才要寫；以「A*B at C」為例）

　　……交互作用圖如圖xxx【論文中附上三因子交互作用圖，見單元23-3⑩之說明，p.327】。進一步進行單純交互作用（simple interaction）檢定，結果如表xxx【論文中附上表格範例23-4】。【開始寫單純交互作用效果】【開始寫A*B at C1】對C1來說，A*B有顯著單純交互作用效果【或是「沒有顯著交互作用效果」，視分析結果而定】，$F(2, 168) = 12.28$，$p < .001$，$\eta_p^2 = .128$【填入「Excel 23-2」的檢定值】。【開始寫A*B at C2】對C2來說，A*B有顯著單純交互作用效果【或是「沒有顯著單純交互作用效果」，視分析結果而定】，$F(2, 168) = 3.34$，$p = .03$，$\eta_p^2 = .038$【填入「Excel 23-2」的檢定值】【每個顯著的單純交互作用，都要分別往下接著寫範例(3-3)】。

(3-3)【單純單純主效果】（單純交互作用顯著才要寫；以「A at B*C」為例）

　　……由於A*B有顯著單純交互作用，進一步進行單純單純主效果（simple simple main effect）檢定，結果如表xxx【論文中附上表格範例23-5】。【開始寫單純單純主效果】【開始寫A at B1C1】，對B1C1來說，A沒有顯著單純單純主效果【或是「有顯著單純單純主效果」，視分析結果而定】，$F(2, 168) = 1.61$。$p = .20$，$\eta_p^2 = .019$【填入「Excel 23-2」的檢定值】【若顯著，「Excel 23-2」的紫色區域會指示你該呈現哪些描述統計，然後從「Excel 23-3」中找到相對應的描述統計值，然後描述方向（大於、小於）。若不顯著可以不必寫描述統計】。【開始寫A at B1C2】對B1C2來說，A有顯著單純單純主效果【或是「沒有顯著單純單純主效果」，視分析結果而定】，$F(2, 168) = 4.14$，$p = .017$，$\eta_p^2 = .047$；A2B1C2（$M = 23.20$，$SD = 7.00$）大於A1B1C2（$M = 19.00$，$SD = 5.64$），大於A3B1C2（$M = 17.13$，$SD = 4.92$）【同前】。【以下開始寫A at B2C1、A at B2C2，寫法均同前】【若多組單純單純主效果都不顯著，也可以簡單寫，例如「A在B2C1、B2C2的單純單純主效果均不顯著」即可，不必一一去寫】。

Unit 24

三因子變異數分析（ANOVA）：混合設計（2相依1獨立）

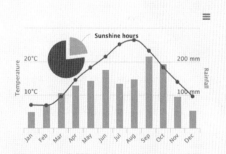

※請參考本書封底之說明，下載本單元中所使用的統計範例檔及工具檔。

24-1 三因子混合設計ANOVA概述

使用時機	因子（factor）指的是自變項，三因子就是有三個自變項。而所謂三因子混合設計ANOVA，就是有三個自變項A, B, C，它們都是間斷變數，且其中有些是獨立樣本、有些是相依樣本，要分析A, B, C對某個連續變項Y的效果。（關於何謂獨立／相依樣本，見「★你不想知道的統計知識(9)★」，p.395。關於ANOVA和t檢定之關係，見「★你不想知道的統計知識(32)★」，p.406。關於使用時機請參見表0-2，p.7。）
交互作用	通常當有兩個以上的自變項A, B時，統計檢定會很在意A, B對Y的「交互作用」（interaction）。有關交互作用的意義，請見「★你不想知道的統計知識(19)★」（p.399）。由於交互作用是三因子ANOVA的重頭戲，請務必理解交互作用的意義。
三因子混合設計（2相依1獨立）ANOVA的例子	「讀書方法（A）對成績（Y）的效果，要視科目（B）和題目類型（C）而定。」在這個例子中，讀書方法是獨立樣本變項（每個人只用一種讀書方法），科目和題目類型則是相依樣本變項（每個人考多個科目、作答多個題型）。不同科目的不同題型應該搭配不同讀書方法，才有好效果。在RPG遊戲中，「角色職業（魔法師或弓箭手，變項A）對戰鬥力（Y）的影響，視防具等級（盾或盔，變項B）和武器類型（魔杖或弓箭，變項C）」而定。在這個例子中，角色職業是獨立樣本變項（每個人只有一種角色職業），防具和武器類型是相依樣本變項（每個人可以使用各種防具和武器）。不同角色會有不同的最佳防具與武器搭配，這就是交互作用。

24-2 涉及相依樣本的資料結構

　　涉及相依樣本的資料結構比較特別，理解這個結構對多因子混合設計ANOVA分析很重要。

　　一般來說，在SPSS的資料檔中，一個橫列代表一筆資料，一個縱行代表一個變項。舉例來說，如果資料有100列、5縱行，通常表示有100人、5個變項。儘管通常一個縱行代表一個研究變項；但是相依樣本變項卻是一個縱行代表「一個變項下的某一組」〔稱之為水準（level）〕。例如，我們想知道人們在不同科目：英文、數學、自然成績的差異。此時自變項是「科目」，下面有英文、數學、自然三組分數（三個水準）。由於成績是來自於同一個人，所以是相依樣本。在SPSS中，資料結構如圖24-1。你可以看到每一縱行代表自變項下的其中一組分數。相對來說，「科目」這個自變項被分散在三個縱行中。

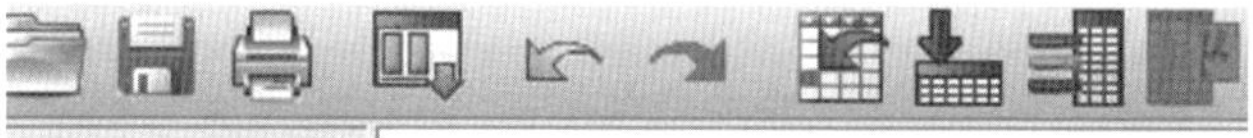

	姓名	英文	數學	自然	
1	鄭中平	88.00	87.00	76.00	
2	顏志龍	78.00	74.00	88.00	
3	金城武	75.00	74.00	91.00	
4	林志玲	83.00	81.00	86.00	
5	劉德華	94.00	80.00	76.00	

科目

圖24-1

　　相依樣本的這種資料結構在混合設計時會顯得更複雜。例如，我們想知道不同讀書方法（A：背誦、聯想、混合三種方法）、科目（B：英文、數學）和題型（C：選擇題、是非題）對成績（Y）的效果。此時「讀書方法」為獨立樣本變項，一個人只使用一種讀書方法，會占SPSS資料的一個縱行；科目（變項B：2水準）和題型（變項C：2水準）會組合成2×2四種成績（英文選擇、英文是非、數學選擇、數學是非），由於四種成績是來自於同一個人，所以是相依樣本，占SPSS資料的四個縱行。其資料結構如圖24-2。如果用A1B1之類的符號來解讀會更清晰（見圖24-2最下）。

姓名	讀書方法	英文選擇	英文是非	數學選擇	數學是非
鄭中平	1.00	78	78	67	76
顏志龍	1.00	78	87	82	45
全城武	2.00	98	73	57	68
林志玲	2.00	59	74	58	95
劉德華	3.00	95	95	83	68
A	B1 C1	B1 C2	B2 C1	B2 C2

圖24-2

24-3 SPSS操作

以下操作將以考驗：「讀書方法（A：背誦、聯想、混合三種方法）和科目（B：英文、數學）對成績（Y）的效果，要視題型（C：選擇題、是非題）而定」為例。由於多因子ANOVA涉及相依樣本的資料結構比較複雜，**我們強烈建議你變項名稱一律以符號形式（如A, B）去命名，不要用原來的名稱（如英文、數學）命名**，這對程式操作、後續分析、解讀資料會很有利。以本範例來說，第一個自變項「讀書方法」是獨立樣本變項，命名為A（包含：背誦、聯想、混合三種方法）；第二個自變項「科目」是相依樣本變項，命名為B，其下有B1（英文）、B2（數學）二個水準；「題型」也是相依樣本變項，命名為C，其下有C1（選擇題）、C2（是非題）二個水準。每個人只有一種讀書方法，但有兩個科目和兩種題型的成績，因此其資料結構如圖24-3。以下示範操作中，**A是獨立樣本變項，B、C是相依樣本變項**。請注意，就SPSS的操作來說，相依變項的資料結構最好是優先將B的同一水準放在鄰近欄位，也就是要採[B1$_{C1}$, B1$_{C2}$][B2$_{C1}$, B2$_{C2}$]由左至右的順序，不要採[$_{B1}$C1, $_{B2}$C1][$_{B1}$C2, $_{B2}$C2]的順序，以此類推。

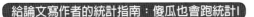

A	B1C1	B1C2	B2C1	B2C2
1	22	23	15	17
2	13	17	27	12
3	29	23	30	26
1	8	5	11	7
2	22	27	18	16
3	30	25	20	32

圖24-3

Step 1　三因子混合設計ANOVA

點選【分析 / Analyze】→【一般線性模型 / General Linear Model】→【重複測量 / Repeated Measures】。（如圖24-4）

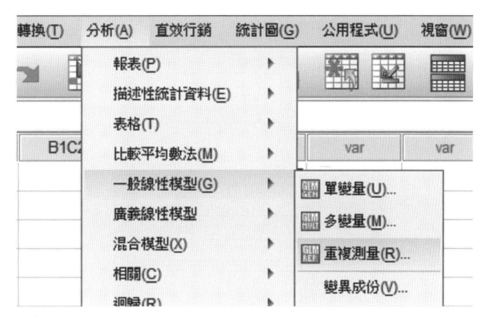

圖24-4

Step 2　　三因子混合設計ANOVA

1. 在【受試者內因素的名稱／Within Subject Factor Name】欄位中輸入「B」
   （相依樣本變項名稱）。【層級個數／Number of Levels】欄位中輸入B的組
   數（在本範例中是「2」組）。點擊【新增／Add】。

2. 在【受試者內因素的名稱／Within Subject Factor Name】欄位中輸入「C」
   （相依樣本變項名稱）。【層級個數／Number of Levels】欄位中輸入C的組
   數（在本範例中是「2」組）。點擊【新增／Add】。（如圖24-5）

3. 點擊【定義／Define】。

重複測量定義因素

受試者內因素的名稱(W)：

層級個數(L)：

新增(A)　　B(2)
變更(C)　　C(2)
移除(R)

量數名稱(N)：

新增(A)
變更(C)
移除(R)

定義(F)　重設(R)　取消　說明

圖24-5

Step 3　三因子混合設計ANOVA

1. 將所有相依樣本變數放入【受試者內變數／Within Subjects Variables】欄位
　 中。

2. 檢查變數放置是否正確：B後面的數字要對應到括弧中的第一個數字、C後面
　 的數字要對應到括弧中的第二個數字，例如B1C2(1,2)。

3. 將獨立樣本變數A放入【受試者間的因素／Between Subjects Factor(s)】欄位
　 中（關於固定、隨機效果模式，見「★你不想知道的統計知識(37)★」，
　 p.410。）（如圖24-6）

4. 如果你是執行共變數分析，請將共變項放入【共變量／Covariate(s)】欄位
　 （執行ANOVA者請不要理會這段話）。

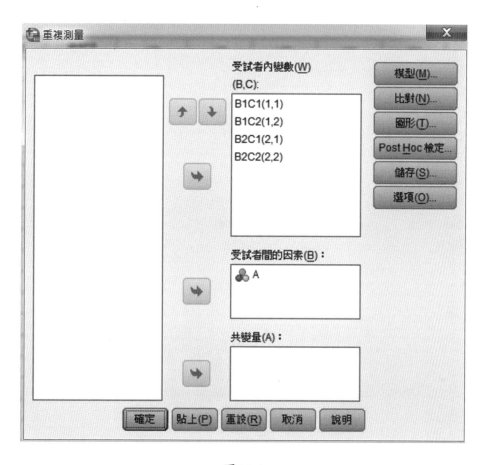

圖24-6

![Step 4 icon] **Step 4** 三因子混合設計ANOVA

1. 若獨立樣本的自變項包含三組以上（如有3個年級）才要執行此步驟，否則請直接前往（Step 5）。

2. 點擊【Post Hoc檢定】。

3. 將獨立樣本的自變項（如A）放入【事後檢定／Post Hoc Tests for】欄位中。

2. 勾選【Scheffe法】、【Tukey法】。（如圖24-7）

3. 點擊【繼續／Continue】，畫面將返回圖24-6。

（關於事後比較、事前比較，請參考「★你不想知道的統計知識(33)★」，p.407。）

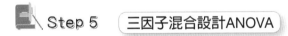

圖24-7

Step 5　三因子混合設計ANOVA

1. 點擊【選項 / Options】。

2. 勾選【描述性統計資料 / Descriptives】、【同質性檢定 / Homogeneity】、
   【效果大小估計值 / Estimates of Effect Size】。（如圖24-8）

3. 點擊【繼續 / Continue】，畫面將返回圖24-6。

4. 點擊【圖形 / Plots】。

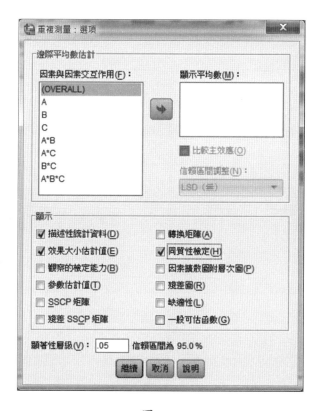

圖24-8

Step 6　三因子混合設計ANOVA

1. 將A放入【個別線 / Separate Lines】、B放入【水平軸 / Horizontal Axis】、C放入【個別圖形 / Separate Plots】。（注意，A、B、C何者放【水平軸】、【個別線】或【個別圖形】並不一定，你可以彼此對調畫圖，請選擇對你而言最好解釋的圖。）

2. 點擊【新增 / Add】。（如圖24-9）

3. 點擊【繼續 / Continue】，畫面將返回圖24-6。

4. 點擊【確定 / OK】即完成分析。分析結果如圖24-10。

（此一步驟所繪製的是三因子交互作用圖，若你需要繪製二因子交互作用圖，在1.時不要將任何變項放入【個別圖形 / Separate Plots】。）

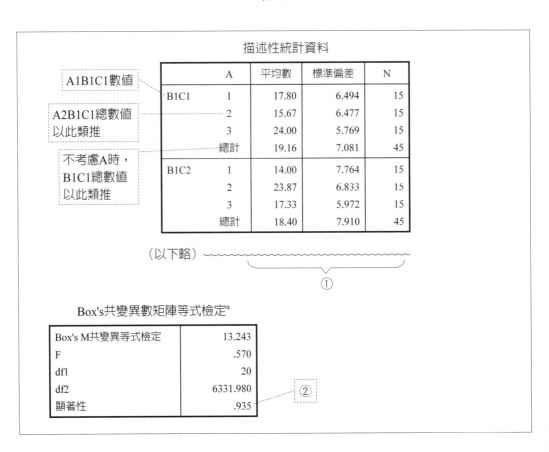

圖24-9

		A	平均數	標準偏差	N
B1C1		1	17.80	6.494	15
		2	15.67	6.477	15
		3	24.00	5.769	15
	總計		19.16	7.081	45
B1C2		1	14.00	7.764	15
		2	23.87	6.833	15
		3	17.33	5.972	15
	總計		18.40	7.910	45

描述性統計資料

A1B1C1數值

A2B1C1總數值
以此類推

不考慮A時，
B1C1總數值
以此類推

（以下略）

①

Box's共變異數矩陣等式檢定[a]

Box's M共變異等式檢定	13.243
F	.570
df1	20
df2	6331.980
顯著性	.935

②

圖24-10

Mauchly的球形檢定[a]

測量：MEASURE_1

主旨內效果	Mauchly's W	大約卡方	df	顯著性	Epsilon[b]		
					Greenhouse-Geisser	Huynh-Feldt	下限
B	1.000	.000	0	.	1.000	1.000	1.000
C	1.000	.000	0	.	1.000	1.000	1.000
B*C	1.000	.000	0	..	1.000	1.000	1.000

③

主旨內效果檢定

測量：MEASURE_1

④ ⑤

來源		第III類平方和	df	平均值平方	F	顯著性	局部Eta方形
B	假設的球形	.272	1	.272	.015	.902	.000
	Greenhouse-Geisser	.272	1.000	.272	.015	.902	.000
	Huynh-Feldt	.272	1.000	.272	.015	.902	.000
	下限	.272	1.000	.272	.015	.902	.000
B*A	假設的球形	29.478	2	14.739	.827	.444	.038
	Greenhouse-Geisser	29.478	2.000	14.739	.827	.444	.038
	Huynh-Feldt	29.478	2.000	14.739	.827	.444	.038
	下限	29.478	2.000	14.739	.827	.444	.038
Error (B)	假設的球形	748.500	42	17.821			
	Greenhouse-Geisser	748.500	42.000	17.821			
	Huynh-Feldt	748.500	42.000	17.821			
	下限	748.500	42.000	17.821			

（中間略）

C*A	假設的球形	354.633	2	177.317	9.354	.000	.308
	Greenhouse-Geisser	354.633	2.000	177.317	9.354	.000	.308
	Huynh-Feldt	354.633	2.000	177.317	9.354	.000	.308
	下限	354.633	2.000	177.317	9.354	.000	.308
Error (C)	假設的球形	796.167	42	18.956			
	Greenhouse-Geisser	796.167	42.000	18.956			
	Huynh-Feldt	796.167	42.000	18.956			
	下限	796.167	42.000	18.956			

（中間略）

B*C*A	假設的球形	675.811	2	337.906	17.298	.000	.452
	Greenhouse-Geisser	675.811	2.000	337.906	17.298	.000	.452
	Huynh-Feldt	675.811	2.000	337.906	17.298	.000	.452
	下限	675.811	2.000	337.906	17.298	.000	.452
Error(B*C)	假設的球形	820.433	42	19.534			
	Greenhouse-Geisser	820.433	42.000	19.534			
	Huynh-Feldt	820.433	42.000	19.534			
	下限	820.433	42.000	19.534			

圖24-10（續）

Levene's錯誤共變異等式檢定^a

	F	df1	df2	顯著性	
B1C1	.451	2	42	.640	⑥
B1C2	.749	2	42	.479	
B2C1	.704	2	42	.500	
B2C2	2.499	2	42	.094	

主旨間效果檢定

測量：MEASURE_1
轉換的變數：平均

來源	第III類平方和	df	平均值平方	F	顯著性	局部Eta方形
截距	63206.272	1	63206.272	539.628	.000	.928
A	997.544	2	498.772	4.258	.021	.169
錯誤	4919.433	42	117.129			

⑦　　　　　　　　⑧

多重比較　　　⑨

測量：MEASURE_1

	(I)A	(J)A	平均差異(I-J)	標準錯誤	顯著性	95%信賴區間 下限	上限
Tukey HSD	1	2	-3.88	1.976	.133	-8.68	.92
		3	-5.63*	1.976	.018	-10.43	-.83
	2	1	3.88	1.976	.133	-.92	8.68
		3	-1.75	1.976	.652	-6.55	3.05
	3	1	5.63*	1.976	.018	.83	10.43
		2	1.75	1.976	.652	-3.05	6.55

（以下Scheffe略）

圖24-10（續）

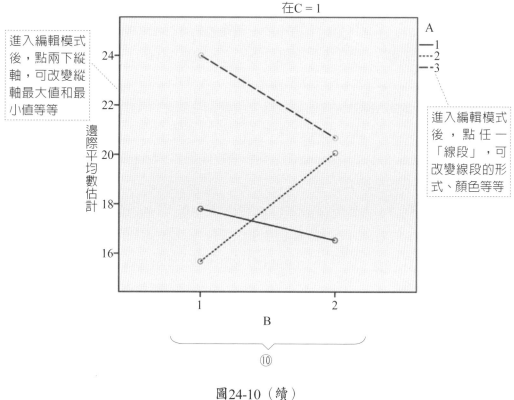

進入編輯模式後，點兩下縱軸，可改變縱軸最大值和最小值等等

進入編輯模式後，點任一「線段」，可改變線段的形式、顏色等等

在C = 1

A
——1
……2
——3

邊際平均數估計

⑩

B

圖24-10（續）

24-4 統計報表解讀

分析結果報表（圖24-10）中的各項數值意義如下（請注意，以下的①、②……等數字，和圖24-10統計報表中的①、②……是相對應的，互相參照就可以解讀統計報表囉）：

① 【各細格描述統計】：包含各組的樣本數（N）、平均值（Mean）、標準差（Std. Deviation，SPSS翻譯為標準偏差）。

② 【混合設計同質性檢定】：ANOVA必須在變異數同質的前提下才能進行。若顯著性≥.05，就沒事兒。若顯著性<.05，表示此資料不適於進行ANOVA，此時請參考本書單元27，進行原始分數轉換，然後重新進行ANOVA（關於「混合設計同質性檢定」，請參考「★你不想知道的統計知識(38)★」，p.411）。

③ 【相依樣本變項(B, C)的同質性檢定】：若沒有檢定值（只看到「.」），或顯著性

≧.05，就沒事。若顯著性 < .05，表示此資料不適於進行ANOVA，此時請參考本書單元27（p.381），進行原始分數轉換，然後重新進行ANOVA（相依樣本變異數同質性之進一步說明，見「★你不想知道的統計知識(34)★」，p.407）。

④【相依樣本變項(B, C)及和它有關的交互作用的ANOVA結果】：

(1)涉及相依樣本的ANOVA有很多表格；請特別注意，你要看的是「主旨內效果檢定」（Tests of Within Subjects Effects）那個表格，不是「主旨內對照檢定」(Tests of Within Subjects Contrasts)或「多變數檢定」（Multivariate Tests）（這些表格很像，不要弄錯了）。

(2)最左邊的縱行標示著各個效果項和誤差項。其中B的那區塊是B的效果，B*A的那區塊是B*A的效果（本書的範例中SPSS報表呈現B*A；但不管SPSS呈現B*A或A*B，兩者是同一件事），Error (B)是所有和B有關（包含B、A*B）的誤差項；以此類推。

(3)每個區塊有很多行數值，都只需要看「假設的球形」（Sphericity Assumed）那一行數據就可以了。其中「第III類平方和」（Type III Sum of Squares）是離均差平方和（SS），「df」是自由度，「平均值平方」是均方（Mean Square），「F」是檢定值，「顯著性」是 p值。若「顯著性」< .05，表示自變項有顯著效果；若「顯著性」≧ .05，表示自變項無顯著效果。

(4)論文的撰寫形式是，「F（效果的df, 誤差df）= xxx，p = xxx」。以圖24-10④為例，B的「F (1, 42) = 0.15，p = .90」（1是自變項B的df，42是誤差Error(B)的df）。

⑤【和相依樣本變項(B, C)有關的效果量】：「局部eta方形」（Partial Eta Squared），指的是SPSS提供partial eta squared作為ANOVA檢定的效果量（以η_p^2符號表示）。若 $.01 \leq \eta_p^2 < .058$為小效果；$.058 \leq \eta_p^2 < .138$為中效果；$.138 \leq \eta_p^2$是大效果[注]。

⑥【獨立樣本變項(A)的同質性檢定】：若顯著性≧.05，就沒事。若「任一個」顯著性 < .05，表示此資料不適於進行ANOVA，此時請參考本書單元27，進行原始分數轉換，然後重新進行ANOVA。

⑦【獨立樣本變項(A)的ANOVA結果】：其中「A」是A的效果、「錯誤」是A的誤

注　Cohen, J. (1988). *Statistical power analysis for the behavioral sciences*. NJ:, Lawrence Erlbaum Associates.

差項。其意義及解讀方式同圖24-10④。

⑧【和獨立樣本變項(A) 有關的效果量】：其意義及解讀方式同圖24-10⑧。

⑨【獨立樣本變項(A)的事後比較】：兩兩比較三種讀書方法之間的差異。關於事後比較的意義，請見「★你不想知道的統計知識(33)★」（p.407）。若「顯著性」< .05，表示某兩組有顯著差異；若「顯著性」≧ .05，表示某兩組無顯著差異。事後檢定有非常多種方法，最常用的是Tukey HSD和Scheffe法；本範例兩種方式都跑。Scheffe法是最嚴格的事後檢定，所以如果顯著就非常威，若顯著可考慮優先報告這個檢定結果；Tukey HSD屬於百搭型的，因此在大部分情況下報告這種檢定結果都很安全。兩種檢定只要報告其中一種即可。以圖24-10⑨為例；Tukey法A1、A2（ p = .133），表示這兩種讀書方法在成績上沒有顯著差異；A1、A3（ p = .018），表示這兩種讀書方法在成績上有顯著差異。SPSS的事後比較中，有好幾組訊息會是重複的，例如A1、A2 (p = .133)的比較和A2、A1 (p = .133)的比較訊息是完全重複的，論文書寫只要呈現一次即可。請注意，若自變項只有兩組（如性別），無需進行事後比較，因為此時 ANOVA顯著就表示一定是這兩組之間有差異。只有三組以上才必須進行事後比較。

⑩【交互作用圖】：三因子交互作用必須用多個單純交互作用圖才能展現；為了節省篇幅，本範例只呈現一個單純交互作用圖做說明。請特別注意兩件事：**(1)只有圖24-10④的交互作用（A*B、A*C、B*C、A*B*C之中的任一個）顯著，且顯著的交互作用是你所關注的，才需要在論文中呈現交互作用圖**；否則不論圖看起來如何厲害，都不需要在論文中呈現它。**(2) SPSS的交互作用圖一定要做進一步編輯才能放入論文中，不能直接剪貼**。在SPSS結果檔中對圖快速點兩下，會進入編輯模式，然後你可以改變座標軸的單位，或是線段的形式（見圖24-10⑩旁邊的說明）。其中，線段形式是一定要編輯的；以本範例來說，由於SPSS是以線的顏色來表示A1到A3，但你的論文應該不會印彩色的，在黑白的情況下，讀者不太容易看出哪條線分別代表A1, A2, A3年級，因此要調整線段的形式（如實線、虛線），讀者才能看懂圖。圖24-10⑩的交互作用圖，就是經過編輯的。另外，**只要你呈現兩個以上的交互作用圖，就一定要對圖「縱軸」的最大值和最小值做編輯**，因為SPSS預設的縱軸最大和最小值，在不同的圖上可能不一致，這將會導致你論文中所呈現的圖之間無法做比較。所以只要你論文中呈現兩個以上的交互作用圖，一定要對圖縱軸做編輯，使圖與圖之間的縱軸單位一致。

⑪【相依樣本變項 (B, C) 的事後比較（報表上沒有）】：由於SPSS相依ANOVA並未提供Tukey HSD和Scheffe法的事後檢定。若需要請使用本書Excel 24-1，進行事後比較（Excel請至本書的網頁下載，相關下載請見本書封底說明）。使用Excel 24-1時要特別注意，你需要將誤差自由度填到Excel中，不過，設計Excel 24-1時，預定處理的誤差自由度上限是1000，如果高於1000，請填入1000。通常這不太會影響到顯著水準判定，當然你也可以自行查表（很難在書上找到這樣的表就是了）。此外，我們處理的組數上限是8。

⑫【二因子交互作用圖（報表上沒有）】依照本單元SPSS程序所繪製的圖，是三因子交互作用圖，因此若依本範例程序跑統計，報表上是看不到二因子交互作用圖的。若你需要繪製二因子交互作用圖，請參考「本單元（Step 6）之做法」。

24-5 各種單純效果檢定

如果你的三因子交互作用不顯著，同時也沒有任何一組你所關注的二因子交互作用顯著，那麼你可以跳過這一單元。若是三因子交互作用效果，或是你所關注的二因子交互作用顯著，必須進行單純效果的檢定；此時，請參考單元25之說明及做法（p.361）。

24-6 論文中的表格呈現

在論文中，若需要用表格的方式來呈現三因子ANOVA結果，則可以依據表格範例24-1、24-2、24-3、24-4、24-5，對照圖24-10填入相關數據（表格範例可於本書網頁下載：相關下載請見本書封底說明）。包含：

(1) 表格範例24-1為描述統計；請對照圖24-10①填寫。在表格範例24-1中，你要填入的是橫向「不包含任何一個『總計』（**total**）」的那些行的數值。

(2) 表格範例24-2為ANOVA的檢定結果。請對照圖24-10④⑤、⑦⑧填註數值。

(3) 表格範例24-5是「單純主效果」檢定結果，只有你所關注的二因子交互作用顯著才需要呈現這個表格。表中各單純效果的SS, df, MS, F請填入Excel 24-2的分析結果，而表中「誤差」那一行也是填入Excel 24-2中標註的誤差項（Excel請至本書的網頁下載，相關下載請見本書封底說明）。

(4) 表格範例24-4是單純交互作用檢定結果，只有三因子交互作用顯著才需要呈

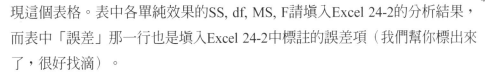
現這個表格。表中各單純效果的SS, df, MS, F請填入Excel 24-2的分析結果，而表中「誤差」那一行也是填入Excel 24-2中標註的誤差項（我們幫你標出來了，很好找滴）。

(5) 表格範例24-5是「單純單純主效果」檢定結果，只有三因子交互作用顯著且「單純交互作用」也顯著，才需要呈現這個表格。表中各單純效果的SS, df, MS, F請填入Excel 24-2的分析結果，而表中「誤差」那一行也是填入Excel 24-2中標註的誤差項（Again，我們幫你標出來了，很好找滴）。

表格範例 24-1

各細格描述統計　填入圖24-10①數據，或Excel 24-3的各細格描述統計

讀書方法	n	英文B1 *M (SD)*		數學B2 *M (SD)*	
		選擇C1	是非C2	選擇C1	是非C2
背誦法A1	15	17.80 (6.49)	14.00 (7.76)	16.53 (5.64)	13.93 (4.62)
聯想法A2	15	15.67 (6.47)	23.87 (6.83)	20.07 (7.22)	18.20 (8.06)
混用法A3	15	24.00 (5.76)	17.33 (5.97)	20.67 (6.06)	22.80 (7.28)

表格範例24-2

方法、科目、題型在成績上之*ANOVA*

變異來源	SS	df	MS	F	p	η_p^2
組內						
B科目	0.27	1	0.27	0.01	.90	< .001
A*B	29.47	2	14.73	0.82	.44	.038
誤差（B）	748.50	42	17.82			
C題型	26.45	1	26.45	1.39	.24	.032

填入圖24-10④⑤數據

變異來源	SS	df	MS	F	p	η_p^2	
A*C	354.63	2	177.31	9.35	< .001	.308	填入圖 24-10④⑤數據
誤差（C）	796.16	42	18.95				
B*C	0.006	1	0.006	<0.001	.98	< .001	
A*B*C	675.81	2	337.90	17.29	< .001	.452	
誤差（B*C）	820.43	42	19.53				
組間							填入圖 24-10⑦⑧數據
A讀書方法	997.54	2	498.77	4.25	.02	.169	
誤差（A）	4919.43	42	117.12				

表格範例24-3

方法、科目、題型在成績上之單純主效果分析

填入Excel 24-2之結果

變異來源	SS	df	MS	F	p	η_p^2
方法（A）						
at 選擇題（C1）	471.35	2	235.67	3.46	.035	0.076
at 是非題（C2）	880.82	2	440.41	6.47	.002	0.133
誤差	5715.60	84	68.04			
題型(C)						
at 背誦法（A1）	153.60	1	153.60	8.10	.006	0.161
at 聯想法（A2）	150.41	1	150.41	7.93	.007	0.158
at 混用法（A3）	77.06	1	77.06	4.06	.050	0.088
誤差	796.16	42	18.95			

（此表是以「A*C」顯著時的單純主效果為範例，你可以依此產生「A*B」或「B*C」顯著時的單純主效果表格，視你研究的興趣而定。）

表格範例24-4

「方法*題型」在成績上之「單純交互作用」

填入Excel 24-2之結果

變異來源	SS	df	MS	F	p	η_p^2
方法×題型（A*C）						
at 英文（B1）	933.08	2	466.54	24.24	< .001	.366
at 數學（B2）	97.35	2	48.67	2.52	.08	.056
誤差	1616.60	84	19.24			

（此表是以「A*C at B」的單純交互作用為範例，你可以依此產生「B*C at A」、「A*B at C」的單純交互作用表格，但原則上只要呈現其中一組即可，視你研究的興趣而定。）

表格範例24-5

方法、科目、題型在成績上之「單純單純主效果」分析

填入Excel 24-2之結果

變異來源	SS	df	MS	F	p	η_p^2
題型（C）						
at 背誦法（A1）						
at 英文（B1）	108.30	1	108.30	5.62	.02	.062
at 數學（B2）	50.70	1	50.70	2.63	.10	.030
題型（C）						
at 聯想法（A2）						
at 英文（B1）	504.30	1	504.30	26.20	< .001	.237
at 數學（B2）	26.13	1	26.13	1.35	.24	.015
題型（C）						
at 混用法（A3）						
at 英文（B1）	333.33	1	333.33	17.32	< .001	.170
at 數學（B2）	34.13	1	34.13	1.77	.18	.020
誤差	1616.6	84	19.24			

（此表是以C的單純單純主效果為範例，你可以依此產生A或B的單純單純主效果表格，視你研究的興趣而定。）

24-7 分析結果的撰寫

在論文中，三因子ANOVA的結果可能會需要書寫以下內容：

(0) 三因子ANOVA統計的概述。

(1) 主效果：

　　(1-1) 主效果分析。

　　(1-2) 事後比較（若主效果顯著，且該變項下包含三組以上）。

(2) 二因子交互作用：

　　(2-1) 二因子交互作用分析。

　　(2-2) 單純主效果（若二因子交互作用顯著）。

(3) 三因子交互作用：

　　(3-1) 三因子交互作用分析。

　　(3-2) 單純交互作用（若三因子交互作用顯著）。

　　(3-3) 單純單純主效果（若單純交互作用顯著）。

書寫時請務必注意以下事項：

一、在書寫時的順序，「依序」是(0), (1-1), (1-2), (2-1), (2-2), (3-1), (3-2), (3-3)。也就是依上面所條列的內容，由上而下的順序書寫。

二、請特別注意，你並不需要每一個效果都寫，請依照你論文中所關注的問題（如果你不清楚，應該和指導教授討論），選取你需要書寫的部分，然後搭配以下書寫範例，組合出你所需的三因子ANOVA分析結果。

三、書寫範例中的A, B, C, Y，請依據你的研究內容填入適切的變項及組別名稱。

四、在論文中書寫各種效果時，可能會需要填寫描述統計數值（平均值、標準差），請依據下列法則找到你所需要的描述統計（所需Excel請至本書的網頁下載，相關下載請見本書封底說明）：

　　（一）**需要呈現那些描述統計？**請使用Excel 24-2，當各種單純主效果顯著之後，往右對照，你會看到在每個單純效果下，你需要呈現的描述統計（沒錯，我們就是這麼窩心）。

　　（二）**如何找到應該呈現的數值？**請使用Excel 24-3，就可以找到你該呈現的數值是多少了（是的，買這本書非常值得）。

　　（三）Excel 24-2和Excel 24-3都要求你必須輸入各細格（cells）的平均值、

標準差和樣本數。請對照圖24-10①輸入。

五、關於呈現統計數據時的注意事項，請參考「★你不想知道的統計知識(1)★」（p.389）。

六、部分統計學家認為當高階效果顯著時，不應該解釋低階效果，關於這一點，如果你不想知道，趕緊跳過。若你想瞭解，詳見「★你不想知道的統計知識(36)★」（p.410）。

以下書寫範例中，標楷體的部分是論文中應該要書寫的內容，【】內的敘述，是對書寫方式的說明。

(0)【對三因子統計的概述書寫】（一開始一定要寫）

> 以三因子混合設計ANOVA分析A、B、C對Y之效果，其中A為獨立組設計、B, C為相依組設計，結果如表xxx【論文中附上表格範例24-2】，各細格描述統計如表xxx【論文中附上表格範例24-1】。結果發現：

(1-1)【主效果分析】（論文關注主效果才要寫；以A為例）

> A對Y有顯著效果【或是「沒有顯著效果」，視分析結果而定】，$F(2, 42) = 4.25$，$p = .021$，$\eta_p^2 = .169$。【若為獨立樣本變項填入圖24-10⑦⑧的檢定值】【若為相依樣本變項填入圖24-10④⑤的檢定值】【若不顯著，以下可以不用寫。若顯著且A有三組，請接著寫範例(1-2)。若顯著且A只有兩組，則接著寫出描述統計及方向，如下：】A1（$M = 15.57$, $SD = 6.30$）顯著地小於A3（$M = 21.20$, $SD = 6.65$）【填入Excel 24-3，主效果的描述統計值】。

(1-2)【事後比較】（若關注的主效果顯著，且該變項下包含三組以上，才要寫，以A為例）

> Tukey HSD事後比較顯示【或「Scheffe」，視你選擇報告那一種檢定而定，只要報告一種】：A1（$M = 15.57$, $SD = 6.30$）與A2（$M = 19.45$, $SD = 7.61$）無顯著差異（$p = .13$）、A1顯著地小於A3（$M = 21.20$, $SD = 6.65$）（$p = .018$）、A2與A3無顯著差異【填入Excel 24-3，主效果的描述統計值】【若是獨立樣本變項：填入圖24-10⑨的「顯著性」（見「單元24-4：說明⑨」，p.351）】【若是相依樣本變項：

填入Excel 24-1的p值（見「單元24-4：說明⑪」，p.352」）【若顯著須說明方向，大於或小於】【各組描述統計只需要填註一次，兩兩比較的結果也只要呈現一次】。

(2-1)【二因子交互作用分析】（論文關注二因子交互作用才要寫；以A*B為例）

二因子交互作用分析顯示：「A*B」在Y上交互作用（interaction）效果不顯著【或是「有顯著交互作用效果」，視分析結果而定】，$F (2, 42) = 0.82$，$p = .44$，$\eta_p^2 = .038$【填入圖24-10④⑤的檢定值】【若不顯著，二因子書寫結束】【若顯著請接著寫範例(2-2)】。

(2-2)【單純主效果分析】（若關注的二因子交互作用顯著才要寫，以A*C為例）

「A*C」交互作用圖如圖xxx【論文中附上二因子交互作用圖，見單元24-4⑫之說明，p.352】。由於「A*C」交互作用顯著，進一步進行單純主效果（simple main effect）檢定，結果如表xxx【論文中附上表格範例24-3】。【開始寫單純主效果】【開始寫A at C1】對C1來說，A有顯著單純主效果【或是「沒有顯著單純主效果」，視分析結果而定】，$F (2, 42) = 3.46$，$p = .035$，$\eta_p^2 = .076$【填入「Excel 24-2」的檢定值】；A3C1 ($M = 22.33$, $SD = 6.06$)大於A2C1 ($M = 17.87$, $SD = 7.10$)，大於A1C1 ($M = 17.17$, $SD = 6.01$)【若顯著，「Excel 24-2」的紫色區域會指示你該呈現哪些描述統計，然後從「Excel 24-3」中找到相對應的描述統計值，然後描述方向（大於、小於）。若不顯著可以不必寫描述統計】。對C2來說，A有顯著單純主效果……【以下視你的研究需要，決定是否要寫 C at A1, C at A2, C at A3，寫法均同前】【若三組單純主效果都不顯著，也可以簡單寫「C在A1、A2、A3的單純主效果均不顯著」即可，不必一一去寫】。

(3-1)【三因子交互作用分析】（論文關注三因子交互作用才要寫）

三因子交互作用分析顯示：「A*B*C」在Y上有顯著交互作用（interaction）效果【或是「沒有顯著交互作用效果」，視分析結果而定】，$F(2, 42) = 17.29$，$p < .001$，$\eta_p^2 = .452$【填入圖24-10④⑤的檢定值】【若不顯著寫到這裡即結束】【若顯著請接著寫(3-2)】。

(3-2)【單純交互作用分析】（三因子交互作用顯著才要寫；以「A*C at B」為例）

……交互作用圖如圖xxx【論文中附上三因子交互作用圖，見單元24-4⑩之說明，p.351】。進一步進行單純交互作用（simple interaBtion）檢定，結果如表xxx【論文中附上表格範例24-4】。【開始寫單純交互作用效果】【開始寫A*C at B1】對B1來說，A*C有顯著單純交互作用效果【或是「沒有顯著交互作用效果」，視分析結果而定】，$F(2, 84) = 24.24$，$p < .001$，$\eta_p^2 = .372$【填入「Excel 24-2」的檢定值】。【開始寫A*C at B2】對B2來說，A*C沒有顯著單純交互作用效果【或是「有顯著單純交互作用效果」，視分析結果而定】，$F(2, 84) = 2.52$，$p = .08$，$\eta_p^2 = .058$【填入「Excel 24-2」的檢定值】【每個顯著的單純交互作用，都要分別往下接著寫範例(3-3)】。

(3-3)【單純單純主效果】（單純交互作用顯著才要寫；以「C at A*B」為例）

……由於A*C有顯著單純交互作用，進一步進行單純單純主效果（simple simple main effect）檢定，結果如表xxx【論文中附上表格範例24-5】。【開始寫單純單純主效果】【開始寫 C at A1B1】，對A1B1來說，C有顯著單純單純主效果【或是「沒有顯著單純單純主效果」，視分析結果而定】，$F(1, 84) = 5.62$，$p = .02$，$\eta_p^2 = .062$【填入「Excel 24-2」的檢定值】；C1A1B1（$M = 17.80$, $SD = 6.49$大於C2A1B1（$M = 14.00$, $SD = 7.76$）【若顯著，「Excel 24-2」的紫色區域會指示你該呈現哪些描述統計，然後從「Excel 24-3」中找到相對應的描述統計值，然後描述方向（大於、小於）。若不顯著可以不必寫描述統計】。【開始寫C at A1B2】對A1B2來說，C沒有顯著單純單純主效果【或是「有顯著單純單純主效果」，視分析結果而定】，$F(1, 84) = 2.63$，$p = .10$，$\eta_p^2 = .030$……【以下開始寫 C at A2B1、

C at A2B2、C at A3B1、C at A3B2，寫法均同前】【若多組單純單純主效果都不顯著，也可以簡單寫，例如「C在A2B1、A2B2、A3B1、A3B2的單純單純主效果均不顯著」即可，不必一一去寫】。

Unit **25**

各種單純效果檢定

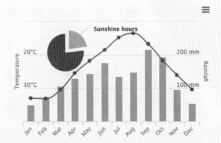

25-1　單純效果概述

在多因子ANOVA中，當交互作用顯著後，必須進行各種單純效果檢定。這些檢定如下：

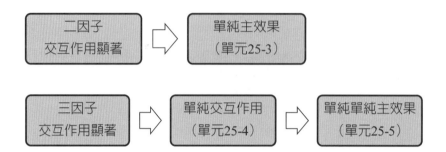

（有些學者認為，高階效果若顯著，就不該解釋低階效果；關於此點請見「★你不想知道的統計知識(36)★」，p.410）。

25-2　單純效果的分析方法

就我們所知，SPSS無法直接用點滑鼠（不用任何語法或手算）的方式，正確地算出各種單純效果，如果有書本宣稱可以這樣做，那麼運算結果應該是不精確的。本書設計了各種分析單純效果的Excel，在ANOVA的各單元中，都各自有兩個和單純效果有關的Excel，其作用分別如下：

標示為「單純效果」的Excel

1.用以分析各種單純效果的統計值。

2.用以提示你：當單純效果顯著時，應該在論文中呈現什麼（此時你就必須對照那些標示為「描述統計」的Excel，找到相對應數值）。

標示為「描述統計」的Excel

提供當各種單純效果顯著時，論文中所需呈現的平均值及標準差數值。

各種單純效果可用本書所附的Excel算出（Excel請至本書的網頁下載，相關下載請見本書封底說明），包含：

(1) 二因子獨立樣本設計，請使用Excel 18-1。若顯著，進一步使用18-2。

(2) 二因子相依樣本設計，請使用Excel 19-2。若顯著，進一步使用19-3。

(3) 二因子混合設計，請使用Excel 20-2。若顯著，進一步使用20-3。

(4) 三因子獨立樣本設計，請使用Excel 21-1。若顯著，進一步使用21-2。

(5) 三因子相依樣本設計，請使用Excel 22-2。若顯著，進一步使用22-3。

(6) 三因子混合設計（二獨立、一相依），請使用23-2。若顯著，進一步使用23-3。

(7) 三因子混合設計（一獨立、二相依），請使用24-2。若顯著，進一步使用24-3。

在使用這些Excel時，必須填入SPSS報表中的描述統計資料，若是「完全相依樣本」設計時，該填入哪些數據在SPSS報表上呈現得很清晰。但是若是「二因子以上『獨立樣本』或『混合設計』」時，SPSS的描述統計報表很龐雜，你可能會不知道該填註那個數據。在此提供你一套簡易法則（注意，只有「二因子以上『獨立樣本』或『混合設計』」統計報表才會有這個問題，否則你不需要使用以下法則）。

首先，由於二因子以上獨立樣本或混合設計的SPSS報表省略了各變項的組別編號（如圖25-1灰底處），這常常造成解讀資料的困難。在解讀描述統計時，我們建議你手動把這些省略的編號寫上去，這樣在解讀描述統計時你會比較輕鬆，也不容易犯錯。而使用本書所附的單純效果Excel時，你要填的數據一律是「橫向不包含任何一個『總計』（total）」的那些行的數值。例如Excel中所需的A1B1C1，其描述統計是M = 14.53, SD = 5.31；而A1B2C3，其描述統計是M = 12.13, SD = 4.47，以此類推。你要藉由「橫向不包含任何一個『總計』（total）」這個法則，找出所有數值，填入所需Excel檔中。

使用上述法則及Excel檔，並搭配各單元的表格範例及書寫範例，應該就足以完成論文中各種單純效果的檢定及書寫。至於這些單純效果的意義，說明如後（多數統計教科書都建議，各種單純效果的檢定，必須進行型一錯誤率調整；若要進行錯誤率調整，見「★你不想知道的統計知識(35)★」，p.408）。

描述性統計資料

因變數：Y社團參與

A性別	B住校與否	C年級	平均數	標準偏差	N
1	1	1	14.53	5.316	30
1	1	2	11.20	4.106	30
1	1	3	18.00	4.068	30
1	1	總計	14.58	5.281	90
1	2	1	13.53	3.711	30
1	2	2	19.13	4.392	30
1	2	3	12.13	4.470	30
1	2	總計	14.93	5.151	90
1	總計	1	14.03	4.573	60
1	總計	2	15.17	5.811	60
1	總計	3	15.07	5.168	60
1	總計	總計	14.76	5.205	180

（中間略）〰〰〰〰〰〰〰〰〰〰〰〰〰〰〰〰〰〰〰〰〰〰〰〰〰〰〰〰

圖25-1

25-3 單純主效果概述

當二因子交互作用顯著時，需要進行單純主效果（simple main effect）檢定；即固定住某一變項在某一類別下，看另一變項的主效果。以「年級」（A：設有三個年級）和「性別」(B)對社團參與的效果為例，若A*B的交互作用效果顯著，則必須進行單純主效果的檢定，即：

1. A at B的效果：固定住某一性別時，年級的效果，包含：

   (1) A at B1。年級(A)對社團參與的效果（at 女生時）。

   (2) A at B2。年級(A)對社團參與的效果（at 男生時）。

2. B at A的效果：固定住某一年級時，性別的效果，包含：

   (1) B at A1。性別(B)對社團參與的效果（at 一年級）。

   (2) B at A2。性別(B)對社團參與的效果（at 二年級）。

   (3) B at A3。性別(B)對社團參與的效果（at 三年級）。

以上兩大群單純主效果檢定，你可以只進行其中一群，或是兩群都進行。至於

該進行幾群、該選擇那一群,則要視你的研究目的而定。如果你不確定,請和指導教授討論。

25-4 單純交互作用概述

當三因子交互作用顯著時,需要進行單純交互作用(simple interaction)檢定;即固定住某一變項在某一類別下,看另兩個變項的交互作用效果。以「性別」(A)、「住校與否」(B)、「年級」(C:設有三個年級)對社團參與之效果為例,若三因子交互作用顯著,我們可以進行:

1. 「A*B at C的單純交互作用效果」:即固定住某一年級時,「性別×住校與否」的單純交互作用效果,包含:

    (1) A*B at C1。「性別×住校與否」對社團參與的效果(at 一年級)。

    (2) A*B at C2。「性別×住校與否」對社團參與的效果(at 二年級)。

    (2) A*B at C3。「性別×住校與否」對社團參與的效果(at 三年級)。

    循同樣邏輯,你也可以選擇:

2. 「A*C at B的單純交互作用效果」:即固定「住校與否」,「性別×年級」的單純交互作用效果,包含:

    (1) A*C at B1。「性別×年級」對社團參與的效果(at 住校者)。

    (2) A*C at B2。「性別×年級」對社團參與的效果(at 未住校者)。

    或是

3. 「B*C at A的單純交互作用效果」:即固定住某一性別時,「住校與否×年級」的單純交互作用效果,包含:

    (1) B*C at A1。「住校與否×年級」對社團參與的效果(at 女生時)。

    (2) B*C at A2。「住校與否×年級」對社團參與的效果(at 男生時)。

以上三大群單純交互作用考驗,原則上只要進行其中一群即可;至於該選擇那一群,則要視你的研究目的而定。如果你不確定,請和指導教授討論。

25-5 單純單純主效果概述

這個標題沒有寫錯,真的是「單純單純」主效果(simple simple main effect)。單純單純主效果只發生在三因子交互作用時,如果你只是因為這名字很炫,事實上

沒做三因子ANOVA，請後轉離開，以免自誤。

當單純交互作用顯著時，需要進行「單純單純主效果」檢定；即固定住某兩個變項在某一類別下，看另一個變項的主效果。以下以「性別」(A)、「住校與否」(B)、「年級」（C：設有三個年級）對社團參與之效果為例：

若「B*C at A1」的單純交互作用效果顯著，也就是：女生時，「住校與否×年級」對社團參與的效果顯著，此時「性別」已被固定為女生了，可接著固定「住校與否」，然後看年級的主效果，此即「單純單純主效果」。亦即：

1. 當「B*C at A1」（固定為女生時）的單純交互作用效果顯著，會有五個單純單純主效果檢定〔以下A都固定在A1（女生），只有B和C在變動〕：

   (1) 「C at A1B1」：「年級」對社團參與的效果（at 女生且住校者）。

   (2) 「C at A1B2」：「年級」對社團參與的效果（at 女生且未住校者）。

   (3) 「B at A1C1」：「住校與否」對社團參與的效果（at 女生且一年級）。

   (4) 「B at A1C2」：「住校與否」對社團參與的效果（at 女生且二年級）。

   (5) 「B at A1C3」：「住校與否」對社團參與的效果（at 女生且三年級）。

   循相同邏輯，可以有各種單純單純主效果，例如：

2. 當「B*C at A2」（固定為男生時）的單純交互作用效果顯著，會有五個單純單純主效果檢定〔以下A都固定在A2（男生），只有B和C在變動〕：

   (1) 「C at A2B1」：「年級」對社團參與的效果（at 男生且住校者）。

   (2) 「C at A2B2」：「年級」對社團參與的效果（at 男生且未住校者）。

   (3) 「B at A2C1」：「住校與否」對社團參與的效果（at 男生且一年級）。

   (4) 「B at A2C2」：「住校與否」對社團參與的效果（at 男生且二年級）。

   (5) 「B at A2C3」：「住校與否」對社團參與的效果（at 男生且三年級）。

3. 當「A*C at B1」（固定為住校時）的單純交互作用效果顯著，會有五個單純單純主效果檢定〔以下B都固定在B1（住校），只有A和C在變動〕：

   (1) 「A at B1C1」：「性別」對社團參與的效果（at 住校且一年級）。

   (2) 「A at B1C2」：「性別」對社團參與的效果（at 住校且二年級）。

   (3) 「A at B1C3」：「性別」對社團參與的效果（at 住校且三年級）。

   (4) 「C at A1B1」：「年級」對社團參與的效果（at 住校且男生）。

   (5) 「C at A2B1」：「年級」對社團參與的效果（at 住校且女生）。

   以此類推，則：

4. 當「A*C at B2」顯著時，會有五個單純單純主效果檢定。

5. 當「A*B at C1」顯著時，會有四個單純單純主效果檢定。

6. 當「A*B at C2」顯著時，會有四個單純單純主效果檢定。

7. 當「A*B at C3」顯著時，會有四個單純單純主效果檢定。

Unit 26

共變數分析（ANCOVA）

※請參考本書封底之說明，下載本單元中所使用的統計範例檔及工具檔。

26-1 共變數分析概述

使用時機	共變數分析（ANCOVA）是迴歸和變異數分析（ANOVA）的結合，是在ANOVA的自變項中多考慮了連續變項（稱之為共變項，covariates）。共變數分析常常是在進行Xi對Y的變異數分析時，由於擔心某些連續性質的混淆變項（即共變項）干擾了獨立樣本自變項對Y的效果，因此進行「排除共變項」之後的變異數分析（關於使用時機請參見表0-2，p.7）。
共變數分析的例子	1.排除掉「智力」(共變項) 的個別差異之後，「教學方法」(X) 對「成績」(Y) 的效果。 2.排除掉「看電影之前的心情」（共變項）之後，不同「性別」(X1) 和「電影類型」(X2) 對「看電影後心情」(Y) 的影響〔此時心情在電影前後都被測量，是將「前測」（pretest）作為共變項的例子〕。 3.在RPG遊戲中，排除掉「體力值」（共變項）之後，不同「職業類型」(X1)、「武器類型」(X2) 和「防具類型」(X3) 對攻擊力（Y）的影響。

在進行共變數分析時，必須先進行迴歸斜率同質性（homogeneity of regression slopes）檢定。以下單元26-2、26-3，都是在講迴歸斜率同質性檢定的操作，不是共變數分析。單元26-4才是在講共變數分析的操作。簡言之，在進行共變數分析之前，你必須先進行單元26-2（如果你的研究是獨立樣本設計）或單元26-3（如果是混合設計）的迴歸斜率同質性檢定檢定，然後才利用單元26-4開始操作共變數分析（關於迴歸斜率同質性之意義，參考「★你不想知道的統計知識(39)★」，p.411）。如果用單元26-2或26-3分析後，同質性假定不成立，你必須參考單元27（p.381），進行依變項分數轉換後，再重作單元26-2或26-3的，直到通過為止；如此才能往下進行單元26-4的共變數分析。以下單元26-2、單元26-3分別示範如何在獨立樣本和混合設計的情況下，進行迴歸斜率同質性檢定。在執行操作時，請注意以下事情：

1. 雖然單元26-2、26-3是以三因子設計為例，但是不論你的研究設計為何，在程序上都幾乎相同，迴歸斜率同質性檢定就是要產生「**獨立樣本自變項和共變項的所有交互作用項**」，並**考驗它是否顯著**。

2. 共變項必須是**連續變項**。若你的共變項是間斷變項，則請參考單元1-9，將它轉換為虛擬變項後，再進行迴歸斜率同質性檢定及共變數分析。

3. 共變數分析主要是用來排除共變項後，看自變項的效果；在這個前提下，只有完全獨立樣本設計，或混合設計，才會有共變數分析；完全相依樣本設計

不會有共變數分析。如果你的研究是完全相依樣本設計，卻走到這個單元，應該是鬼打牆迷路了，快快回頭，另尋正途。

26-2 迴歸斜率同質性檢定（獨立樣本）──SPSS操作

請務必閱讀單元26-1才進行操作。此外，若你的研究是混合設計，請參考單元26-3（p.375）；完全獨立樣本設計者才使用本單元之操作。以下操作將以三因子獨立樣本設計為例，進行「控制住樂觀（共變項，命名為COV）後，性別(A)、住校與否(B)、年級(C)對社團參與(Y)的效果」的迴歸斜率同質性檢定。

Step 1　獨立樣本迴歸斜率同質性檢定

點選【分析 / Analyze】→【一般線性模型 / General Linear Model】→【單變量 / Univariate】。（如圖26-1）

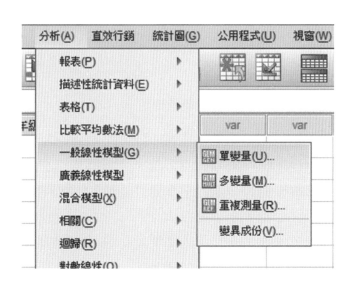

圖26-1

Step 2　獨立樣本迴歸斜率同質性檢定

1. 將依變項（Y）放入【因變數 / Dependent Variable】欄位中。
2. 將自變項（A、B、C）放入【固定因素 / Fixed Factor(s)】欄位中。
3. 將共變項（COV）放入【共變量 / Covariate(s)】欄位中。（如圖26-2）
4. 點選【模型 / Model】。

圖26-2

Step 3 　獨立樣本迴歸斜率同質性檢定　（如圖26-3）

1. 在【指定模型 / Specify Model】處點選【自訂 / Custom】。

2. 在【因素和共變異數 / Factors & Covariates】欄位中，先點選最上面的自變項，然後按著shift不放，再點選最下面的自變項，此時會發現所有自變項都被選擇。

3. 在【建置項目 / Build Term(s)】的【類型 / Type】中選擇「主作用」（Main effects），然後點擊下方的「→」符號鍵。

4. 重複2.，然後在【建置項目 / Build Term(s)】的【類型 / Type】中選擇「完全雙向」（All 2-way），然後點擊下方的「→」符號鍵。若你的研究是單因子設計，則以下5.6.不必執行，請直接跳到Step4。

5. 重複2.，然後在【建置項目 / Build Term(s)】的【類型 / Type】中選擇「完全三向」（All 3-way），然後點擊下方的「→」符號鍵。若你的研究是二因子設計，則以下6.不必執行，請直接跳到Step4。

6. 重複2.，然後在【建置項目 / Build Term(s)】的【類型 / Type】中選擇「完全

四向」（All 4-way），然後點擊下方的「→」符號鍵。

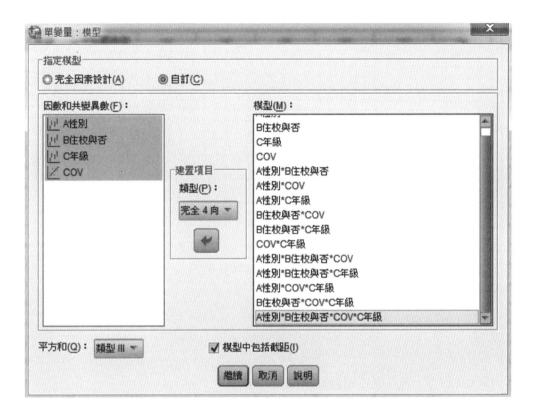

圖26-3

Step 4　獨立樣本迴歸斜率同質性檢定

1. 點擊【繼續 / Continue】，畫面返回圖26-2。
2. 點擊【確定 / OK】完成分析，分析結果如圖26-4。

主旨間效果檢定

因變數：Y社團參與

來源	第III類平方和	df	平均值平方	F	顯著性
修正的模型	1177.970[a]	23	51.216	2.711	.001
截距	16441.903	1	16441.903	870.463	.000
A性別	.450	1	.450	.024	.878
B住校與否	1.603	1	1.603	.085	.772
C年級	4.665	2	2.333	.123	.884
COV	.024	1	.024	.001	.972
A性別*B住校與否	13.175	1	13.175	.698	.407
A性別*COV	2.477	1	2.477	.131	.718
A性別*C年級	24.039	2	12.019	.636	.532
B住校與否*COV	4.439	1	4.439	.235	.629
B住校與否*C年級	808.803	2	404.401	21.410	.000
C年級*COV	209.379	2	104.689	5.542	.006
A性別*B住校與否*COV	.995	1	.995	.053	.819

（以下略）

圖26-4

 Step 5　　獨立樣本迴歸斜率同質性檢定

　　資料的解讀：分析結果（圖26-4）主要是要看「主旨間效果檢定」（Tests of Between-Subjects Effects）那個表格中，所有和共變項有關的交互作用項（包含二因子、三因子、四因子等）的「顯著性」，若所有和共變項有關的交互作用項都不顯著（「顯著性」>.05），則表示此資料符合同質性假定，可以進行共變數分析（此時請直接前往單元26-4共變數分析的SPSS操作，p.378）。若有任何一個和共變項有關的交互作用項顯著性小於.05，則你必須參考單元27（p.381），進行變異數同質性轉換後，再重做本單元之「迴歸斜率同質性」檢定，直到通過為止，才能進行共變數分析。例如，在圖26-4中，C*COV的顯著性小於.05，必須進行同質性轉換才能進行共變數分析。

26-3 迴歸斜率同質性檢定（混合設計）──SPSS操作

Step 1　混合設計迴歸斜率同質性檢定

請務必閱讀單元26-1才進行操作。此外，若你的研究是完全獨立樣本設計，請參考單元26-2（p.371）；混合設計者才使用本單元之操作。

1. 若你的研究設計，是二因子混合設計，請執行「單元20-2，Step1到Step3之操作」（p.257～258）。

2. 若你的研究設計，是三因子混合設計（二獨立一相依），請執行「單元23-2，Step1到Step3之操作」（p.317～318）。

3. 若你的研究設計，是三因子混合設計（二相依一獨立），請執行「單元24-3，Step1到Step3之操作」（p.340～342）。

Step 2　混合設計迴歸斜率同質性檢定

1. 完成上述操作後，此時所有獨立樣本自變項應該在【受試者間的因素 / Between Subjects Factor(s)】欄位中，而所有相依樣本自變項應該在【受試者內變數 / Within Subjects Variables】。

2. 將共變項（本範例中共變項為COV）放入【共變量 / Covariate(s)】。（如圖26-5。圖26-5為「三因子：二獨立一相依」的設計；依研究設計不同，你的畫面可能會和圖26-5略有不同，但大同小異。）

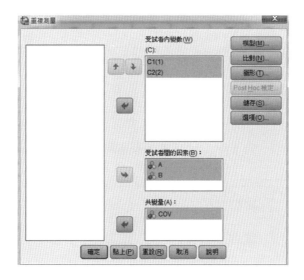

圖26-5

Step 3 　　混合設計迴歸斜率同質性檢定　（如圖26-6）

1. 點擊【模型 / Model】。

2. 在【指定模型 / Specify Model】處點選【自訂 / Custom】。

3. 在【受試者間 / Between Subjects】欄位中，先點選最上面的自變項，然後按著shift不放，再點選最下面的自變項，此時會發現所有自變項都被選擇。

4. 在【建置項目 / Build Term(s)】的【類型 / Type】中選擇「主作用」（Main effects），然後點擊下方的「→」符號鍵。

5. 重複3.，然後在【建置項目 / Build Term(s)】的【類型 / Type】中選擇「完全雙向」（All 2-way），然後點擊下方的「→」符號鍵。若你的研究只有一個獨立樣本自變項，則以下6.不必執行，請直接跳到Step4。

6. 重複3.，然後在【建置項目 / Build Term(s)】的【類型 / Type】中選擇「完全三向」（All 3-way），然後點擊下方的「→」符號鍵。

圖26-6

Step 4 混合設計迴歸斜率同質性檢定

1. 點擊【繼續 / Continue】，畫面返回圖26-5。

2 點擊【確定 / OK】完成分析，分析結果如圖26-7。

主旨內效果檢定

測量：MEASURE_1

來源		第III類平方和	df	平均值平方	F	顯著性
C	假設的球形	38.779	1	38.779	2.072	.154
	Greenhouse-Geisser	38.779	1.000	38.779	2.072	.154
	Huynh-Feldt	38.779	1.000	38.779	2.072	.154
	下限	38.779	1.000	38.779	2.072	.154

（中間略）

來源		第III類平方和	df	平均值平方	F	顯著性
C*COV	假設的球形	6.219	1	6.219	.332	.566
	Greenhouse-Geisser	6.219	1.000	6.219	.332	.566
	Huynh-Feldt	6.219	1.000	6.219	.332	.566
	下限	6.219	1.000	6.219	.332	.566
C*A*B	假設的球形	559.930	2	279.965	14.956	.000
	Greenhouse-Geisser	559.930	2.000	279.965	14.956	.000
	Huynh-Feldt	559.930	2.000	279.965	14.956	.000
	下限	559.930	2.000	279.965	14.956	.000
C*A*COV	假設的球形	6.442	2	3.221	.172	.842

（以下略）

主旨間效果檢定

測量：MEASURE_1
轉換的變數：平均

來源	第III類平方和	df	平均值平方	F	顯著性
截距	69760.595	1	69760.595	1119.126	.000
A	661.199	2	330.600	5.304	.007
B	4.998	1	4.998	.080	.778
COV	82.226	1	82.226	1.319	.254
A*B	127.555	2	69.778	1.023	.364
A*COV	61.867	2	30.934	.496	.611
B*COV	74.109	1	74.109	1.189	.279
A*B*COV	89.035	2	44.518	.714	.493
錯誤	4862.119	78	62.335		

圖26-7

Step 5　　混合設計迴歸斜率同質性檢定

　　資料的解讀：分析結果（圖26-7），主要是要看「主旨間效果檢定」（Tests of Between-Subjects Effects）和「主旨內效果檢定」（Tests of Within-Subjects Effects）那兩個表格中的交互作用項，此時請你依以下三個步驟檢查：

1. 找出所有和共變項COV有關的交互作用項（包含二因子、三因子等）。

2. 再從1.的結果中找出牽涉到**獨立樣本自變項**的交互作用項（注意，也就是你要找出「同時」涉及**獨立樣本自變項**和共變項的那些交互作用項）。

3. 檢視這些交互作用項的「顯著性」。若都不顯著（「顯著性」>.05），則表示此資料符合同質性假定，可以進行共變數分析（此時請直接前往單元26-4共變數分析的SPSS操作，p.378）。若有任何一個該檢查的交互作用項顯著性小於.05，則你必須參考單元27（p.381），進行變異數同質性轉換後，再重做本單元之「迴歸斜率同質性」檢定，直到通過爲止，才能進行共變數分析。

　　以本例來說，A*COV、B*COV、A*B*COV、A * C *COV、B*C*COV、A*B*C*COV等都是需要檢查的交互作用項（因爲這些交互作用項中都同時包含了獨立樣本自變項和共變項），但C*COV無需理會（因爲這交互作用項雖然和共變項有關，但不包含任何獨立樣本自變項）。若所有該檢查的交互作用項顯著性都大於.05，則可進行共變數分析。圖26-7 中該檢查的交互作用項的顯著性都大於.05，所以無須進行同質性轉換，可以直接進行共變數分析。

26-4　共變數分析的SPSS操作

　　在進行完迴歸斜率同質性檢定之後（參見單元26-2或是26-3），**請務必先關閉SPSS，再重新開啓SPSS**，然後才以下面所述的程序進行共變數分析。

　　共變數分析相當於「排除共變項時的變異數分析」，因此它的大部分程序都和變異數分析（ANOVA）一樣。請從本書單元16到24，選擇一個符合你研究設計的ANOVA，按照該單元的步驟執行即可完成共變數分析。例如，如果你的研究是二因子混合設計，而你想要進行共變數分析，那麼請使用單元20的程序完成共變數分析。此外，**共變項必須是連續變項**，若你的共變項是間斷變項，則請參考單元1-9，將它轉換爲虛擬變項後，再進行共變數分析。最後要注意，共變數分析的表格呈現和結果書寫，請以單元26-5、單元26-6爲準（但其實和ANOVA是大同小異啦）。

26-5 論文中的表格呈現

進行完共變數分析後的大部分表格範例均和各ANOVA的各單元相同，可以沿用（表格範例可於本書網頁下載，相關下載請見本書封底說明）。其中只有「變異數分析摘要表」（就是各ANOVA單元中的第2個表格範例）會略有不同，基本上就是多了「共變項的主效果」與「共變項有關的交互作用」。以三因子混合設計（二獨立、一相依）為例，其「變異數分析摘要表」會如表格範例26-1。你比較一下表格範例26-1和表格範例23-2（p.329），即可知道兩者之差異。不同研究設計的共變數分析，所多出來的和共變項有關的效果可能不同（有時會有很多個），不過你不用擔心，最簡單的方法就是：把你在**SPSS**報表上看到和共變項有關的效果，都加進去「**變異數分析摘要表**」中就對了（例如，在表格範例26-1中，加入了兩項）。

✎ 表格範例26-1

控制住智力後年級、性別、科目在成績上之*ANCOVA*

	變異來源	*SS*	*df*	*MS*	*F*	*p*	η_p^2
多了「共變項的主效果」	COV智力	37.67	1	37.67	.60	.43	.007
	A年級	699.21	2	349.60	6.38	.003	.132
	B性別	58.93	1	58.93	1.07	.30	.013
	A*B	377.14	2	188.57	3.44	.03	.076
	誤差（組間）	4598.73	84	54.74			
多了「和共變項有關的交互作用」（視不同設計，可能有多個）	C科目	5.33	1	5.33	0.35	.55	.004
	C*COV	7.96	1	7.96	0.44	.50	.005
	A*C	11.94	2	5.97	0.39	.67	.009
	B*C	0.05	1	0.05	0.00	.95	<.001
	A*B*C	715.43	2	357.71	23.53	<.001	.359
	誤差（組內）	1276.73	84	15.19			

26-6 分析結果的撰寫

共變數分析的結果撰寫和ANOVA各單元的書寫範例幾乎相同，唯一的差別是，請把各書寫範例中的「ANOVA」，改成「ANCOVA」（多了一個「C」喔）。其餘書寫均和ANOVA各單元完全相同。

Unit 27

資料轉換（當資料違反同質性假定時）

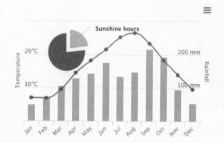

※請參考本書封底之說明，下載本單元中所使用的統計範例檔及工具檔。

27-1 資料轉換概述

使用時機	1.當執行變異數分析（ANOVA）不符合變異數同質性假定時。 2.當執行共變數分析（ANCOVA）不符合迴歸斜率同質性（homogeneity of regression slopes）假定時。 關於獨立樣本、相依樣本、混合設計時之同質性檢定，請參見「★你不想知道的統計知識(10)(34)(38)★」。關於迴歸斜率同質性，請參見「★你不想知道的統計知識(39)★」。
同質性轉換 的方法	同質性轉換的做法是將原始分數進行非線性（nonlinear）轉換。非線性轉換的方法有很多種，常用者包含：1.平方根轉換、2. 對數轉換、3.倒數轉換、4.反正弦（inverse sine, arcsine）轉換。[注]

27-2 SPSS操作

在進行資料轉換之前，你必須注意以下事情：

1. 何時要做資料轉換？

(1) ANOVA時：在操作ANOVA時，SPSS提供了三種同質性檢定的指標：(A) Levene的錯誤共變異等式檢定、(B) Mauchly 的球形檢定、(C) Box的共變異數矩陣等式檢定。在獨立樣本設計時，你會看到(A)；在相依樣本設計時，你會看到(B)；在混合設計時，你會看到(A)(B)(C)。不管你是哪一種設計，只要這三個檢定在任一個依變項上顯著（「顯著性」 < .05），你就必須做同質性轉換。

(2) 共變數分析時：在操作共變數分析時，如果不符合迴歸斜率同質性假定（參見單元26-2），也必須進行資料轉換。

2. 哪些變項要轉換？

同質性轉換是將依變項的原始分數做轉換，但是要轉換幾個依變項，會因為不同的研究設計而有不同。在完全獨立樣本設計時，不論有多少個自變項，都只有一個依變項（如圖27-1），所以只要對一個依變項進行轉換。但相依樣本或混合設計時，資料中會有多個依變項欄位（如圖27-2），此時「所有」依變項都要進行轉換（關於相依樣本和混合設計的資料結構，參見單元24-2之說明，p.338）。

注　Kirk, R. E. (1995). *Experimental design*. Pacific Grove, CA: Brooks/Cole.

	A性別	B住校與否	C年級	Y社團參與
	1	1	1	21
	1	1	2	11
	1	1	3	18
	1	2	1	19
	1	2	2	23

獨立樣本設計時，只需
要轉換一個依變項

圖27-1

A	B1C1	B1C2	B1C3	B2C1	B2C2	B2C3
1	36.1	44.1	16.9	44.1	52.9	22.5
2	19.6	90.0	12.1	57.6	136.9	78.4
1	2.5	.9	4.9	3.6	16.9	16.9
2	52.9	136.9	28.9	96.1	136.9	84.1
1	14.4	1.6	.4	4.9	25.6	52.9
2	32.4	176.4	62.5	78.4	152.1	57.6

相依樣本或混合設計時，會有多個依變
項，此時**所有依變項都必須進行轉換**

圖27-2

3. 怎麼轉都無法同質怎麼辦？

資料轉換未必一定能保證轉換後會通過同質性檢定。有時你試過各種轉換後，
仍然無法通過同質性檢定。此時，你只好用未轉換過的資料進行分析，然後在論文
中說明這件事。說明方式詳見單元27-3之書寫範例。

4. 當資料包含負值時：（如果你的變項不包含負值，請跳過這段）

多數的同質性轉換方法，都無法處理資料為負值的情形。因此當你的資料包含負值時，請先將資料全部轉換為≥0的值。也就是(1)找出「所有」依變項中絕對值最大的負值，假設是「-3」；(2)「把每個依變項下的所有數值加上3」。如此所有資料就會變成≥0的值了。需要特別注意的是，在獨立樣本時（如圖27-1），我們只有一個依變項，所以只要轉換一個依變項；但在相依樣本或混合設計時（如圖27-2），我們有多個依變項欄位，此時只要任一個依變項欄位中有負值，則「所有」依變項（不管這其他依變項有沒有負值），都要做轉換。具體操作步驟如下：

(1)點擊【轉換 / Transform】→【計算變數 / Compute Variable】。

(2)在【目標變數 / Target Variable】欄位中輸入轉換後的變項名稱（如「轉Y1」，可自行命名）。

(3)在【數值表示式 / Numeric Expression】欄位中輸入「Y1 + 3」（若絕對值最大的負值是-3，請視你資料中絕對值最大的負值作調整）。

(4)點擊【確定 / OK】。

(5)若僅有一個依變項，則已完成。以下步驟(6)無須執行。

(6)若有多個依變項，請針對每個變項，依序完成(1)~(4)，直至所有變項都完成。

完成上述程序後，以轉換後的變項當作依變項，進行接下來的同質性轉換。

以下操作將以三因子混合設計：「性別（A）、題型（B：選擇題、是非題）和科目（C：英文、數學、自然）對成績（Y）的效果」為例。每個人只有一種性別，但考了兩個題型、三個科目，所以有2*3六個成績，因此其資料結構如圖27-2。雖然我們以三因子混合設計來作為同質性轉換的範例，但是**即使你是採用其他研究設計，做法上也是一模一樣，不會影響SPSS**的操作。

Step 1　同質性轉換

點選【轉換 / Transform】→【計算變數 / Compute Variable】。（如圖27-3）

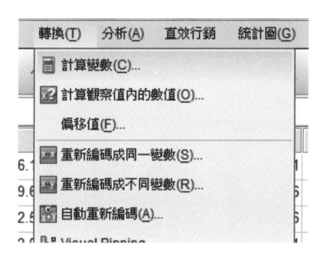

圖27-3

 Step 2　　資料轉換

1. 在【目標變數 / Target Variable】欄位輸入「B1C1轉」（B1C1為本範例依變項名稱，在後面加一個「轉」字，作為轉換後的變項名稱。你應該依自己的依變項名稱輸入）。

2. 在【數值表示式 / Numeric Expression】欄位中輸入「sqrt（依變項名稱）」（如「sqrt(B1C1)」。（如圖27-4）

3. 按【確定 / OK】即完成第一個變項轉換。

以上是以開根號轉換為例，你有以下轉換方式可以選擇，只要轉換結果能符合同質性假定，以下方式都可以嘗試。請依以下說明，改變上述2.的操作即可。

轉換方式	在【數值表示式】欄位中輸入	特殊使用時機
根號轉換 I	sqrt（依變項名稱）	
根號轉換 II	sqrt（依變項名稱 + 0.5）	依變項的值小於10時
根號轉換 III	sqrt（依變項名稱）+ sqrt（依變項名稱+1）	依變項的值小於10時
對數轉換 I	lg10（依變項名稱）	依變項的值不包含0時
對數轉換 II	lg10（依變項名稱 + 1）	依變項包含0或非常小時
倒數轉換 I	1 / 依變項名稱	
倒數轉換 II	1 /（依變項名稱 + 1）	依變項包含0時
反正弦轉換	2*arsin〔sqrt（依變項名稱）〕	依變項是百分比時

圖27-4

 **Step 3** 　同質性轉換

1. 若你的研究設計是完全獨立樣本設計，則轉換結束，請跳過2.，直接執行3.。

2. 若你的研究設是相依樣本設計或混合設計，則會有多個依變項，請重複 Step1、Step2，將所有依變項進行同樣的轉換。

3. 轉換結束後，檢視資料檔即會發現新增了轉換後的變項（如圖27-5，在本例 中應該會新增六個，為符合版面，圖27-5中只看到三個）。

4. 請以轉換後的依變項，重新進行ANOVA或共變數分析，並檢視各同質性檢定 是否通過。若所有依變項通過，恭喜你；若任一依變項沒通過，請再執行本 子單元之程序，嘗試其他轉換方法；直到所有依變項通過同質性檢定為止。

	B1C3	B2C1	B2C2	B2C3	B1C1轉	B1C2轉	B1C3轉
44.1	16.9	44.1	52.9	22.5	6.01	6.64	4.11
90.0	12.1	57.6	136.9	78.4	4.43	9.49	3.48
.9	4.9	3.6	16.9	16.9	1.58	.95	2.21
36.9	28.9	96.1	136.9	84.1	7.27	11.70	5.38
1.6	.4	4.9	25.6	52.9	3.79	1.26	.63
76.4	62.5	78.4	152.1	57.6	5.69	13.28	7.91
.1	16.9	22.5	16.9	32.4	5.38	.32	4.11
33.6	48.4	57.6	211.6	152.1	8.85	13.91	6.96

圖27-5

27-3 分析結果的撰寫

　　同質性轉換後的統計分析撰寫，都和ANOVA各單元中的書寫範例幾乎相同。唯一的差別是要加上一段話（以下書寫範例中，標楷體的部分是論文中應該要書寫的內容，【】內的敘述，是對書寫方式的說明）：

　　1. 轉換後符合同質性假定：

　　「由於資料不符合變異數同質性假定【若是跑ANOVA的話這樣寫。若是跑共變數分析，請寫：「不符合迴歸斜率同質性假定」】，因此嘗試對原始分數進行開根號【或是「對數」、「倒數」、「反正弦」，視你的轉換方式而定】轉換，經轉換後符合同質性假定…【以下接各ANOVA單元的書寫範例】。」

　　2. 嘗試各種轉換後，仍不符同質性假定：

　　若嘗試各種轉換，卻仍無法讓資料符合同質性假定時，你可以選擇：(1)改用其他統計方法或是校正方法，例如無母數統計法（nonparametric method；這超出本書範圍了）；(2)找一個統計高手來幫你（很少人有這種朋友）；或是 (3)不管三七二十一繼續跑統計（我們並不建議你這樣做，但同時也可以理解有時你別無選擇）。若你是採取(3)，建議你在論文中如此書寫：

　　「由於資料不符合變異數同質性假定【若是跑ANOVA的話這樣寫。若是跑共變數分析，請寫：「不符合迴歸斜率同質性假定」】，因此嘗試對原始分數進行開根

號、對數、倒數、反正弦轉換，然均無法符合同質性假定，因此以下的分析是在不符同質性假定下的分析結果。此時有可能會增加型一、型二錯誤，因此對以下分析結果的解讀，宜更加保守謹慎對待。……【以下接各ANOVA單元的書寫範例】。」

你不想知道的統計知識

　　「你不想知道的統計知識」，是我們依據本書所介紹的各種統計實作，所延伸出的（一）進階觀念，或是（二）學者間仍有爭議的地方（也就是作者搞不定的地方）。你可以搭配本書各單元使用，也可以完全跳過它，或是在晚上失眠睡不著時拿來當枕邊書，讀一讀應該很快就可以睡著，而且會不想再醒過來。如果本書前面各單元介紹的是「九陰白骨爪」，那麼「你不想知道的統計知識」介紹的就是「九陰真經」了。至於那一個威力比較強大？看名字應該也可以猜得出來吧！

★ 你不想知道的統計知識 (1) ★

統計數據要怎麼呈現？小數點該取幾位？需要四捨五入嗎？

1. 有小數時的數據呈現

   (1) APA格式規範，小數呈現至二位數或三位數均可。我們建議論文中多數的數值呈現至小數兩位，但以下統計值最好呈現至小數點三位：

   ① 顯著性考驗的機率值p，當$p \geq .05$以上時，可以只呈現兩位數，例如$p = .08, p = .13$；當$p < .05$時，則建議呈現到三位，例如$p = .013, p < .001$。

   ② 效果量η^2的大效果 (.138)、中效果 (.058) 切點為小數點三位，因此建議效果量η^2呈現至小數點三位，如$\eta^2 = .047$。

   ③ p值應呈現「$p = $xxx」，而不是「$p < $xxx」。只有一種情形例外：當統計報表的「顯著性 / Sig.」的數值是.000時，要寫成「$p < .001$」，不可以寫成「$p = .000$」。因為統計報表中的「顯著性」呈現 .000時，並不是真的等於0，而是這個p值小到小數點三位仍無法表達，在你看不見的三位以下是有數值的。

   (2) 當某一個統計值不可能超過± 1時（例如機率值p、相關係數r或比率），則整數位要省略，如$p = .01$而不是$p = 0.01$，$r = .3$ 而不是$r = 0.3$。除此之外不可以省略整數位，如平均數$M = 0.25$ 不應該寫成$M = .25$。

2. 關於四捨五入及其例外

   (1) 呈現數值時，應該要採取四捨五入的進位方式。但是本書所有的數據都是採用無條件捨去的方式呈現，這是為了方便讀者能夠從各種圖表範例

中，對照出統計報表中的數據〔例如若SPSS報表輸出 $r = .138$，如果我們把這個數據四捨五入呈現為$r = .14$，你在對照報表時會比較辛苦，有可能淹沒在一堆數據中找不到對應的原始數據（.14 vs. .138）；因此我們採取無條件捨去的方式，呈現$r = .13$，讓你在對照時找得比較輕鬆一些（.13 vs. .138）。沒錯，不要驚訝，我們連這樣的小細節都幫你設想到了。〕然而，**儘管本書所有的數據呈現都是採用無條件捨去法，你在論文中呈現數據時，應該要採用四捨五入法**。

(2) 四捨五入的例外。如果四捨五入的結果，可能改變統計結論，則你應該呈現更多小數位數，不要因為四捨五入而改變統計結論。例如，效果量 d 的小效果切點是0.2，如果你得到$d = 0.295$，您可以簡單的四捨五入報告為「$d = 0.30$，高於小效果」，因為$d = 0.295$和$d = 0.30$都是高於小效果，四捨五入並沒有改變統計結論。如果你得到$d = 0.195$，你應該報告「$d = 0.195$，小於小效果」，因為此時四捨五入為$d = 0.20$，會讓人家誤以為你得到了一個小效果，但其實你得到的效果量是低於小效果。

★ 你不想知道的統計知識(2) ★

變項的分類

在本書中，我們是用「連續」與「間斷」這兩種變項分類，來協助你判斷該使用何種統計方法；如果你可以抓到「連續」與「間斷」的意思，底下可以跳過，以免愈讀愈亂。

有很多種方式可以把變項做分類，一個好的分類是完整且互斥的，亦即每個東西都可以被分類，且只能被分到一類。統計上對變項常見的區分是分為量性變項與質性變項，前者的數字至少有次序上的意義，像是身高、名次等等，後者則只標示類別，像是出生縣市等等。量性變項可再被區分為連續或離散變項，像是身高是連續的，人數則是離散的（可以一個一個數）。在社會科學中，我們則習慣把變項依測量尺度分為名目（nominal）、次序（ordinal）、等距（interval） 與等比（ratio），與前面分類對照，名目是質性變項，其他都是量性變項。

在本書中，我們將變項分為「連續」與「間斷」，不是一個完整的分類，只是標示出常見的兩類變項，前者是連續的量性變項或等距變項，後者是質性變項或是名目變項。

★你不想知道的統計知識⑶★

將連續變項轉為間斷變項的問題

　　有不少研究生可能面臨這樣的狀況：研究中有兩個以上的X，想要瞭解這些X和某個Y之間的關係。然而，這些X中，有些是連續變項、有些是間斷變項，於是落入一種似乎既不能跑變異數分析（ANOVA），也不能跑迴歸的窘境。這種情況，其實可以使用結合迴歸和變異數分析的共變數分析（ANCOVA），並在SPSS中利用模型（Model）設定的方法來處理。但是，一方面這個做法的操作複雜度較高，二方面知道這一招的人很少；若你在論文中用共變數分析來處理這個狀況，很可能在口試時引起爭議（雖然它事實上是個正確的做法）。因此在本書中並沒有特別引導你使用這個做法。我們建議的替代做法（事實上是比共變數分析差的方法）如下。

　　當研究中有兩個以上的X，且這些X中，有些是連續變項、有些是間斷變項時，**如果間斷的X下只包含兩組**（例如**X**是性別，只包含男、女兩組），**則可以視為連續變項（1, 0）**，以迴歸分析處理；**如果任一間斷的X包含了三組以上，則我們建議將連續的X，以中位數或其他方式分成高低分組，使所有的X都成為間斷變項，然後以ANOVA處理**（分組方式見「單元1-8：產生高低分組」，p.22）。但你需要仔細看底下說明。

　　將連續變項分組、轉換成間斷變項，無論是用中位數或平均數分組，或是選取高低1/3極端分數分組，都有可能會讓不存在的效果變顯著，或是讓存在的效果不顯著，因而受到批評（MacCallum, Zhang, Preacher & Rucker, 2002[注1]），有些期刊甚至直接說明不宜這樣做（例如，*Journal of Consumer Research*與*Medical Decision Making*），保留連續變項原先的形式，將間斷變項利用虛擬變項（dummy variable）技巧加入迴歸處理是較為適當的。

　　雖然如此，我們仍建議使用ANOVA而非迴歸，這是由於以虛擬變項進行分析的結果解釋非常複雜，它超出多數學生能力，而以ANOVA處理在解釋上較為容易。一個更為保險的做法，是在將連續變項分組轉換成間斷變項時，試著更動切點，然後用不同切點多做幾次分析。如果切點變動不影響結論，這時ANOVA與迴歸處理結果可能相同，不必太擔心；如果切點變動讓結論不一致，考慮一下MacCallum (1998)[注2]

注1　MacCallum, R. C., Zhang, S., Preacher, K. J., & Rucker, D. D. (2002). On the practice of dichotomization of quantitative variables. *Psychological methods*,7, 19～40.

注2　MacCallum, R. C. (1998). Commentary on quantitative methods in I/O research.*Industrial-Organizational Psychologist*, 35(4), 19～30.

的建議：「讓開，找專業的來！」但切勿找上本書的兩位作者，他們不但不專業，而且不會幫你。

★你不想知道的統計知識(4)★

利用函數做加總還是直接列式？

SPSS提供了很多函數讓原始資料的轉換更方便。例如sum( )這個函數可以讓我們對多個編號為連續的變項做更便捷的加總，不必一個一個輸入。但是sum這個函數的加總結果，等同於將缺失值（missing value）視為0。例如在計算1至4題之總和時，如果其中一題為缺失值，sum函數會忽略此缺失值，加總剩下的3題；這會讓使用者誤以為得到4題總和，事實上是得到3題總和。因此，做加總時，雖然一個個將變項資料輸入於【數值表示式 / Numeric Expression】，比起使用函數來得麻煩，但是我們建議這樣做，這是比較不易犯錯的做法。

★你不想知道的統計知識(5)★

分量表信度與總量表信度

Cronbach's alpha是最常被報告的信度係數，但需要假設用來計算的所有題目是測同一向度；因此，如果你的量表包括五個分量表，每個分量表測量一件事（一個向度），你應該計算五個Cronbach's alpha，而不應計算一個總量表的Cronbach's alpha。如果即使明知問卷測量多個向度，卻還是直接用所有題目來計算單一個Cronbach's alpha，這就不適當，通常會高估總量表的信度，此時你應該改用假設多因素的信度係數，例如，McDonald's omega。

★你不想知道的統計知識(6)★

信度要多高才夠？

關於信度的標準，應該要視主題而定，沒有絕對的標準。如果針對一個主題，大家的信度都在 .3附近，那麼一個信度.5的量表就非常了不起了。如果對於這個主題，大家的信度都在 .9附近，那麼一個信度.8的量表恐怕也會被批評。就像打籃球，200公分在臺灣職籃打中鋒很不錯，在NBA就很拚了。關於幾公分以上可以打中鋒

的問題，最簡單的方式是看看「目前」中鋒大概幾公分。同樣地，對於信度在多少之上才可以接受，最好的方式是呈現過去這類主題得到的信度，以此對照自己的信度。

DeVellis（1991）[注3]同意信度的標準應該視主題而定，但還是提出了根據他個人經驗的建議：低於.60不可接受（unacceptable）、.60～.65最好不要（undesirable）、.65～.70勉強可接受（minimally acceptable）、.70～.80不錯（respectable）、.80～.90間相當好（very good）、.90以上則可能是題目過多，以致呈現這麼高的信度。在論文書寫中提到信度時，你可以根據你測量主題的現況，或DeVellis的建議，在論文中代入「信度過低」、「信度偏低」、「勉強可接受的信度」、「不錯的信度」、或「相當好的信度」等句子。

★ 你不想知道的統計知識⑺ ★

關於刪題的二、三事

1. 我是否該刪題？

如果把科學比喻成建築，量表（或是測量）像是磚頭，科學家利用這些磚頭，逐漸向上蓋出大教堂。如果發現有塊磚怪怪的，我們該容忍它，繼續往上蓋，或是整個砍掉重練？如果教堂已經蓋的夠高了，我們恐怕得容忍，如果剛在蓋，則不如砍掉重練，有個好基礎。

因此，一個量表是否該刪題，需要考量這個量表的歷史。如果過去許多文獻以完整的形式使用這個量表，刪題將會讓你的論文與過去的論文沒有共同比較的基礎，因此，即使刪題可能會讓量表品質更好、結果更容易解釋，我們可能也建議不要刪題，或是建議同時呈現完整量表與刪題後的結果。如果這個量表是自編的、或是還在起步，那麼，就可以考慮刪題以增加測量品質。

當你確認要刪題，刪題這件事情受到很多條件的影響，它可以說是在「提升測量品質」和「保留最適當題數」這兩件事情之間求得平衡的抉擇。因此，如果你本來整體量表的測量品質就很不錯了（例如Cronbach's alpha = .90以上），那麼可以考慮不刪題。如果整體量表的測量品質普通或不佳（標準請見「★你不想知道的統計知識⑹★」），那麼就可以考慮刪題來提提升測量品質。此時要考慮兩個條件：

注3　DeVellis, R.F. (1991). *Scale development*. Newbury Park, NJ: Sage Publications.

(1) 題目與總分相關如何？利用SPSS報表中的「更正後項目總數相關」（correct-
ed item total correlation，參見單元2-3，p.39），找出品質較差的題目刪除。

(2) 你有多少題目？如果你的問卷題數很多，那麼可以把刪題的標準設鬆一點，
也就是你有本錢可以刪掉多個題目；但是如果你的問卷題數本來就很少了，
那麼你刪題的標準就要設嚴格一點，不能刪掉太多題目，甚至一題都不能
刪。在這件事情上，跑統計的人就像是晉惠帝，如果有肉糜可以吃，那麼可
以把清粥倒到水溝去沒關係；但如果沒什麼東西可吃，眼看就快餓死了，此
時別說是清粥，就算粥裡面有幾隻米蟲，也得往肚子裡吞。

2. 刪題的標準是什麼？

利用「更正後項目總數相關」來刪題時，數值多少才是該刪的題目呢？大原則
如下：

(1) 只要是負值就必須刪，或是必須進行資料的檢查〔見你不想知道的統計知識
(8)〕。

(2) 正值在多少以下該刪沒有一個絕對的答案；這和上面所說的，與你有多少
本錢（題數）有關。在一般的情況下，可以考慮以 < .3 來作為刪題的標準
（Kerlinger，1986）[注4]；但仍然必須提醒你，這只是直覺上的建議（thumb
rule），並不是一個絕對標準。

(3) 在沒有特殊狀況下，很高的正值（例如，.7以上）表示你有一個非常好的題
目。「什麼？我有一個非常好的題目？」連你都不相信，對吧？特別是當題
目很多的時候，出現過高的「更正後項目總數相關」是比較不尋常的。這時
應該回頭看一下這個題目的內容，如果看起來實在很平常，檢查一下資料有
沒有讀錯。

★你不想知道的統計知識(8)★

「更正後項目總數相關」呈現負值是什麼意思？

當某一題在「更正後項目總數相關」（Corrected Item-Total Correlation）上出現
負值時，如果這個負值很小，表示此題和其他題目之間的關係很弱，和出現一個小
的正值是差不多的意思。但如果這個負值很大就不太尋常了；明明是測量同一件事

注4　Kerlinger, F. N. (1986). *Foundations of behavioral science*. New York: Holt, Rinehart, and Winston.

情的題目，爲什麼會和其他題目提供相反（負）的資訊？此時你應該回頭去看看這題目的題意是正向題或反向題，然後：

(1)如果它是正向題，表示你可能不小心把這個題目當作反向題，做了反向題轉換的動作。

(2)如果它是反向題，表示你可能忘了把這個反向題做反向題轉換了。（關於反向題轉換的操作，請參見單元1-6，p.18）

　　如果以上兩件事都沒發生，再次確認資料有沒有讀錯。如果資料也沒讀錯，那表示參與者理解這題的方式跟你相反，這題沒有測到你想要的東西，你可以考慮刪掉這題，或是更動題目敘述，重新蒐集資料（是的，這世界就是這麼殘忍）。

★你不想知道的統計知識(9)★

獨立樣本 vs. 相依樣本

　　一般來說，以資料來自於不同群人或同一群人，可以概略區分獨立樣本與相依樣本；在大部分的情況下，如果你想比較的多組分數來自不同的多群人，則要做「獨立樣本」的統計檢定〔例如四個年級（不同的四群人）成績是否有差異？〕；如果你想比較的多組分數來自同一群人，則要做「相依樣本」的統計檢定〔例如：男人對伴侶的「結婚前耐心」、「結婚一個月耐心」、「結婚三年後耐心」（三組分數來自同一群人）是否有不同？〕。不過，有時會有例外，以 t 檢定爲例，如果資料來自兩群人，彼此間兩兩有明確對應（因此會產生關聯），則仍屬「相依樣本 t 檢定」。例如，「雙薪家庭中，先生與太太的收入是否有差異？」收入雖來自不同群人，但兩兩間有配對（同一家庭中的先生與太太）。同理，我們如果蒐集情侶、父子、兄弟、師生、上司與下屬的資料，他們兩兩間都有可辨識的對應，因此屬於「相依樣本 t 檢定」。在醫學或臨床心理學研究中，有時我們蒐集了病患資料，例如30位，針對每位病患，我們挑選了在某些重要特徵（性別與年齡）上可以與之配對的對照，而形成30組配對組（matched group），此時也應屬「相依樣本」。

★你不想知道的統計知識(10)★

變異數同質性檢定（獨立樣本）

　　獨立樣本 t 檢定和ANOVA必須在符合變異數同質（homogeneity of variance），

也就是各組人母群變異數相等（$\sigma_1^2 = \sigma_2^2 = \cdots \sigma_k^2$）的前提下進行，故必須進行變異數同質性檢定。若不同質，一個做法是對統計檢定做某些修正（t 檢定時SPSS會自動做），這常常會讓自由度包含小數，雖然你不常在論文中看到，但這是正常的。另一個做法是做變項轉換，讓轉換後資料符合變異數同質性（請參見單元27）。

★你不想知道的統計知識(11)★

相關係數的效果量

多數統計檢定後，都需要計算效果量，不過，相關係數本身就可以當成效果量，因此，不需要額外計算效果量。作為效果量，關於相關大小的判定在文獻上比較分歧，我們建議以$|r| \geq .1$時，稱之為小效果；$|r| \geq .3$為中效果；$|r| \geq .5$為大效果[注5]。

★你不想知道的統計知識(12)★

迴歸的「預測」與「解釋」

一般統計教科書在教授迴歸時，常常用「預測」這個概念來說明。所謂「預測」，指的是我們能不能根據某個X值去猜出其Y值；例如學測時數學成績60分的人，他的大學統計成績可能是幾分？這使得很多學生以為迴歸只是用來做預測的統計方法。事實上在學位論文，乃至於社會科學研究中，我們比較少在意以X_i值去預測Y值這件事，我們通常更在意的是，X_i和Y之間是否有顯著關係；因此迴歸並不是一個只能用來做預測的統計方法。這就像威而鋼可以用來預防高山症，但是它的功能不只如此，它更常被用來###（注：###之內容，必須另購解碼器才看得到）。

★你不想知道的統計知識(13)★

自／依變項、解釋／反應變項、預測／效標變項

本書在描述迴歸分析中的X和Y時，稱之為「自變項」（independent variable）和「依變項」（dependent variable），一般統計教科書在迴歸分析時，並不使用這兩個

注5　Cohen, J. (1988). Statistical power analysis for the behavioral sciences. Hillsdale, N.J.: L. Erlbaum.

詞；因為這兩個詞和實驗研究法有密切關係。由於以迴歸方法做統計的情境，不一定是實驗法情境，因此有些書使用解釋變項（exploratory variable）與反應變項（response variable），或是預測變項（predictor）與效標變項（criterion variable）。在本書中為了讓讀者不要被太多不同的名詞困惑，統計分析（包含迴歸分析）中的X我們統一使用「自變項」這個詞，Y我們統一使用「依變項」這個詞；但請讀者注意，本書中所說的「自變項」不完全等同於實驗法中的自變項（實驗法中的自變項通常是指被操弄的變項）。在本書的各種統計分析所稱的「自變項」是否有被操弄，要視每個人的研究設計不同而定。

★你不想知道的統計知識⒁★

SPSS迴歸的「方法」（**Method**）選項

SPSS迴歸程序的主畫面中，有一個【方法】（Method）的選項，裡面包含了【Enter】、【逐步迴歸法／Stepwise】、【移除／Remove】、【之前／Backward】、【向前轉／Forward】等不同的自變項選擇方式。其中【Enter】是用於驗證性研究（confirmatory research），其餘四個方式則用於探索性研究（exploratory）。如果你是在有明確的假設的情況下，那麼你應該使用【Enter】來跑迴歸（**這也是多數社會科學論文的情況**）；只有非常確定你是在沒有任何假設的情況下跑迴歸時，才使用剩餘的四種方法。此時如果你有足夠的樣本，例如，變項數目的40倍[注6]，【逐步迴歸法】是不錯的選擇。

★你不想知道的統計知識⒂★

多元共線性

迴歸分析時，多元共線性（multicollinearity）常以VIF高於10作為判準[注7]。它指的是自變項Xi中，至少有一個提供的訊息與其他變項重複，例如你將「父母收入」和「家庭收入」這兩個變項作為迴歸的自變項，它們彼此的重疊性過高，如果把兩

注6　Cohen, J., & Cohen, P. (1975). *Applied Multiple Regression/Correlation Analysis for the Behavioral Sciences*. New York: John Wiley & Sons Inc.

注7　Kutner, M. H.; Nachtsheim, C. J. & Neter, J. (2004). *Applied Linear Regression Models* (4th ed.). McGraw-Hill Irwin.

個變項都放在迴歸式中時，兩者的迴歸係數都對應很大的標準誤，有時會因此看到迴歸係數很大，但檢定卻不顯著的情形。有時，其中一個變項的迴歸係數方向可能會倒過來，讓係數的解釋與預期相反。要解決多元共線性問題，直接又簡單的方式，就在於找出這些提供重複訊息的變項，然後把他們由迴歸模式中剔除。首先，共線性診斷會提出嫌疑犯，你可先把VIF較大的變項當成嫌疑犯；某些變項迴歸係數的「標準誤」（standard error）過大，也有嫌疑。接著，仔細看一下變項所測量的概念，是不是某些變項測量到相同的東西。如果X2、X3測到的東西包括X1測到東西，但X1測到東西少於X2、X3測到東西，那就刪除X1。如果X2、X3測到的東西包括X1測到東西，但X1測到東西多於X2、X3測到東西，那就刪除X2、X3。在剔除掉多餘變項後重新進行迴歸分析，看是否通過多元共線性診斷？迴歸係數的標準誤是否變得比較小？如果問題解決了，恭喜你，如果沒解決，那可能沒找到犯人，或是還有共犯，要再回去前面程序，重新根據VIF和標準誤撈出嫌疑犯。

★你不想知道的統計知識(16)★

不同的中介效果分析法

中介效果（mediation）的檢驗，早期多利用四步驟法。四步驟法需要進行四次迴歸（或相關），各步驟檢驗一個迴歸係數，步驟雖多，但每步驟都容易執行，因此也是學位論文中最常用（以及本書所介紹）的一種檢驗方法。晚近，四步驟法受到不少批評。關於這些批評可以參見Hayes（2009）[註8]，亦請參考「★你不想知道的統計知識(17)★」，p.399）。較為直接的檢驗法是估計出中介效果，再檢驗中介效果是否為0。Sobel檢定及拔靴法（bootstrapping）都基於此想法，但Sobel檢定在樣本很大時才較準確，拔靴法可在樣本較小時有準確估計。我們建議優先採用Sobel檢定或是拔靴法，除非有一些特別考慮，例如重要他人（你知道我們說的是誰吧？）特別要求要用四步驟法。拔靴法以SPSS進行的程序較為複雜，有興趣的讀者可參看相關文獻[註9]。

註8　Hayes, A. F. (2009). Beyond Baron and Kenny: Statistical mediation analysis in the new millennium. *Communication monographs*, 76(4), 408～420.

註9　Preacher, K. J., & Hayes, A. F. (2004). SPSS and SAS procedures for estimating indirect effects in simple mediation models. *Behavior Research Methods, Instruments, and Computers, 36*, 717～731.

★ 你不想知道的統計知識⒄ ★

中介效果分析的四步驟法的可能誤判

　　以四步驟法，利用迴歸檢驗中介效果時，需假設迴歸中的直接效果和間接效果都是正向的，因此，如果根據你的理論，本來就預期某一個效果應該是負向的，則採用四步驟法可能會誤判，此時建議採用 Sobel 檢定或拔靴法。

★ 你不想知道的統計知識⒅ ★

階層迴歸那麼多層，寫論文時該呈現那一層迴歸係數？

　　在階層迴歸中，改變的解釋量ΔR^2（R square change）是判斷某一層迴歸模型是否值得信賴的重要指標。如果某一層迴歸的ΔR^2顯著了，則表示這一層迴歸模型相對上是比較值得信賴的，也就是這層迴歸中各個變項的迴歸係數（β）是比較可靠的。由於在階層迴歸中，愈後面進入迴歸的變項，通常是研究者愈在意的，因此最後一層迴歸的結果往往是研究者所關注的。因此，如果你的最後一層迴歸ΔR^2是顯著的，那麼你在書寫論文時可以放心地以最後一層迴歸的β值去呈現；然而，如果你的最後一層迴歸ΔR^2是不顯著的，這表示最後一層迴歸的β值可能是不可靠的，那該怎麼辦呢？此時我們建議找你的老闆問一下應該接受哪個模型，呈現哪些迴歸係數，用吉娃娃般無辜的眼神看著他，或是等待《傻瓜也會跑統計──疑難雜症篇》出版；我們預計在這本《傻瓜也會跑統計》銷售超過一萬本的時候，發行《傻瓜也會跑統計外傳》；所以……趕緊介紹你的親朋好友們多買幾本。

★ 你不想知道的統計知識⒆ ★

交互作用／調節效果概述

　　交互作用（interaction）效果，又稱為調節效果（moderation）。意指「某個變項X1對Y的效果，要視另一變項X2而定。」例如：據說這世界上散落著七個傳說中的廚具（永靈刀、轉龍壺、魔聖銅器……抱歉，我們不能再透露更多了；詳細內容請參考《中華一番》），可以做出讓人起死回生的料理，但這些廚具是會認主人的，只有心地善良的人使用它們，才能發揮作用。也就是說：「廚具類型（X1）對料理美味度（Y）的效果，要視使用者（X2）而定。」此時你可以說：「**X1和X2對Y有**

交互作用效果」或是「**X2調節X1對Y的效果**」。

★你不想知道的統計知識(20)★

關於迴歸中的「平減」（centering）的必要性

迴歸在製造交互作用項時，將X1及X2各自減去其平均值，這動作稱之為「平減」（centering），得出來的分數是「平減分數」或是「離均分數」（deviation score）。「平減」是為了降低主效果項與交互作用項共線的可能性（關於多元共線性，請參考「★你不想知道的統計知識(15)★」，p.397）。有時並不必要，但做了會比較安全，因此我們建議還是以平減分數計算交互作用項。但是請注意，只有連續變項需要做平減，虛擬變項無需平減。

★你不想知道的統計知識(21)★

迴歸交互作用的典型模型

迴歸分析的交互作用，通常以階層迴歸的方式處理（何謂階層迴歸請參見本書「單元8-1」）。一般最常用的迴歸交互作用模型，是在階層迴歸中依序放入：主要效果項、低階交互作用項、高階交互作用項。例如二階交互作用「（X1, X2）→Y」，會採用兩層迴歸，依序放(1) X1、X2（主效果）；(2) X1*X2（二階交互作用；在統計上習慣以乘號表達交互作用）。若是三階交互作用「（X1, X2, X3）→Y」，則會採用三層迴歸，依序放(1) X1、X2、X3（主效果）；(2) X1*X2、X1*X3、X2*X3（二階交互作用）；(3) X1*X2*X3（三階交互作用），以此類推。儘管這是最典型的交互作用模型，但基於不同的研究目的，也有可能出現不同的模型。本書所有的迴歸交互作用範例都是以最典型的模型操作的，這也是符合大多數學位論文的方式；如果你對此種典型模型不放心，或是懷疑你的研究不適合這種典型模型，可以和你的指導教授討論看看。但是，千萬不要指望我們會退你錢……。

★你不想知道的統計知識(22)★

交互作用迴歸那麼多層係數，寫論文時我該呈現哪一組係數？

在以階層迴歸進行交互作用分析時，某些變項會有多組迴歸係數，例如二階交

互作用「（X1, X2）→Y」迴歸中，主效果項X1和X2，在第一層迴歸、第二層迴歸都有一組迴歸係數，寫論文時應該呈現那一組係數呢？由於書寫論文內容時，通常只會呈現一組數字，此時我們建議呈現「最後一層迴歸」的係數（本書所有書寫範例都是採取此種做法）。這並不是保證百分之百正確的選擇，但它在多數的情況下會是正確的。如果你怕麻煩，填最後一層數值是相對上安全的選擇。如果你不怕麻煩，希望更精確，那麼你可以用以下規則來決定該採用那一組迴歸係數（以下文字可能引起噁心、頭疼、呼吸困難等症狀，在閱讀過程中若有不適，請立即停止並儘速就醫）。

當交互作用顯著時，報告最後一層迴歸係數，包含主效果與交互作用效果，也要報告單純迴歸係數。關於主效果的迴歸係數，有些統計學家主張在交互作用顯著時不需要在文中報告與解釋。原因之一在於交互作用是否有平減，會影響主效果的迴歸係數與檢定值，但不影響交互作用項與單純主效果的迴歸係數及檢定值；因此，有些統計學家主張，交互作用顯著時，不需要報告主效果迴歸係數，只需要報告交互作用與單純迴歸係數。

當交互作用不顯著時，比較最後一層與前一層的主效果係數，然後：
(1) 如果兩層迴歸的「係數大小」與「是否顯著」都相同，報告最後一層迴歸係數，包含主效果與交互作用效果。
(2) 如果兩層迴歸的「係數大小」與「是否顯著」不相同，僅報告前一層迴歸係數中的主效果。交互作用效果無須在表格中報告，只需在文中（或表格注中）說明交互作用效果不顯著。

以上法則不限於二階迴歸，亦適用於更多階之迴歸交互作用分析。

★你不想知道的統計知識(23)★

單純斜率在論文中的書寫

迴歸中的單純斜率有很各種形式，不同的形式寫法也不同，但不外乎以下狀況；請依你的分析結果，選擇以下的寫法。這些寫法的基本形式多半是：「調節變項的第一組人（如「當M高分組時」、「男生」……），X對Y的解釋力高於（或「低於、等於」視迴歸係數而定）調節變項的第二組人（如「當M低分組時」、「女生」……）。」以下的陳述句請你依自己調節變項的第一組人和第二組人的迴歸係數大小，以及迴歸係數是正是負，套入你的研究，可以模仿這些句子，但不能

照單全抄。

1. 當兩個單純斜率檢定都顯著，且都是正值。

「由迴歸係數可見，M高分組，X對Y的正向解釋力高於M低分組。」

2. 當兩個單純斜率檢定都顯著，且都是負值。

「由迴歸係數可見，M高分組，X對Y的負向解釋力高於M低分組。」

3. 當兩個單純斜率檢定都顯著，且是一正一負時。

「由迴歸係數可見，M高分組，X對Y有正向解釋力，而M低分組，X對Y有負向解釋力。」

4. 當只有一個單純斜率檢定顯著，且顯著的那個是正值時。

「由迴歸係數可見，M高分組，X對Y有正向解釋力，而M低分組，X對Y無顯著解釋力。」

5. 當只有一個單純斜率檢定顯著，且顯著的那個是負值時。

「由迴歸係數可見，M高分組，X對Y有負向解釋力，而M低分組，X對Y無顯著解釋力。」

6. 當兩個單純斜率檢定都不顯著（三階迴歸時的單純交互作用才會發生）。

「由迴歸係數可見，M高分組和M低分組，X對Y都無顯著解釋力。」

★你不想知道的統計知識(24)★

當高階交互作用顯著時，該畫低階交互作用圖嗎？

在迴歸中當三階交互作顯著，且二階交互作用也顯著時，到底該不該呈現二階交互作用圖呢？有些學者認為不應該呈現，這是因為既然三階交互作用顯著了，表示解讀二階交互作用時應該要考慮第三變項（也就是應該呈現「單純交互作用」），不應該在忽略第三變項的情況下，直接看二階交互作用。這也是兩位作者比較推薦的選擇。

如果你必須在三階交互作用顯著時，繪製二階交互作用圖，會有些麻煩。因為三階交互作用的迴歸結果，會有兩組二階交互作用的迴歸係數。該使用那一組來繪圖呢？就兩位作者所知，比較直接的作法，是用最後一層的二階迴歸係數。本書基於「讀者得面對口委或審查人」的立場，也是指引讀者採用這不易引起爭議的作法。不過，此時的二階交互作用解釋起來要留意（好啦！在意的人很少，這邊純粹是第二作者很想講）：由於迴歸的交互作用項通常會進行平減分數的處理（本書的

作法也是如此），採用最後一層的係數來畫圖相當於是將第三個變項設為平均數時的簡單交互作用，它對應到X3的平均情境，可以說比較有代表性。

有些論文選擇以第二層係數來繪製二階交互作用圖。背後的理由是，當X1X2X3三階交互作用顯著時，如果你仍然關注X1X2二階交互作用，表示你在看待X1X2二階交互作用時，並不在乎X3的效果；而第二層相對於第三層少了X1X2X3的效果，因此這個作法無論是在操作上或想法上（不在意X3的效果，只想看二階交互作用），都是比較適中的作法。但是由於第二層中仍有X1X3、X2X3兩個和X3有關的效果項，因此更適切的作法是，直接參考單元九或單元十，假定X3不存在的情況下，重作一次二階分析並繪圖。

但這一招有時會出現一些尷尬的狀況，例如本來在三階分析時，X1X2的交互作用是顯著的，但忽略X3直接對X1X2作二階分析時，卻變得不顯著了。通常遇到這種狀況，比較有可能的理由是，X1X2這個交互作用的效果量很低（因此也不值得畫圖），或是你的資料有些問題（例如樣本太小、統計考驗力太弱）。如果你真的不幸遇上這種不一致的情形，我們建議還是只畫三階交互作用圖就好，不要畫二階圖。「什麼？你的指導教授不同意？」你可以把這一頁翻給他看，或者，如果能多買一本《傻瓜也會跑統計》送他是最好不過了。

★ 你不想知道的統計知識(25) ★

迴歸高階效果顯著時，該不該解釋低階效果？

在迴歸中當三階交互作用顯著，且二階交互作用也顯著時，「有一些」學者主張不應該解釋二階交互作用，「另一些」學者主張可以解釋二階交互作用；依循相同邏輯，有些學者也主張當二階交互作用顯著時，不應該去解釋各自變項的主效果。關於這些事的立場，將影響你在撰寫研究結果時，在高階效果顯著時，是否要在論文中呈現低階效果。由於不確定你的指導教授是屬於「有一些」還是「另一些」，我們在本書中所有的撰寫範例，都是用最完整（但可能有人不同意）的方式去撰寫，也就是寫出所有的主效果、二階交互作用、三階交互作用。你可以根據你或指導教授的立場，去做書寫上的調整。

★你不想知道的統計知識(26)★

「差異」、「關係」是兩件事嗎？

　　很多人以爲「差異」和「關係」是不同的事，認爲要檢驗是否有「差異」時，要用 t 檢定或ANOVA；要檢驗是否有「關係」時，要用Pearson相關或迴歸。但是其實在統計上，「差異」和「關係」是同一件事，它們只是X和Y具有共變關係的不同描述方式。舉例來說，在統計上「男生和女生的體重有顯著差異」與「性別和體重有顯著關係」，這兩句話的意義是一模一樣的，你可能用 t 檢定檢驗前者，用迴歸處理後者，但會得到相同的結果，不會因爲你用了「差異」或「關係」這個詞而改變。決定統計方法的，並不是你要檢驗「差異」或「關係」（對統計來說，它們是同一件事），而是在於你有幾個變項？這些變項是間斷或連續？（見表0-2，p.7）以卡方 （Chi-square）爲例，我們可以說它是用來檢驗「兩個間斷變數X和Y之間是否具有『關係』。」也可以說它是用來檢驗「某一間斷變項X，在另一間斷變項Y的次數分布，是否有『差異』。」所以，以後當有人再以爲「差異」和「關係」是兩件事時，你可以回他：「爭什麼？摻在一起做成撒尿牛丸哪，笨蛋！[注10]」

★你不想知道的統計知識(27)★

Fisher's精確檢定[注11]

　　卡方檢定需要大樣本假設，而研究發現，當有資料格的「預期」（expected）次數小於5時（注意，不是你資料格中的實際次數），卡方檢定可能不準確。解決的辦法之一是改用Fisher的精確檢定（Fisher's exact test），精確檢定有時比較費時，但 p 值比較精確。另一個解決辦法是合併某些類別，讓資料格預期次數高於5，如果不會讓你的資料不好解釋，這也是可行方案。

注10 楊國輝、田啓文（製作人）、周星馳、李力持（導演）（1996）。食神。香港：星輝海外有限公司。

注11 Fisher, R. A. (1922). On the interpretation of χ^2 from contingency tables, and the calculation of P. *Journal of the Royal Statistical Society*, *85*(1), 87～94.

★ 你不想知道的統計知識(28) ★

探索性因素分析 vs. 驗證性因素分析

　　因素分析區分爲「探索性」（exploratory）和「驗證性」（confirmatory）因素分析。以問卷分析爲例，當我們不知道問卷中的題目測量多少向度，沒有任何預設立場，此時會使用探索性因素分析來協助我們找出這些題目測量多少向度；有時，即使我們知道向度數目，但不確定哪些題目屬於哪個向度，我們也使用探索性因素分析。驗證性因素分析則是基於某些理論想法，或過去研究，我們在分析之前已經預設了問卷中的題目包含多少向度，也預設了每個題目應該屬於哪一個向度，於是用驗證性因素分析來檢驗我們的資料是否符合這些預設。驗證性因素分析通常會用特定軟體（如Amos、EQS、LISREL等）處理，SPSS的基礎版無法執行驗證性因素分析，只能執行探索性因素分析。本書中所述的因素分析，指的均是探索性因素分析。

★ 你不想知道的統計知識(29) ★

因素分析常犯的錯

　　(1)錯誤一：只跑一次因素分析

　　在程序上，如果只跑一次因素分析，就獲得因素分析結果，表示你把許多應該自己做判斷的工作完全交給SPSS的預設值。在這種做法下，接下來所講的每個錯誤，你基本上都犯了。一個正確的因素分析，最少會跑兩次：第一次是爲了決定因素數目，第二次是爲了確定題目與因素間關係（抽取與轉軸）。

　　(2)錯誤二：以特徵值大於1來決定因素數目

　　SPSS預設以特徵值（eigenvalue）大於1來決定因素數目，但以這種方式決定因素數目，通常會高估（取太多因素）[註12]。決定因素數目的方法有很多種，在SPSS直接提供的方法中比較適切的，是利用陡坡圖（scree plot）判定。此外，如果原先設計量表時，有預定的因素數目，也可以考慮使用。

　　(3)錯誤三：未經判斷即使用正交轉軸

　　在決定題目與因素間關係時，你應該要先思考，你所探討的現象如果有多個向

註12 Fabrigar, L. R., Wegener, D. T., MacCallum, R. C., & Strahan, E. J. (1999). Evaluating the use of exploratory factor analysis in psychological research. *Psychological methods, 4*(3), 272～299.

度，這些向度間是零相關的嗎？還是它們彼此是有相關的？然後據此決定使用正交或斜交轉軸（見單元14-1對正交、斜交轉軸之說明，p.174）。不要未經思考（研究生常常如此）使用最大變異（varimax）轉軸法（屬於正交轉軸法）。**就社會科學的特性，我們建議大部分的情況應該使用「斜交轉軸」。**

★你不想知道的統計知識(30)★

當因素負荷量是負值時

如果在進行因素分析之前，你已經進行過反向題轉換了，結果卻發現屬於同一個因素的「所有題目」，其因素負荷量（factor loading）都是負值，不必緊張，這只是基於某些數學運算理由，SPSS讓因素的方向和題目方向相反了，也就是你想要測「快樂」，SPSS把它分析成「不快樂」了。此時，在論文中呈現資料時，可以手動將所有因素負荷量的負號換成正號，然後仍然依據題意來做因素命名；並切記在（如果是斜交轉軸才有的）因素相關矩陣中（圖14-10④，p.183），與此因素有關的相關都要跟著變號。以上說的是屬於同一因素的「所有題目」，其負荷量方向都是負的狀況；如果你發現屬於同一因素的題目，其負荷量方向不一致，有的是正的、有的是負的，且其絕對值不低（如.2、.3以上），這很可能表示你在分析資料之前，有些反向題忘了做轉換，我們建議此時你要回頭檢查資料。有關反向題轉換，請參考單元1-6（p.18）。

★你不想知道的統計知識(31)★

使用因素分析刪題

因素分析時，有時你可能會發現，某個題目在每個因素上的因素負荷量（factor loading）都很低（如≦.3），或是在兩個以上的因素，都有高的因素負荷量〔你可以用「重複負荷」（cross loading）這個詞，感覺比較有學問〕。前者可能表示，這個題目所測的東西和其他題目不太一樣，後者表示這個題目可能測到兩個以上的因素。如果問卷是自編的，在這種情況下，可以考慮刪掉這題目，重做因素分析。如果有刪除題目，請務必在論文中交代這件事：「由於因素分析結果顯示，第X題在每個因素上的因素負荷量都很低（≦.3）」（或是「在多個因素，都有高的因素負荷量」），因此刪除此題後重新進行因素分析。」然而，如果問卷不是你自編的，而

是通用的量表，刪題可能會使你的研究無法和別人的研究結果比較，此時該不該刪題，就要看你自己（以及你老闆）的判斷了。

★ 你不想知道的統計知識(32) ★

t 檢定和ANOVA的分別

本書單元3、4介紹了 *t* 檢定，單元16~24介紹了ANOVA。*t* 檢定只能用於一個間斷變項X，且**X**只有**兩組時**的統計檢定；而ANOVA可以用於各種狀況的差異檢定，包含兩組分數時。因此，即使只有兩組分數也可以使用ANOVA，其結果會和 *t* 檢定的結果相同，有一樣的 *p* 值。

只有兩組分數時，雖然使用 *t* 檢定或ANOVA的統計結果不會有差別，但在SPSS中，當遇到變異數不同質時，*t* 檢定會直接呈現出變異數不同質所該採用的數據，而ANOVA沒有這項功能；遇到變異數不同質時，ANOVA需要進行較為複雜的分數轉換程序（見單元27，p.381）。因此，若要比較兩組分數，且變異數不同質時，使用 *t* 檢定會比較便利。

★ 你不想知道的統計知識(33) ★

事前比較 vs. 事後比較

ANOVA常常用於三組以上的差異檢定，以高中有三個年級為例，當檢定結果顯著時，表示三個年級在依變項上有顯著差異，但究竟是12、13、23哪兩個年級間有差異？做完ANOVA是看不出來的。此時必須做進一步的檢定，這就是事後比較（post hoc comparison）。值得注意的是，事後比較是一種探索性的統計方法，也就是在做ANOVA之前，你並沒有預設任兩組是有差異的；但這其實和多數研究的現狀不符，許多研究都是在「已經有明確假設」的前提下進行的，因此ANOVA顯著後才做「事後比較」，在邏輯上並不合理，此時更適切的選擇是事前比較（a priori comparison），也就是直接把你假設有差異的兩組抓出來做比較。但就本書兩位作者的經驗，大多數的研究，不只是學位論文，也包含了正式學術期刊上的論文，似乎都還是習慣性地使用事後比較；因此我們在此還是「順應民情」，以事後比較為主（本書第一作者覺得差別不大、無傷大雅，但第二作者為此心在淌血，受創過深，堅持一定要加上這段你不想知道的注解說明。據說如果本書賣得好，可以稍微撫平

他不安的良心；請呼籲你身邊的親友，「一人一本書，救救老殘窮」）。

★你不想知道的統計知識(34)★

相依樣本ANOVA的同質性檢定

底下說明關於相依樣本同質性檢定需要注意的兩點，首先，如果只有二組相依分數時，不需要同質性檢定，第二點則是關於同質性檢驗未通過時的處理。

ANOVA需要變異數同質性的假設，只有當假設符合，才能確保對各效果的檢定值正確。但獨立樣本和相依樣本的「同質性」意義並不相同；獨立樣本同質性檢定檢驗的是：每一組「原始分數的變異數」是否同質，而相依樣本同質性檢定檢驗的則是，給定任兩組，「兩組分數差異的變異數」是否同質。當相依樣本ANOVA只有兩組時，此時只有一組分數差異，因此並不需要檢定分數差異變異數是否相同，此時SPSS不會進行Mauchly球形檢定。

以圖17-5④為例（p.216），如果進行了Mauchly球形檢定，而沒通過，則「假設球形檢定成立」下的F值不準確。此時SPSS提供了三個修正後的F值（亦見圖17-5④），其中Greenhouse-Geisser修正較被推薦，此一修正常常伴隨著含小數的自由度，這是正常的。因此相依樣本ANOVA若球形檢定沒有通過（不同質），則報告Greenhouse-Geisser修正會是不錯的選擇，你應該報告這部分的數值，取代「假設球形檢定成立」下的F值。

但是Greenhouse-Geisser修正有一個問題，它修正了主效果的檢定，但沒有接著處理後續的事後檢定；因此如果你的Greenhouse-Geisser修正F值是顯著的，接下來應該要做事後比較，而你卻用了一般的事後比較分析法，可能因而會得到不一致的結果。同樣的邏輯，在二因子以上交互作用若使用了Greenhouse-Geisser修正後是顯著的，接下來要做單純主效果的檢定，也會有同樣的問題。

基於此，雖然SPSS提供了相依樣本ANOVA變異數不同質的修正，但我們還是建議讀者在不同質時使用分數轉換（單元27），這可以同時處理變異數不同質，並兼顧事後檢定、以及單純主效果檢定的問題。

★你不想知道的統計知識(35)★

單純效果檢定時型一錯誤率的調整

多數統計教科書都建議，當ANOVA顯著後，若要做進一步分析（如事後比較、單純主效果、單純交互作用等），必須對型一錯誤率（α）做調整。這有點像，如果你希望一天的花費不要超過150元，而你要吃三餐，那麼一餐平均可以花50元。然而，如果你還想吃下午茶和消夜，則一天要吃五餐，每餐平均花費不能超過30元，否則你就會超過150元。型一錯誤率調整的邏輯也是如此，如果你做了一個分析，型一錯誤率是.05，那麼當你做了兩個分析，希望「整體的」型一錯誤率仍然維持在.05時，則每個分析的型一錯誤率必須調整為.05/2 = .025。這意思是說，在上述情況下，**$p = .04$、$p = .03$都是不顯著的。你沒看錯，是「不」顯著！當ANOVA顯著後做進一步的單純效果分析，並不是 $p < .05$就表示顯著**，顯不顯著要看你的型一錯誤率調整結果而定。此外，狀況其實又更複雜一些，更像是我們決定「兩天」吃「八餐」，那麼，每餐的花費就會是 (150+150) / 8 = 37.5 元。亦即，我們會把原有幾個效果的型一錯誤率合在一起，再往下調整型一錯誤率，分給多個單純效果。

就本書第一作者的個人經驗，多數實徵社會科學家其實不太理會這件事，但就精確來說，能對型一錯誤率做調整是最好不過了。如果你希望做型一錯誤率的調整，請依以下原則調整：警告！以下說明有導致頭昏、嗜睡、嘔吐的副作用，請小心服用。我們以二因子ANOVA說明錯誤率的調整，在說明之前，你必須理解以下事情：

（一）二因子ANOVA的效果包含了A, B, A×B三項。

（二）A的單純主效果 （A at B1, A at B2……）和上述三項中的 A, A×B有關。

（三）B的單純主效果 （B at A1, B at A2……）和上述三項中的 B, A×B有關。

以下用3（年級）× 2（性別）二因子ANOVA為例，說明如何調整型一錯誤率。

假設我們有興趣的是固定住年級（1、2、3年級），各做一次性別的單純主效果檢定（B at A1, B at A2, B at A3），此時，由於是B的單純主效果，其提供的訊息與ANOVA裡面的B與A×B重複，由於B (α = .05)與A×B (α = .05)型一錯誤率合計為.05 + .05 = .10，平分給三個單純主效果檢定（B at A1, B at A2, B at A3），則應設定為 α' = (.05 +.05) /3 = .033，這樣，三個單純主效果檢定的型一錯誤率總和 (.033 + .033 + .033)，才會與B與A×B的型一錯誤率總和相同(.05 + .05)[註13]。這意思是說：在這個情

註13 Kirk, R. E. (1995). Experimental design: Procedures for the behavioral sciences (3rd ed.). Pacific Grove, CA: Brooks/Cole.

況，單純主效果的p必須小於 .033才算顯著，如果 p 值是 .04，應該被視為不顯著。同理，如果我們有興趣的是固定性別下，做兩次年級的單純主效果檢定（A at B1, A at B2），由於這個單純主效果和A 與A×B有關，因此每個單純主效果的α' = (.05 + .05) / 2 = .05。

承上，如果我們有興趣同時看B單純主效果（B at A1, B at A2, B at A3），以及A的單純主效果（A at B1, A at B2），則我們有五個單純主效果，這五個單純主效果對應到ANOVA裡面的A、B、A×B三項。此時α' = (.05 + .05 + .05)/5 = .03，也就是每個單純主效果的 p 必須小於 .03才算顯著。

以上是以二因子ANOVA為例，但在更多因子的ANOVA其邏輯也是如此。簡言之，ANOVA顯著後，若要做各種單純效果檢定，其型一錯誤率應該是α' =（對應的ANOVA效果項錯誤率總和）/（單純效果個數）。如果你搞不清楚怎麼算，在二因子時可以利用Excel 25-1 幫忙，在三因子時可以利用Excel 25-2計算（Excel請至本書的網頁下載，相關下載請見本書封底說明）。但要注意，當你做了錯誤率的調整後，在寫論文時有可能出現一些怪異的陳述，例如：「F (2, 40) = 3.40, p = .04，效果不顯著。」什麼！明明 p = .04，你還說不顯著？不明就理的人（特別是出現在口試場合的那幾位「重要的人」）可能以為你寫錯了。此時你應該要讓他知道，這是因為你做了型一錯誤率調整的關係；因此建議你在論文中應該這樣寫：「F (2, 40) = 3.40, p = .04，效果不顯著（**為了避免型一錯誤率膨脹，因此將型一錯誤率調整為α' =XX**）。」其中XX就是你調整後的型一錯誤率值。

說真的，以上這些拉拉雜雜的解釋，在意的人沒有很多，很多人都是心中默唸：「你看不到我、你看不到我」[注14]當作什麼都沒發生，也就是沒有調整α。只是如果不巧你的指導教授或口試委員很在意，那就得照著做，必要時可以把這個說明拿給他們看。

★你不想知道的統計知識(36)★

ANOVA高階效果顯著時該不該解釋低階效果？

由於交互作用意指自變項的效果並不固定，會隨著另一個變項的變動而改變，因此，有些研究者認為，當交互作用顯著時，不需要討論自變項的主效果，只需要

注14 向華勝（製作人）、王晶（導演）（1990）。《賭俠》。香港：永盛電影公司。

討論在另一個變項固定在某一水準時，自變項的效果（稱做單純主效果，simple main effect）。同理，事後比較也應該在單純主效果下進行，而不宜在主效果下進行。依循相同邏輯，有些人亦認為在三因子的ANOVA中，當三因子交互作用顯著時，就不該解釋二因子交互作用（也不應該繪製二因子交互作用圖），而是應該只解釋單純交互作用（simple interaction）。本書中所有書寫範例，都是盡可能呈現所有效果，亦即完整地呈現，各交互作用、主效果、事後比較、單純主效果等；這是最「完整」（但有些人，就是有良心惹人嫌的第二作者，不同意）的寫法。關於「高階效果顯著時，該不該解釋低階效果」，建議你聽聽指導老師的意見，作為論文書寫的依據。

★ 你不想知道的統計知識(37) ★

固定效果vs. 隨機效果

自變項的組別，如果包含所有想推論的組別，稱之為固定效果（fixed effect），如果沒有包含所有想推論的組別，則稱之為隨機效果（random effect）。例如，如果「產業別」這個自變項下包含製造業、服務業、科技業三組，而研究結果也只想要推論這三種產業，則產業別是固定效果，但如果想要藉此推論「所有產業」（包含製造業、服務業、科技業之外的產業），則產業別是隨機效果。

在二因子以上，效果是固定或是隨機，會影響到ANOVA誤差項的選擇，進而影響到檢驗結果。尷尬的是，多數研究執行多因子ANOVA時，通常都當成固定效果分析；同時，即使你在SPSS中指定隨機效果，SPSS也未必會選擇到正確的誤差項。在本書中，我們一律以固定效果視之（這也是多數研究慣用的分析法）。想要知道這個差別對ANOVA檢定影響的讀者，可以找實驗設計方面的書籍進一步瞭解[註15]。

★ 你不想知道的統計知識(38) ★

混合設計ANOVA的同質性檢定

ANOVA必須符合同質性假定。在獨立樣本時是檢定各組變異數是否同質，在

註15 Kirk, R. E. (1995). *Experimental design: Procedures for the behavioral sciences* (3rd ed.). Pacific Grove, CA: Brooks/Cole.

相依樣本時是檢定分數差異的變異數是否同質（參考「★你不想知道的統計知識(34)★」，p.407）。在混合設計，則又有另外一種同質性檢定，檢驗不同獨立樣本下，各個相依測量的共變數矩陣是否相同；稱爲Box共變異數恆等檢定，有時稱爲Box's M 檢定，是由統計學家Box提出，可以視爲獨立樣本的Bartlett's test在多變項時的拓展。無論是哪一個同質性檢定，都是爲了符合ANOVA後續 F 檢定的假設。符合同質性假設，我們才可以把跨組的資料合併在一起，算出一個更準確的變異數估計值。

★你不想知道的統計知識(39)★

迴歸斜率同質性

　　概念上我們可以將共變數分析視爲先利用迴歸，將共變項對依變項的主效果「移除」後，再進行ANOVA。但這個「移除」必須對自變項下的各組是公平的，例如若我們想知道RPG遊戲中不同的職業別（自變項，包括劍士和魔法師兩種）的戰鬥力（依變項）是否有所不同，但卻擔心所拿的武器（共變項）會干擾職業對戰鬥力的效果，於是我們「移除」了武器。問題是，武器對劍士和魔法師的意義是不同的，劍士是和敵人對砍的，少了武器戰鬥力就完全廢掉了，而魔法師使的是魔法，少了武器對戰鬥力的影響較小，也就是共變項（武器）對依變項（戰鬥力）的效果因自變項組別（劍士／魔法師）不同而不同（其實就是共變項與自變項有交互作用），此時就不適合以迴歸移除共變項對依變項的效果，因此當自變項和共變項有交互作用時，就不適合進行共變數分析。換言之，共變數分析需要在各組共變項對依變項迴歸係數（斜率）相同的假設下進行。這個假設稱爲迴歸斜率同質性假設。

★你不想知道的統計知識(40)★

　　當迴歸中包含交互作用項（調節作用項）時，SPSS以相乘方式計算出來的交互作用項標準化迴歸係數 β 並不適切（但這並不影響顯著水準之判斷）。儘管如此，就我們所知，多數論文仍然報告此一數據（本書也因此順應民情）。如果你希望更爲精確，則可以選擇只報告原始迴歸係數B（因爲此時的交互作用項「原始」迴歸係數仍然是正確的），或是請參見Cohen, Cohen, West與Aiken（2003）[注16]之程序。

注16 Cohen, J., Cohen, P., West, S. G., & Aiken, L. S. (2003). *Applied multiple regression/correlation analysis for the behavioral sciences* (3rd ed.). Mahwah, NJ: Erlbaum.

附錄一：跑統計之前你該做的事

　　蒐集完資料、把資料輸入電腦，然後呢？並不是接下來就可以立刻開始跑統計，在這之前有一些事情必須完成。以下是跑統計之前應該先完成的標準程序。包含：檢查資料、另存原始檔、反向題轉換、信度分析及刪題、分數加總等五個步驟。請注意，你要「依序」按照以下程序去做。

★第一步：檢查資料是否有輸入錯誤★

　　請參考本書「單元1-5」（p.17）的做法，對資料先做檢查；在輸入過程中有沒有什麼錯誤？有沒有什麼不合理的數據出現？一定要做這一步，一定要做這一步，一定要做這一步。試想，辛苦的施測、做實驗，然後卻輸入了錯誤的資料，這就像開車開錯方向一樣，越是努力地開，離目的地反而越來越遠。一開始確定方向是否正確很重要。

★第二步：另存原始檔[注]★

　　確定資料無誤後，先另存一個原始檔。不要使用這個原始檔做任何後續分析處理。這個原始檔是以防萬一用的，如果你在未來資料轉換或任何程序出了狀況，還有這個原始檔可以救命。一定要在做任何後續處理之前，另存一個原始檔。

★第三步：反向題轉換★

　　接下來，若你的問卷或測量中有反向題，則要進行反向題轉換。此時請參考本書「單元1-6」（p.18）進行反向題轉換。

注　有時由於使用儀器或某些實驗軟體蒐集資料，每個受試者各自被存成一個獨立的檔案；這時請你要先將所有的受試者合併成一個檔案，如圖1-1（p.10）的樣子，然後才進行各種統計分析喔。

★第四步：信度分析及刪題★

在進入正式分析之前，要確定測量品質沒有問題。例如，你的測量有10題，若這10題的信度是.7，刪掉兩題之後信度可以提升至.9，那麼未來分析時要10題全部保留嗎？還是只保留8題做後續分析呢？在這個階段，你必須利用信度分析的方式，來決定後續哪些題項保留分析、哪些捨棄不用。關於信度分析及刪題的具體操作，請參考本書「單元2」（p.35）；至於刪題與否的判斷，請參考「★你不想知道的統計知識★(6)(7)(8)」（p.392～394）。

★第五步：分數加總或平均★

在大部分的情況下，你的主要統計分析都是針對量表（或是分量表）的總分或平均值，而不是各個單一題目。所以你必須先算出各個量表的總分或平均值；一般來說，用平均值來分析資料會比用總分來得更容易解釋（分析結果會是一樣的），因此我們建議你用平均值去做統計分析。產生量表平均值的具體操作請見本書「單元1-7」（p.20）。請注意，算量表平均值必須考慮到你最後的刪題決定。例如在上個例子中，若本來有10個題目，而你最後決定只保留8題，那麼就只要對這8題做平均，作為未來分析的主要變項。這也是為何信度分析必須先於產生量表平均值的原因。

★第六步：開始分析★

好了，現在你可以開始從本書的各單元中，找出你需要的統計方法，並且執行統計了。祝你好運！

附錄二：選擇部分觀察值的操作

　　有時你可能不想分析所有的資料。例如，雖然你的樣本男女都有、來自多個公司、年齡層分布很廣，但是你只想分析男生、或是高中生，又或者只想分析某個公司的人、某個年齡層的人等等。此時【選擇觀察值】就是個很好用的指令。具體操作如下。假設我們只想分析男生，而男生的「性別=1」。

 Step 1

　　點選【資料 / Data】→【選擇觀察值 / Select cases】。（如圖28-1）

檔案(F)	編輯(E)	檢視(V)	資料(D)	轉換(T)	分析(A)	直效行銷	統計圖(G)	公用程

	受試者編號	性別			第4題	第5題	第6題
1	1	1	定義變數內容(V)...		3	3	4
2	2	1	設定未知的測量層級(L)...		5	5	5
3	3	0	複製資料內容(C)...		3	3	4
4	4	1	新自訂屬性(B)...		3	2	4
5	5	1	定義日期(A)...		3	3	4
6	6	1	定義多重回應集(M)...		4	3	4
7	7	0	驗證(L)	▶	1	1	3
8	8	1	識別重複觀察值(U)...		4	3	5
9	9	1	識別特殊觀察值(I)...		3	3	5
10	10	0	比較資料集(P)...		4	4	5
11	11	1	觀察值排序(O)...		4	3	4
12	12	1	排序變數(B)...		3	3	4
13	13	1	轉置(N)...		4	3	4
14	14	0	合併檔案(G)	▶	4	3	4
15	15	1	重新架構(R)...		2	2	4
16	16	1	聚集(A)...		3	3	4
17	17	0	Orthogonal 設計(H)	▶	3	3	4
18	18	1	複製資料集(D)		4	3	4
			分割檔案(F)				
			選擇觀察值(S)				

圖28-1

 Step 2

　　點選【如果滿足設定條件 / If condition is satisfied】→【若 / If】。（如圖28-2）

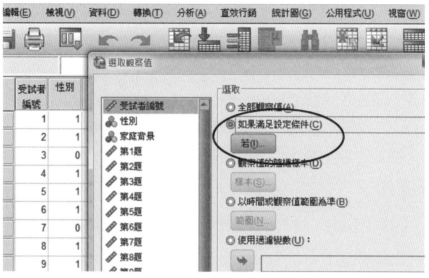

圖28-2

Step 3

1. 將所要篩選的變項（如「性別」）置入右方空白欄位中，然後設定你要篩選的條件，如「性別=1」。（如圖28-3）

2. 你可以利用下方的邏輯字元（如「&」）做更複雜的設定。例如「（性別=1）&（家庭背景=2）」，以此類推。

圖28-3

Step 4

1. 點擊【繼續／Continue】，畫面將跳回前一頁面，點擊【確定／Ok】即完成。

2. 此時你將發現，某些資料的左側被畫上斜線符號。這表示那筆資料的性別不等於1，不會被納入後續分析。（如圖28-4）

3. 請特別注意，在執行完上述程序之後，後續的所有分析都會只包含「性別=1」的樣本。所以在做完針對「性別=1」的分析之後，一定要記得將此程序還原成所有樣本（程序如Step5）。未還原而繼續往下做分析，是很多學生常犯的錯，而這個錯誤常導致嚴重結果。為避免慘事發生，我們建議你記住總樣本數以及目前有興趣的樣本數，並在後續SPSS報表中，確認樣本數是否跟分析目的一致。

檔案(F)	編輯(E)	檢視(V)	資料(D)	轉換(T)	分析(A)	直效行銷	統

	受試者編號	性別	家庭背景	第1題	第2題	第3題	第4題
1	1	1	1.00	3	3	3	3
2	2	1	1.00	4	5	4	5
3	3	0	2.00	3	3	3	3
4	4	1	1.00	3	2	2	3
5	5	1	1.00	3	3	3	3
6	6	1	2.00	3	4	3	4
7	7	0	1.00	1	1	1	1
8	8	1	1.00	3	2	2	4

圖28-4

Step 5  還原成所有樣本

1. 點選【資料／Data】→【選擇觀察值／Select cases】。

2. 點選【全部觀察值／All cases】。（如圖28-5）

3. 點擊【繼續／Continue】，畫面將跳回前一頁面，點擊【確定／Ok】即完成。

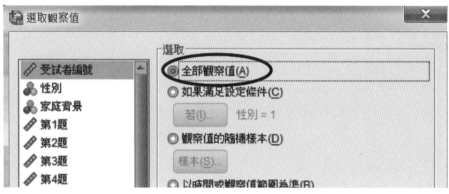

圖28-5

國家圖書館出版品預行編目資料

給論文寫作者的統計指南：傻瓜也會跑統計1
／顏志龍，鄭中平著. -- 五版. -- 臺北
市：五南圖書出版股份有限公司，2023.04
面；　公分
ISBN 978-626-343-901-6（平裝）

1.CST: 統計學

510　　　　　　　　112003070

4H07

給論文寫作者的統計指南：
傻瓜也會跑統計1

作　　　者 ―	顏志龍、鄭中平
編輯主編 ―	侯家嵐
責任編輯 ―	侯家嵐
文字校對 ―	石曉蓉
封面設計 ―	陳翰陞、姚孝慈
出 版 者 ―	五南圖書出版股份有限公司
發 行 人 ―	楊榮川
總 經 理 ―	楊士清
總 編 輯 ―	楊秀麗
地　　　址：	106臺北市大安區和平東路二段339號4樓
電　　　話：	(02)2705-5066　　傳　　真：(02)2706-6100
網　　　址：	https://www.wunan.com.tw
電子郵件：	wunan@wunan.com.tw
劃撥帳號：	01068953
戶　　　名：	五南圖書出版股份有限公司

法律顧問　林勝安律師

出版日期　2016年 3 月初版一刷（共三刷）
　　　　　2017年 9 月二版一刷（共三刷）
　　　　　2019年 6 月三版一刷（共三刷）
　　　　　2022年 9 月四版一刷
　　　　　2023年 4 月五版一刷
　　　　　2024年12月五版二刷

定　　　價　新臺幣590元

經典永恆・名著常在

五十週年的獻禮 —— 經典名著文庫

五南，五十年了，半個世紀，人生旅程的一大半，走過來了。

思索著，邁向百年的未來歷程，能為知識界、文化學術界作些什麼？

在速食文化的生態下，有什麼值得讓人雋永品味的？

歷代經典・當今名著，經過時間的洗禮，千錘百鍊，流傳至今，光芒耀人；

不僅使我們能領悟前人的智慧，同時也增深加廣我們思考的深度與視野。

我們決心投入巨資，有計畫的系統梳選，成立「經典名著文庫」，

希望收入古今中外思想性的、充滿睿智與獨見的經典、名著。

這是一項理想性的、永續性的巨大出版工程。

不在意讀者的眾寡，只考慮它的學術價值，力求完整展現先哲思想的軌跡；

為知識界開啟一片智慧之窗，營造一座百花綻放的世界文明公園，

任君遨遊、取菁吸蜜、嘉惠學子！